L'AVENTURE
DES MOTS FRANÇAIS
VENUS D'AILLEURS

HENRIETTE WALTER

L'AVENTURE DES MOTS FRANÇAIS VENUS D'AILLEURS

FRANCE LOISIRS
123, boulevard de Grenelle, Paris

Au « CHEF D'ARMÉE à la lance forte »,
mon compagnon indispensable
dans cette périlleuse aventure.

Édition du Club France Loisirs, Paris
réalisée avec l'autorisation des Éditions Robert Laffont

ISBN 2-7441-0965-7

SOMMAIRE

Voir la table des matières détaillée en fin de volume

PRÉAMBULE

Nous sommes tous des polyglottes...

... ou presque, ou nous pouvons du moins le devenir, même si, comme les Français, on a la réputation de ne pas avoir le don des langues. Car c'est dans la langue française elle-même que nous pouvons trouver des points de départ commodes pour aller vers les autres langues. On sait bien que le français est une langue issue du latin, mais on oublie souvent qu'il s'est enrichi au cours de sa longue histoire d'apports venus des quatre coins du monde : apports celtiques, germaniques et grecs, mais aussi arabes, néerlandais ou italiens, et encore espagnols, anglais, amérindiens, africains, persans, turcs, japonais... Car les mots ont souvent fait des voyages au long cours avant de s'implanter en français.

Le lexique ne connaît pas les frontières

Tous ces apports venus de plus ou moins loin, on peut tenter de les identifier, à la manière du notaire qui cherche à reconstituer l'origine de propriété d'une vieille demeure.

On comprend fort bien que, du latin au français, les mots aient pu changer d'allure, comme par exemple SETA(M), qui est devenu *soie*, ou AQUA(M), qui s'est réduit à sa plus simple expression : *eau*. Il nous faut en outre bien admettre que les mots ont aussi changé de sens : par exemple DOMUS, qui, en latin, désignait la maison, non seulement a évolué phonétiquement en *dôme*, mais se réfère aujourd'hui en français à une partie très particulière d'un édifice, la coupole. Mais ce que l'on oublie très souvent, c'est que le latin n'est pas l'unique source de la langue française, où l'on trouve par milliers des mots venus d'ailleurs [1].

Toutefois, seuls certains d'entre eux portent la marque de leur origine.

Des mots comme *boomerang, ersatz, karaoké, bungalow, geyser, zakouski, football, handball* ou le plus récent *panini*, sont immédiatement reconnus comme de provenance étrangère, même si l'on ne peut pas toujours deviner que *boomerang* vient d'une langue d'Australie, *ersatz* de l'allemand, *karaoké* du japonais (de *kara* « vide » et de *oké* « orchestration »), *bungalow* du hindi (par l'intermédiaire de l'anglais), *geyser* de l'islandais, *zakouski* du russe, *football* de l'anglais, *handball* de l'allemand et *panini* de l'italien.

Mais comment imaginer, sous leur allure vraiment française, que des quantités de mots sont des étrangers bien acclimatés dans notre langue ? Des recherches sont nécessaires pour apprendre par exemple que *chérubin* vient de l'hébreu, ou *pyjama*, du persan, *coche*, du hongrois, *vanille*, de l'espagnol, ou encore *tomate* et *chocolat* du nahuatl, cette langue des populations aztèques qui peuplaient le Mexique au moment de la conquête espagnole.

Pourquoi se plaindre des emprunts ?

Pour désigner tous ces mots que les langues du monde apportent à l'une d'entre elles, les linguistes ont un euphémisme plaisant : ils parlent pudiquement « d'emprunts » chaque fois qu'une langue prend des mots à sa voisine, tout en n'ayant pas la moindre intention de les lui rendre un jour. Et, chose curieuse, au lieu de voir les usagers de la langue emprunteuse se réjouir de l'adoption d'un mot étranger qui lui faisait défaut, et ceux de la langue donneuse marris du larcin dont elle a été victime, c'est exactement l'inverse qui se produit.

Les Français, en particulier, sont à la fois amusés et ravis lorsqu'ils apprennent qu'en espagnol le bidet (de la salle de bains) s'appelle aussi *bidé* et que les papiers d'identité y sont désignés par le mot français *carné (sic)* ; ils se réjouissent à l'idée que *carte blanche* et *dessert* s'emploient très naturellement en allemand, cette langue étonnante où le *Baiser* est une meringue et le *Krokant* du praliné ; ils sont aux anges quand ils voient des mots comme *beige*, *bâton* (« rouge à lèvres ») ou *passe-vite* (« presse-purée ») dans un texte portugais, et ils se sentent un peu consolés quand ils se rendent compte qu'en anglais on dit couramment *déjà vu, vis-à-vis* ou encore *fait accompli* et que *cul-de-sac* désigne sans fausse pudeur dans cette langue ce que nous préférons appeler une *impasse*. En danois, on dit *avis* (« journal »), *citron-fromage* (« mousse au citron »), ou *brunette* (« petite femme brune »), et en néerlandais on parle de *coupon* pour « ticket », de *perron* pour « quai » et de *taart* pour « gâteau ». Enfin, en roumain, on n'a que l'embarras du choix, entre *butic (sic)* qui est un petit commerce où l'on vend de tout, *fular, apartament, portmoneu* ou encore *jurfix* « fête organisée par des jeunes chez l'un d'entre eux » et *galanterie*, qui, en plus du sens qu'il a en français, désigne la lingerie et les sous-vêtements. Et ce ne sont que quelques exemples parmi des milliers d'autres.

En revanche, quel tollé quand on apprend que tel chanteur vient de publier en *CD* le *best of* de ses chansons *live*, ou que tel *show* de *rap* passera en *prime time* à la télévision !

La morale de cette histoire, c'est que, lorsqu'une langue distribue son patrimoine, contre toute logique ses usagers s'en réjouissent, alors que, si elle bénéficie de mots venus de l'étranger, ils s'en désolent.

Des trésors venus d'ailleurs

Ce livre voudrait montrer au contraire que, lorsqu'une langue « emprunte » des mots, elle s'enrichit de mille façons (ch. 1, DES EMPRUNTS PAR MILLLIERS, p. 15, et ch. 2, LE CAS PARTICULIER DE L'ARGOT, p. 21).

On découvrira au cours des pages qui suivent que le lexique français ne s'est pas contenté de développer son héritage latin de toutes les façons possibles, mais qu'il a parfaitement su tirer parti de ses contacts avec les usages linguistiques de ses voisins en les adaptant et en les intégrant à ses propres structures. Après une brève incursion à la recherche des langues de ceux qui ont peuplé le pays avant l'arrivée des premiers Celtes – nos Gaulois – (ch. 3, DES INCERTITUDES INÉVITABLES, p. 29), on abordera les apports du gaulois lui-même. On s'apercevra que le latin parlé par les populations de l'ancienne Gaule s'était teinté de gaulois, et que le français a gardé quelques traces de cette vieille langue celtique jusqu'à nos jours (ch. 4, VESTIGES DU GAULOIS, p. 37). Avec les invasions germaniques, c'est un autre vaste pan du tissu lexical qui s'enrichira de nouveautés (ch. 8, L'HÉRITAGE GERMANIQUE, p. 83), avant que n'interviennent les mots des diverses langues régionales qui, sur l'ensemble du territoire, étaient nées du latin en même temps que le français. Le Moyen Âge devait apporter en plus son contingent de mots arabes, souvent par l'intermédiaire de l'espagnol, du catalan, du provençal ou de l'italien. Et c'est à la même époque que des mots néerlandais allaient pénétrer dans la langue française (ch. 9, LE TEMPS DES FOIRES, p. 99, et ch. 10, LES LANGUES DE L'ORIENT ET DE LA MÉDITERRANÉE, p. 113).

Mais cela n'était rien auprès de tout ce qui allait arriver d'Italie sous le règne de François Ier (ch. 11, LES APPORTS DES SŒURS LATINES. L'ITALIEN, p. 137). Le goût pour l'italien deviendra vraiment irrésistible à la cour de Catherine de Médicis : la France va alors s'enthousiasmer pour tout ce qui vient d'Italie, qu'il s'agisse des arts martiaux ou des arts tout court, de la mode vestimentaire, des manières de table ou des façons de parler. Il y a, à cette époque, un tel engouement pour l'Italie qu'on parlera d'italomanie et que le roi Henri III demandera au grammairien et lexicographe Henri Estienne de rédiger des ouvrages dans le but de prouver la supériorité de la langue française sur la langue italienne.

On peut voir dans cette intervention royale au XVIe siècle l'un des nombreux signes montrant que la question de la langue française a toujours été un souci majeur de nos gouvernants, au Moyen Âge et sous l'Ancien Régime comme sous la République : cette requête venue de haut se manifestait 700 ans après l'intervention de Charlemagne en faveur de la re-latinisation du dialecte roman qui était en passe de devenir la langue française et 400 ans avant que le général de Gaulle ne demandât à Étiemble d'écrire un pamphlet pour lutter contre l'anglais envahissant [2]. En France, la langue a toujours été considérée comme une affaire de l'État, qui a souvent légiféré pour la protéger des influences étrangères.

Or les langues qui ont contribué à faire du français ce qu'il est aujourd'hui se comptent par dizaines : depuis des langues voisines comme l'italien (ch. 11, p. 137), l'espagnol (ch. 12, p. 151), le néerlandais (ch. 9, p. 99) ou l'anglais (ch. 14, p. 177), dont la générosité est même parfois considérée comme gênante, jusqu'aux langues venues du bout du monde (ch. 15, p. 197), comme le japonais, le nahuatl, l'algonquin ou le tupi, comme le bantou ou le hottentot, qui lui ont apporté la pointe d'exotisme coloré qui lui manquait.

À toutes ces langues, plus ou moins éloignées dans l'espace ou dans le temps, il faut ajouter, en leur faisant une place de choix, deux langues tout à fait privilégiées, parce qu'elles n'ont jamais cessé d'enrichir le français et que leur influence n'est pas près de disparaître : le latin classique (ch. 5, UNE LANGUE DEUX FOIS LATINE, p. 51) et le grec ancien (ch. 6, PERMANENCE DU GREC CLASSIQUE, p. 65). Nous savons tous combien nous devons aux Grecs et à la langue grecque : le vocabulaire savant en est totalement imprégné. Mais le latin ? Il ne faudrait pas oublier que le français n'est pas simplement une langue issue du latin ; il lui a aussi beaucoup emprunté. Au fond, le français est une langue deux fois latine : à la fois par ses origines et par ses constants retours aux sources tout au long de son histoire.

On voyagera aussi, mais d'une autre façon, avec tous ces mots formés sur un nom de lieu étranger, comme *mousseline* (à partir de Mossoul) ou *berline* (à partir de Berlin), sur le nom propre d'une personnalité étrangère, comme *dahlia* (à partir de Dahl, nom d'un botaniste suédois, élève de Linné), ou encore avec les créations néologiques nées de l'imagination d'un étranger, comme *gaz,* inventé par un Hollandais, ou *album* par un Allemand (ch. 7, DU NOM PROPRE AU NOM COMMUN, p. 75).

Grâce à toutes ces langues qui ont contribué à divers titres à forger la personnalité de la langue française, cet ouvrage permettra de voyager autour du monde. On prendra parfois le temps de s'arrêter sur des sites particulièrement mis à contribution, comme le germanique ancien, l'italien ou l'anglais. On se déplacera aussi d'une langue à l'autre, à la recherche d'un vocabulaire particulier, celui des arbres, par exemple, celui de la botanique ou de la médecine. Et on se divertira çà et là grâce à des « à la manière de » quelque peu iconoclastes : le lecteur sera invité à tenter d'y retrouver à la fois les textes littéraires transfigurés et l'origine étrangère des mots de substitution.

QUELQUES POINTS DE REPÈRE À TRAVERS LES ÂGES

	langue *(exemples)*
ANTIQUITÉ	**ligure** *(avalanche...)* **ibère** *(baraque...)* **gaulois** *(braguette, galet...)*
MOYEN ÂGE	**francique** *(hangar...)* **latin classique** *(fragile...)* **néerlandais** *(boulevard...)* **vieux scandinave** *(homard...)* **langues régionales** *(rescapé, cigale, échantillon)* **arabe** *(sirop, jupe...)*
XVIe-XVIIe	**italien** *(caresser, réussir, à l'improviste...)* **espagnol** *(camarade...)* **nahuatl** *(chocolat...)* **portugais** *(pintade...)* **tupi** *(palétuvier...)* **grec ancien** *(typographie...)*
XVIIIe	**italien** *(caleçon...)* **anglais** *(bol...)* **algonquin** *(mocassin...)* **allemand** *(nouille...)* **polonais** *(mazurka...)* **tchèque** *(robot...)* **russe** *(cosaque...)* **langues scandinaves** *(rutabaga...)*
XIXe-XXe	**anglais** *(rail, silicone, formater...)* **bantou** *(okoumé...)* **tahitien** *(paréo...)* **malgache** *(raphia...)* **japonais** *(mousmé...)*

1

DES EMPRUNTS PAR MILLIERS

Le poids de la dette

Combien compte-t-on de mots d'origine étrangère en français ?

Il est toujours hasardeux de donner des chiffres, même approximatifs, en matière de lexique, car le nombre des mots d'une langue change tous les jours : certains d'entre eux tombent lentement et imperceptiblement dans l'oubli, tandis que des créations indigènes ou des emprunts aux autres langues pénètrent sans discontinuer dans l'usage, au gré des besoins et des rencontres. De plus, l'origine exacte d'un mot reste souvent conjecturale. On peut néanmoins, en restreignant le champ d'investigation au français de la fin du XXe siècle et au seul domaine de l'usage courant, tenter de se faire une idée globale de la masse d'emprunts aux langues étrangères par rapport au fonds lexical autochtone.

Une étude effectuée en 1991 [3] avait établi l'existence, en français, d'un peu plus de 8 000 mots d'origine étrangère, sur un corpus représenté par un dictionnaire usuel d'environ 60 000 entrées, ce qui correspond à un peu plus de 13 % du vocabulaire total. Les mots trop archaïques ou trop régionaux, trop spécialisés ou trop savants avaient ensuite été séparés pour n'étudier dans le détail que ceux qui étaient présents parmi les 35 000 mots du *Petit Dictionnaire de la langue française Larousse* ou du *Micro-Robert Plus*. On aboutissait alors à environ 4 200 mots courants d'origine étrangère (soit un peu moins de 13 %). Il faut ajouter que dans ce résultat ne figuraient ni les créations à partir du grec ancien (comme *photographie* ou *biologie)*, ni les emprunts tardifs au latin (comme *sacrement,* face à *serment*, ou *fragile,* face à *frêle).* Ces deux apports importants font l'objet de deux chapitres particuliers dans le présent ouvrage (cf. chap. 5, UNE LANGUE DEUX FOIS LATINE, p. 51, et ch. 6, PERMANENCE DU GREC CLASSIQUE, p. 65).

Récréation

DES MOTS GAULOIS TOMBÉS DANS L'OUBLI

Si le français moderne a conservé vivants quelques éléments de la langue gauloise comme *alouette, char, chemin, cloche* ou *sapin,* de nombreux mots gaulois, encore présents dans les dictionnaires, ne sont plus en fait que des « mots-souvenirs ». En voici quelques-uns, qu'il serait divertissant d'introduire, sans crier gare, dans une conversation entre amis, juste pour tester leur degré d'attention. Essayez d'abord de deviner leur signification entre les trois solutions proposées ci-dessous :

1. un bièvre
a. portion de cours d'eau
b. tige entre deux pièces mobiles
c. castor

2. une drille
a. chiffon
b. excroissance végétale s'enroulant en hélice
c. personne extravagante

3. des landiers
a. habitants des Landes
b. chenets
c. cornes de cerf

4. la mègue *
a. petit-lait
b. mie de pain
c. terme argotique, féminin de *mec*

5. un tacon
a. talon d'une chaussure du Moyen Âge
b. jeune saumon
c. vieil imbécile

6. la vergne **
a. hêtre
b. chêne
c. aulne

* *Mègue* a donné naissance à un dérivé inattendu : *mégot.*

** Le nom de cet arbre est présent dans un grand nombre de toponymes. Il est parfois masculin.

Réponses : 1c – 2a – 3b – 4a – 5b – 6c.

Les « grosses » dettes

Malgré les incertitudes où l'on se trouve pour proposer des estimations chiffrées, on peut prendre le risque de dresser un palmarès approximatif des langues les plus « prêteuses ».

À la place d'honneur se trouve l'anglais, mais cette situation est assez récente, car jusqu'au milieu du XXe siècle c'était l'italien qui venait en tête [4]. Il est aujourd'hui au deuxième rang, suivi de près par le germanique ancien – surtout la langue des Francs, le francique – et par les autres idiomes gallo-romans, qui ont eux-mêmes souvent été les véhicules du gaulois (cf. ch. 4, VESTIGES DU GAULOIS, p. 37). Viennent ensuite l'arabe et les langues celtiques, qui précèdent l'espagnol et le néerlandais. L'allemand moderne et les dialectes germaniques actuels arrivent en neuvième position.

Quelques chiffres peuvent être avancés pour les langues les mieux représentées dans le corpus des mots courants.

Sur 4 192 mots courants d'origine étrangère :

ANGLAIS	1 053 mots,	soit 25 % des 4 192 mots
ITALIEN	698	16,6 %
GERMANIQUE ANCIEN	544	13,0 %
DIALECTES GALLO-ROMANS	481	11,5 %
ARABE	214	5,1 %
LANGUES CELTIQUES	158	3,8 %
ESPAGNOL	157	3,7 %
NÉERLANDAIS	151	3,6 %
ALLEMAND	147	3,5 %
PERSAN ET SANSKRIT	109	2,6 %
LANG. AMÉRINDIENNES	99	2,4 %
LANGUES D'ASIE	86	2,0 %
LANG. CHAMITO-SÉMITIQUES	56	1,3 %
LANGUES SLAVES	53	1,2 %
AUTRES LANGUES	186 mots,	soit 4,5 % des 4 192 mots.

Le nombre des mots empruntés à une autre langue que celles de la liste ci-dessus (AUTRES LANGUES) est toujours inférieur à 35 et plusieurs d'entre elles n'atteignent pas 10.

Il est en outre significatif de remarquer que les 1 053 mots empruntés à l'anglais, s'ils représentent le quart de tous les emprunts, tiennent une place très modeste en regard des 35 000 mots considérés comme représentatifs du français courant : à peine 3 %.

RÉPARTITION PAR LANGUES DES 4 192 MOTS D'EMPRUNT
(vocabulaire courant)

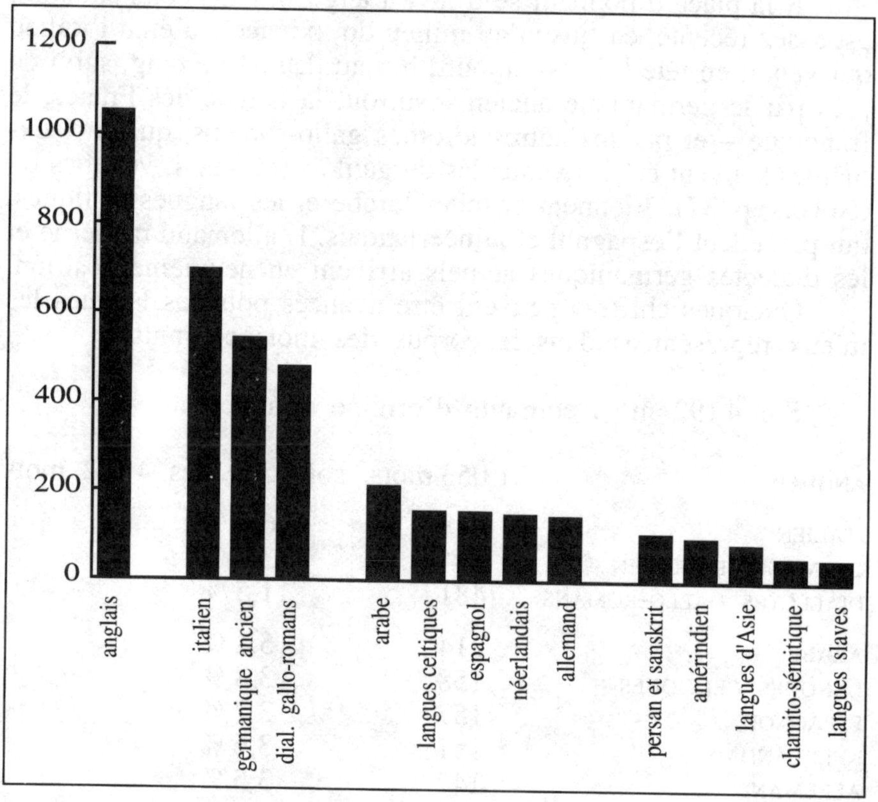

Les « petites » dettes

En dehors des langues citées ci-dessus, si on fait le compte de toutes les langues représentées dans la langue française, on en dénombre une bonne centaine, parmi lesquelles :

LES LANGUES PRÉ-INDO-EUROPÉENNES (ibère, ligure...)
L'HÉBREU
LES LANGUES SLAVES (russe, tchèque, polonais...)
LES LANGUES AUTOUR DE L'OCÉAN INDIEN (tamoul, hindi, malais, malgache...)

LE PORTUGAIS

LE TURC

LES LANGUES SCANDINAVES MODERNES (suédois, danois, norvégien...)

LES LANGUES AFRICAINES (bantou, malinké, wolof...)

AUTRES LANGUES (hongrois, finnois, basque, arménien, créoles, dalmate, osque...)

Récréation

LE BONHEUR DE PASTICHER

Tout le monde connaît le début du poème de Verlaine intitulé *Green* :

Voici des fruits, des fleurs, des feuilles et des branches
Et puis voici mon cœur qui ne bat que pour vous.
Ne le déchirez pas avec vos deux mains blanches
Et qu'à vos yeux si beaux l'humble présent soit doux.

Il a été pastiché trois fois avec des mots d'origine étrangère (en ***gras***) et correspondant pour chaque pastiche à une même langue.

Quelle est la langue d'origine pour A, pour B et pour C ?

A. Voici de l'***ambre*** ancien, du ***talc*** et du ***benjoin***
Et puis un ***élixir*** dans sa ***carafe*** pour vous ;
Écoutez ma ***guitare***, acceptez ce ***camée*** ;
Venez sur ce ***divan***, quittez votre ***jaquette*** :
Vous serez ma ***gazelle***, et moi votre ***laquais***.

B. Voici un ***slip***, un ***short***, des ***boots*** et des ***socquettes***
Et puis voici en ***prime*** mon ***cardigan*** pour vous.
Ne me renvoyez pas de votre ***kitchenette***
Et qu'à vos yeux d'***esthète*** tous ces ***items*** soient doux.

C. Voici un ***canari***, du ***jade*** et des ***jonquilles*** ;
Et puis voici mon ***casque*** plein de ***vanille*** pour vous.
Ne l'***escamotez*** pas, prenez cette ***pacotille*** :
Elle charme les ***moustiques*** et rend les ***gitans*** fous.

Réponses : A : arabe – B : anglais – C : espagnol.

Les prochains chapitres présenteront quelques commentaires sur chacun des apports de ces langues à la langue française dans son ensemble, après un exposé sur les emprunts aux langues étrangères dans le vocabulaire de l'argot.

2
LE CAS PARTICULIER DE L'ARGOT

Le vocabulaire argotique

Les chiffres avancés pour la langue française dans son ensemble ne permettent pas de faire la part de ce qui revient à l'argot, c'est-à-dire à toutes ces formes lexicales que l'on considère comme déviantes par rapport à la langue française officielle, celle qu'on enseigne. Le vocabulaire de l'argot traditionnel, tel que le décrit le dictionnaire de Richelet en 1680, était alors le langage « des gueux et coupeurs de bourse qui s'expliquent d'une manière qui n'est intelligible qu'à ceux de leur cabale ». Cette définition est aujourd'hui bien dépassée, et une controverse oppose ceux qui estiment que l'argot n'existe plus à ceux qui soutiennent qu'il a seulement assumé une nouvelle fonction : langue emblématique, signe d'appartenance à un groupe, ou simple clin d'œil linguistique.

Sans entrer dans cette polémique, qui pose un vrai problème difficile à résoudre parce que la situation reste sujette à fluctuations, on peut remarquer que ces productions lexicales spontanées n'ont pas cessé de proliférer selon les mêmes procédés depuis plus d'un siècle et demi, et cela malgré leur propagation, au siècle dernier, hors des milieux de la pègre, ce qui lui avait fait perdre sa caractéristique la plus centrale : celle de langage secret [5].

Ce qui reste en effet remarquable dans l'histoire de ce vocabulaire argotique toujours en mouvement, c'est la constance de ses modes de renouvellement favoris : l'abondance de la dérivation et surtout le goût de la suffixation parasite, la troncation des mots et les déformations voulues, mais aussi la métaphore et la métonymie, souvent teintées d'ironie, et enfin l'emprunt aux langues étrangères.

Les emprunts en argot ancien

On imagine aisément que le recours à l'emprunt ait pu être de tout temps une des sources de la création argotique. Et pourtant, la place réelle des emprunts dans l'ensemble des procédés de renouvellement de ce vocabulaire particulier reste encore à définir.

Victor Hugo estimait déjà que, « selon qu'on y creuse plus ou moins avant, on trouve dans l'argot, au-dessous du vieux français populaire, le provençal, l'espagnol, de l'italien, du levantin, cette langue des ports de la Méditerranée, de l'anglais et de l'allemand, du roman dans ses trois variétés : roman français, roman italien, roman roman, du latin, enfin du basque et du celte [6] ». La réalité actuelle est au moins aussi variée.

À l'origine, quelques mots étaient communs aux argots français, italien (appelé *furbesco*), et espagnol (appelé *germania*) : *ance* « eau », *lime* « chemise », *arton* « pain », *marque* « fille », *crie* « viande », *ruffle* « feu ».

En fait, le *furbesco*, venu d'Italie, avait fourni au français les mots :

gonze « un niais »
casquer, mais à l'origine avec le sens de « tomber »
lazagne « lettre » ;

et l'argot espagnol y avait ajouté les mots :

godin « homme riche »
luque « faux certificat »
taquin « tricheur ».

Mais c'est au tsigane que l'argot français doit :

berge « année »
grès « cheval »
maravédi « pièce d'or [7] »
chourin « couteau »
manouche « bohémien ».

Dans le lexique argotique actuel

Une étude récente a été entreprise pour estimer le volume des emprunts présents dans le lexique argotique contemporain [8].

Les résultats de ce travail montrent que, sur un total de 1 105 emprunts à d'autres langues (sur un corpus d'environ 6 500 mots argotiques), ce sont les parlers régionaux qui viennent en première place (397 mots) et qu'ils ne sont suivis que de très loin par l'italien (159), l'anglais (157) et les langues germaniques autres que l'anglais (125). Viennent ensuite l'arabe (89), l'espagnol (57) et le tsigane (54). Enfin, les langues celtiques ont fourni 18 mots, et toutes les autres, moins de 10 mots chacune.

Si on compare ces chiffres à ceux obtenus pour les emprunts faits par la langue commune (cf. ch. 1, DES EMPRUNTS PAR MILLIERS, p. 15), à savoir, pour les trois groupes les plus importants :

1° anglais, avec 1 053 mots,
2° italien, avec 698 mots,
3° parlers gallo-romans, avec 481 mots,

on constate que l'ordre d'importance est inversé pour le vocabulaire argotique, où l'anglais et l'italien sont presque à égalité et où ce sont les parlers gallo-romans, c'est-à-dire les langues régionales de France, qui l'emportent :

1° parlers gallo-romans, avec 397 mots,
2° italien, avec 159 mots,
3° anglais, avec 157 mots.

Les langues régionales en tête

Lorsqu'on examine de plus près la liste des emprunts de l'argot aux langues régionales, on se rend compte en outre qu'une grande partie de ce vocabulaire appartient aujourd'hui à la langue familière connue de tous, et n'a plus rien d'un code secret. Ainsi :

des *verbes* comme :

turbiner	(dialecte du Nord)	*mégoter*	(oïl de l'Ouest)
arnaquer	(picard)	*dégoter*	(angevin)
cafouiller	(picard)	*zigouiller*	(poitevin)
pioncer	(picard)	*bicher*	(lyonnais)
roupiller	(picard)	*resquiller*	(provençal)
baguenauder	(languedocien)		

des *noms* comme :

gambette	(picard)	*pognon*	(lyonnais)
tiffes	(dauphinois)	*mouise*	(franc-comtois)
grolles	(lyonnais)	*moutard*	(francoprovençal)
pagaye	(provençal)		

des *adjectifs* comme :

ringard	(oïl du Nord)	*maous(se)*	(angevin)
morfal	(rouchi)	*sinoque*	(savoyard).

Dans cette dernière rubrique, si *ringard* est resté très vivant, *morfal, maous(se)* et *sinoque* paraissent aujourd'hui un peu... ringards.

Historique des emprunts dans le domaine de l'argot

Un deuxième classement général des emprunts en argot, par ordre chronologique cette fois, permet de constater que les attestations des emprunts avant le XVe siècle sont très rares. On sait en effet que c'est seulement grâce au procès des Coquillards dijonnais au XVe siècle qu'ont été dévoilées les premières réelles informations sur le langage secret de la bande de ces malandrins.

LES COQUILLARDS ET LEUR ARGOT

On les appelait ainsi parce qu'ils portaient une coquille pour se faire passer pour des pèlerins de Saint-Jacques-de-Compostelle. Ces bandes de voleurs organisées, qui représentaient au XVe siècle l'une des séquelles de la guerre de Cent Ans, réunissaient des aventuriers des grands chemins auxquels se mêlaient des groupes d'Italiens et d'Espagnols. Leur façon de parler a fourni l'essentiel des premiers recueils d'argot.

Parmi les attestations les plus anciennes, on trouve *mitan* « milieu » venu vers 1200 du franc-comtois ; *pine* « pénis » (1265), *maquereau* « proxénète » (1270) du néerlandais ; *maravédi* « sou » (1203), probablement du tsigane (cf. ch. 12, *carte* LES GENS DU VOYAGE, p. 154) par l'intermédiaire de l'espagnol, et le verbe *pier* « boire » (1292) du grec. Les emprunts au grec sont souvent passés dans l'argot français par le truchement de l'italien.

Le verbe *gourer* « tromper », que l'on trouve chez Villon, avait été précédé au XIIe siècle par *goure* « boisson falsifiée », que l'on rapproche de l'arabe *gurûr* « tromperie [9] ».

Les attestations des emprunts en argot restent tout de même rares au XVe siècle, mais on peut signaler *dalle* « gorge, gosier » (1450) venu du normand, et *argousin* « policier » (1450) venu du catalan.

Aux XVIe et XVIIe siècles, d'autres emprunts peuvent être identifiés et certains d'entre eux sont aujourd'hui passés dans la langue familière commune. Tel est le cas, par exemple, de *loustic* « mauvais plaisant » (1557) venu de l'allemand *lustig* « joyeux », de *gonze* « individu » (1628), venu de l'italien *gonzo* « lourdaud », et qui a donné naissance à *gonzesse*, forme féminine plus généralisée, tandis que *salamalecs* « ronds de jambe, politesses exagérées » (1659) vient de l'arabe *salam alayk* « paix sur toi » et que *pinard* « vin » (1616) est issu d'un parler régional roman non spécifié.

La langue des galériens

Dès la fin du XVIe siècle, on trouve un nombre important de formes argotiques d'origine méridionale, et on peut les expliquer par l'afflux des malfaiteurs attendant d'être embarqués sur les galères des ports de la Méditerranée. François Ier avait en effet créé la peine des galères, qui avait eu Marseille pour port d'attache, puis Toulon sous Henri IV. Plus tard, le bagne de Marseille et celui de Toulon, au milieu du XVIIIe siècle, joueront le même rôle [10].

Récréation

À LA MANIÈRE DE LA FONTAINE

À quelle langue sont empruntés tous les mots écrits en gras qui travestissent cette fable de La Fontaine ?

La ***cigale*** ayant ***rôdé***
Tout l'été
Capota dans la ***panade***
Quand la ***brume*** fut venue.
Pas la moindre ***bartavelle***
À ***tarabuster***
Jusqu'à la saison nouvelle...
Elle alla crier sa ***dèche***
Chez la ***soubrette***, à l'***auberge :***
« Cessez vos ***balivernes***
Railla cette ***donzelle***,
Vous ***gambadiez***, au temps chaud ?
J'en suis fort aise...
Eh bien, ***bisquez*** maintenant.

Réponse : provençal.

Voici quelques exemples de formes d'origine méridionale qui sont encore bien vivantes : *cabot* « chien » (1821), *costaud* « souteneur, gaillard » (1884), *esquinter* « éreinter » (1861), *pègre* « voleur », et en particulier « voleur de quai », réputé pour avoir de la poix (*pego* en provençal) aux doigts. On peut encore citer, parmi beaucoup d'autres emprunts aux langues régionales, *limace* « chemise » (1835, de l'argot marseillais), *se baguenauder* « se promener » (1750, du languedocien), *au rencart* (1740, du normand), *décaniller* « s'enfuir » (1792, du lyonnais), *moutard* (1827, du francoprovençal).

Les autres langues

L'italien de son côté a constamment fourni du vocabulaire à l'argot à partir du XIVe siècle : *chiourme* « ensemble des bagnards » dès 1350, *bisbille* « dispute » en 1550, *dab* ou *dabe* « père » en 1725, *patraque* « en mauvaise forme physique » en 1743, *à la manque* « mal fait » en 1836, *scoumoune* « malchance », attesté en 1955, mais probablement beaucoup plus ancien.

C'est essentiellement du XVIIIe siècle que datent les premiers emprunts à l'allemand : par exemple *schnaps* « eau-de-vie », *capout* (dont la graphie est variable) « détruit, mort », *estourbi* « assommé », *nix* « non » affirmé avec force (aujourd'hui, on dirait plutôt *niet*), *fifrelin* « menue monnaie, sans valeur ».

En ce qui concerne l'arabe, en dehors de *salamalecs*, qui est attesté dès 1659, les emprunts de l'argot à cette langue commencent au XIXe siècle avec *maboul* « fou » (1860), *toubib* « médecin » (1863), *clebs* « chien » (1895), *flouze* ou *flousse* « argent » (1895), *béni-oui-oui* « qui approuve tout, sans esprit critique » (1959), *souk*, d'abord avec le seul sens de « magasin » (1959), puis celui de « désordre » (1960).

Les emprunts au tsigane se multiplient également au XIXe siècle, par exemple : *surin* (anciennement *chourin*) « couteau » (1827), *gadjo* « non-gitan », ou « homme naïf » (1899), *choucard* « beau, bon » (1947), *chouraveur* « voleur » (1962).

Quant à l'anglais, il n'offre qu'une dizaine d'attestations d'apports à l'argot au XIXe siècle, dont *job* « travail » en 1831, et *bifteck* en 1833. Ce dernier mot a d'abord pris le sens de « partie postérieure charnue du corps humain », avant de désigner de façon mi-humoristique, mi-ironique « les Anglais », et enfin « la prostituée » (considérée comme source de revenus).

Lexique argotique et lexique tout court

Mais c'est surtout dans la seconde partie du XXe siècle que l'anglais devient l'une des principales sources des emprunts. On constate dans le lexique argotique d'origine anglaise un glissement d'un argot traditionnel propre au « milieu » (*paddock* « lit » dès 1939, *racket* « extorsion de fonds par la violence » en 1961) vers un usage plus général : par exemple, plus récemment, *gay* « homosexuel jeune et militant », *groupie* « jeune admiratrice d'un musicien » en 1970, *cool* « détendu, sympa » dès 1977, *loser* « un perdant » en 1983 et *tagger* ou *tagueur* « jeune marginal traçant des graffitis » en 1988.

Le vocabulaire argotique rejoint ainsi, à la fin du XXe siècle, les tendances les plus évidentes du vocabulaire général, en puisant dans l'anglais la plus grande partie de ses emprunts.

3

DES INCERTITUDES INÉVITABLES

Des mots sans date de naissance

Il faut se rendre à l'évidence : sauf exception, on ne peut pas vraiment savoir à quel moment un mot étranger a été adopté. Seule la plus ancienne attestation écrite connue pourrait réduire l'incertitude, mais on n'est jamais sûr qu'elle corresponde à sa première apparition dans la langue. En effet, un mot peut fort bien avoir circulé pendant des années, des décennies, voire des siècles avant de se manifester dans un texte écrit. Un cas extrême est représenté par le mot *frimas*, dont on sait qu'il est issu du germanique (au IVe siècle) et attesté en ancien français sous la forme *frime* (1050), mais *frimas* n'apparaît pour la première fois dans un texte écrit que chez Villon en 1456, c'est-à-dire avec un retard de plus de mille ans.

La question de la date d'emprunt reste encore plus mystérieuse lorsque la langue d'origine a disparu sans laisser de descendants. Tel est le cas pour un certain nombre de mots dont on sait seulement qu'ils ne sont ni latins ni même gaulois, mais qu'ils appartiennent à des langues ayant précédé ces idiomes sur le territoire.

Avant le gaulois et avant le latin

Nous connaissons bien les noms de certains habitants qui peuplaient la Gaule avant l'arrivée des Gaulois : Aquitains, Ibères, Ligures, mais leurs langues restent pratiquement inconnues.

Les Ibères, qui occupaient à l'origine la péninsule Ibérique, s'étaient aussi installés dans le sud de la Gaule, et ils s'étaient probablement implantés jusque dans le Cantal et dans la région de Nîmes, pour être ensuite repoussés vers le Roussillon. De leur côté, les Ligures semblent avoir occupé le sud-est et l'est de la Gaule, ainsi que l'Italie du Nord. Mais dans ces deux cas, seuls les toponymes gardent le souvenir de ces langues qui n'ont pas eu de rejetons.

Le basque, langue vivante

En revanche, on a de bonnes raisons de penser que les Aquitains sont probablement les lointains ancêtres des Basques, dont la langue, contre vents et marées, a survécu à toutes les invasions, à commencer par celles des Gaulois au cours du premier millénaire avant J.-C. Malheureusement, la plus ancienne attestation en langue basque ne date que du xe siècle après J.-C. et le premier livre seulement de 1545 [11]. Dans ces conditions, on a bien du mal à se faire une idée du basque à date ancienne. Mais, par bonheur, le basque est une langue encore bien vivante.

Grâce au basque moderne, on peut aisément comprendre le sens d'un bon nombre de toponymes de cette région sur le territoire français : la *Bidassoa,* c'est « le fleuve, la rivière », *Mendigorri* signifie « montagne rouge », *Baigorri* « rivière rouge » et *Iriberri* « village neuf ». Mais le lexique français d'origine basque se résume à bien peu de chose : à deux termes concernant le jeu de pelote basque (*pelotari* « joueur de pelote basque » et *chistera* « sorte de gant d'osier servant à renvoyer la balle », ce dernier ayant été emprunté au latin CISTELLA), à l'adjectif *bizarre*, au substantif *bagarre* « dispute violente et désordonnée » et au nom de l'*orignal*, cervidé du Canada dont le nom, donné par des immigrants basques, a ensuite fait le voyage inverse.

Des mots venus de la nuit des temps

Quelques mots français comme *baraque, caillou, caparaçon, carapace* et *chalet* sont certainement prélatins, mais viennent-ils du gaulois, de l'ibère, du ligure ou d'une autre langue méditerranéenne aujourd'hui disparue ?

Le mot *baraque*, qui a été introduit en français par l'intermédiaire de l'espagnol, pourrait se rattacher à une racine ibère à l'origine, *bar* « boue », la baraque étant d'abord une maison en torchis.

Pour *caillou*, on pourrait opter pour la racine *cal* « pierre, gravier de rivière », que l'on trouve aussi en gaulois [12].

Quant au ligure, il semble avoir laissé à la langue française *avalanche*, *marron* « châtaigne » et *tomme* (qui désigne le fromage en savoyard).

Les mots *gave, gaver, gavotte, gouailler, jabot* et *joue* dérivent tous de la même racine prélatine *gaba* « gorge, gosier ». Ils ont pénétré en français par l'intermédiaire du normand ou du picard pour les premiers, par l'auvergnat, le limousin et le franco-provençal pour les derniers.

Enfin, voici encore d'autres mots d'origine aussi lointaine, mais qu'on ne peut attribuer à aucune langue précise : *calanque, clapier, garrigue, givre, marelle, mélèze, motte, patte* « chiffon », *pic, pot.*

D'OÙ VIENT LE NOM DE LA ROSE ?

Il vient, bien sûr, du latin ROSA, mais le mot latin lui-même ? Vient-il d'une langue sémitique ? Peut-être est-il ensuite passé par l'étrusque ? L'hypothèse est plausible [13].

En fait, le nom de la fleur la plus connue reste d'origine inconnue.

Le nom du lapin

Le nom du lapin, qui a peut-être été emprunté à une ancienne langue méditerranéenne, a causé bien des soucis aux Français soucieux de bonnes manières. En effet, le nom de ce petit rongeur était CUNICULUS en latin, devenu *conil* et *conin* en ancien français. On voit tout de suite les jeux de mots un peu lestes que ces formes pouvaient susciter, et on comprend pourquoi ils ont été abandonnés au XVe siècle et remplacés par *lapin*, mot formé à partir de LEPUS, qui désignait pourtant en latin un autre animal, le *lièvre*. En faisant une entorse au sens, on pensait avoir préservé la bienséance, mais on n'avait pas mesuré toutes les conséquences de ce nouveau choix : avec le nom de la femelle du lapin, le problème restait entier.

Récréation

LES CHIENS

1. Tous les mots en **gras** sont des emprunts à une même langue. Laquelle ?
2. Ces quatre lignes reprennent la structure de la première strophe d'un poème intitulé « Les chats ». Qui en est l'auteur ?

Les ***ermites athées*** et les ***prêtres austères***
Aiment également, pour leur ***zèle magique***,
Les chiens ***myopes*** et ***glauques***, à l'***iris écliptique***,
Qui comme eux sont ***ascètes*** et comme eux sans ***colère***.

Réponses : 1. Le grec. 2. Baudelaire.

Les amoureux fervents et les savants austères
Aiment également, dans leur mûre saison,
Les chats puissants et doux, orgueil de la maison,
Qui comme eux sont frileux et comme eux sédentaires.

Le recours aux toponymes

Grâce aux noms de lieux, on peut retrouver certains éléments des langues aujourd'hui disparues, et c'est surtout avec les noms décrivant la configuration du terrain que l'on peut remonter le plus loin dans l'histoire d'une langue. Ces formes fossilisées se trouvent en abondance en France, où la très grande majorité des noms de montagnes, de fleuves et de rivières – qu'on nomme des *oronymes* et des *hydronymes*, si on veut à la fois faire plus court et plus savant – datent d'avant l'arrivée des Celtes, dont la présence effective en Gaule est attestée vers le milieu du premier millénaire avant J.-C.

Or, si on connaît les noms de certaines populations qui avaient précédé les Celtes en Gaule, on ne connaît pas grand-chose des langues qu'elles parlaient, car seule la langue basque a survécu au déferlement des invasions successives.

Et pourtant, les linguistes s'accordent pour avancer que les noms de la *Loire*, de la *Sarthe*, du *Rhône*, de la *Gironde* et même de la *Garonne* sont préceltiques (mais le suffixe *-onne* dans *Garonne* est aussi une forme celtique désignant une étendue d'eau), comme le sont ceux du *Couesnon*, qui se jette dans la baie du Mont-Saint-Michel, de l'*Adour*, qui se jette dans l'Atlantique, et de l'*Hérault*, qui se jette dans la Méditerranée, ou encore ceux de la *Meuse*, de l'*Ain* ou de l'*Oise*, de la *Vienne* et de l'*Aveyron*, du *Var*, du *Gard* et du *Verdon*. Et ils affirment en revanche que les noms du *Rhin*, de la *Marne*, de l'*Orne*, de la *Mayenne*, du *Doubs* ou du *Lot* sont celtiques [14].

LES DIVERSES SORTES DE NOMS PROPRES

Beaucoup de noms propres sont le plus souvent d'anciens noms communs, qui se sont figés pour désigner une divinité, un peuple, une famille, une personne, un lieu, etc.

On peut ainsi distinguer entre divers noms propres :

théonyme	nom de divinité
ethnonyme	nom de peuple
patronyme	nom de famille
anthroponyme	nom de personne
hagionyme	nom de saint
hagiotoponyme	nom de lieu, formé sur un nom de saint
toponyme	nom de lieu
hydronyme	nom de cours d'eau
odonyme	nom de chemin, de voie ou de rue
oronyme	nom de montagne

Mais comment peut-on prétendre que cela est vrai, puisque nous ne savons presque rien des langues qui ont précédé le gaulois sur le territoire qui deviendra la France ? En fait, il faut, pour arriver à des résultats en toponymie, réunir une vaste documentation, qui fait appel à des disciplines aussi diverses que la phonétique historique (ou histoire des prononciations), l'archéologie et la préhistoire, la géologie [15], la botanique, l'étude des mouvements des populations, de l'évolution de la société, des techniques, de la naissance des villes, etc. C'est seulement grâce à l'établissement de faits concordants que l'on parvient alors à formuler des hypothèses sur l'origine de ces noms de lieux.

Cuq et Cucuron

Il y a en France une bonne centaine de toponymes comportant un élément *Cuq*, pour lesquels on peut faire l'hypothèse d'une origine préceltique [16]. Il y en a, par exemple, en Charente, en Dordogne et dans le Lot-et-Garonne *(Cuq)*, dans le Gers *(Le Cuq)*, dans l'Isère *(Cucuron)*, dans le Pas-de-Calais *(Cucq)*, dans les Pyrénées-Atlantiques *(Cuqueron)*, mais aussi en Corse *(Cucco)* et en Calabre *(Monte Cucco* [17]*)*. Ce qui frappe lorsqu'on visite ces lieux, c'est qu'ils sont tous situés sur une hauteur arrondie. Cela permet de faire l'hypothèse que le mot *cuq* signifiait « hauteur, colline », et cette hypothèse se vérifie lorsqu'on retrouve cette même racine dans des formes qui ont survécu régionalement, avec le même sens ou un sens voisin : dans la région lyonnaise, par exemple, le *cuchon* (où l'on reconnaît *cuq*, avec un suffixe diminutif) désigne un petit tas, ou un amoncellement plus ou moins important ou encore une meule.

Mais ce qui est décisif pour reconnaître qu'il s'agit bien d'un mot qui n'est pas celtique, c'est qu'on trouve aussi *kukkuru* « pointe, hauteur » en sarde, et *cucca* « tête » en sicilien. En effet, on sait que les Celtes, qui occupaient les deux tiers de l'Europe au moment de leur plus grande expansion, n'ont jamais poussé jusqu'au sud de l'Italie et n'ont jamais résidé dans les grandes îles de la Méditerranée (Corse, Sardaigne, Sicile [18]).

Moralité : ne jamais se laisser prendre aux apparences des noms de lieux. Malgré la consonance évocatrice du mot, un *cuq*, c'est un monticule ou une montagne, et *Montcuq* (Lot) exprime donc deux fois la même chose, une fois avec la forme latine (*montem* « montagne ») et une deuxième fois avec la forme préceltique *(cuq)*. On trouve la même tautologie dans *Puy-de-Serre*, en Vendée (du latin *podium* « lieu élevé » et prélatin *serra* « montagne », par un dialecte vendéen [19]) ou, en Sicile, dans *Montegibello* (latin *montem* et arabe *djebel* « montagne ») ou encore, en Grande-Bretagne, dans *Cheetwood* (celtique *chet* « forêt » et anglais *wood* « forêt [20] »).

D'autres hauteurs cachées

C'est également un sommet arrondi que désignait à l'origine le nom de *Le Truc*, petite localité de la commune de Saint-Colomban-des-Villars, en Savoie. Et méfions-nous aussi de *Menton* (Alpes-Maritimes), qui ne doit pas faire penser au bas du visage, mais dont la première syllabe porte témoignage d'une racine évoquant également une idée de relief. On pourrait relier cette forme au basque *mendi* « montagne », qu'on retrouve dans deux noms de ville des Pyrénées-Atlantiques comme *Mendibels*

« montagne noire » ou *Mendigorri* « montagne rouge ». *Auteuil* aussi est trompeur, car ce toponyme, qui semble une forme vide de sens pour les Parisiens contemporains, devrait pourtant leur faire penser à une localité sur une hauteur : sous sa forme actuelle, on ne sent plus qu'il est effectivement formé de l'adjectif latin ALTUS « haut » et du celtique *ialo* « clairière ».

Mais la toponymie n'aboutit pas toujours à des certitudes, et il faut bien avouer que dans les cas de *Béziers, Bordeaux, Angoulême, Cimiez, Collioure* ou *Toulouse,* dont on pense seulement qu'ils sont sans doute aussi d'origine préceltique, le sens de ces mots reste, et restera peut-être encore longtemps, mystérieux.

4

VESTIGES DU GAULOIS

Du gaulois, malgré tout

Heureusement, il y a des mots qui circulent d'une langue à l'autre, faute de quoi les langues mortes seraient à tout jamais perdues. Pour le gaulois, nous n'avons que peu de traces écrites parce que les druides, qui détenaient la science, la religion et la justice, ne diffusaient leur savoir que par voie orale. Mais leur langue, nous la connaissons un peu grâce à deux sources très inégales : d'une part, les quelques dizaines de formes lexicales passées dans le latin populaire des premiers siècles de notre ère et qui ont continué à vivre en français, souvent en passant par les patois, d'autre part, les milliers de toponymes qui perpétuent le souvenir de « nos ancêtres les Gaulois » sur tout le territoire.

Il existe aussi un petit glossaire gaulois-latin, qui date probablement du ve siècle après J.-C., mais qui ne compte que dix-huit mots, glosés en latin tardif (cf. p. suivante, *encadré* LE GLOSSAIRE D'ENDLICHER[21]).

Parmi les mots glosés, on trouve *onno* « fleuve, cours d'eau », qui apparaît, par exemple, dans *Garonne*, ce qui se comprend dans le cas d'un fleuve, mais aussi dans *Divonne*, qui est le nom d'une divinité des eaux. Il y a la forme gauloise *aballo* « pommier », qu'on reconnaît dans *Avallon* (Yonne) et aussi dans *Avalogile* (Cantal) « clairière de pommiers[22] », ainsi que *brio* « pont », qui est à l'origine de *Brive*, et *nanto* « vallée », qui apparaît encore dans *Nantes, Nantua* ou *Dinan.*

LE GLOSSAIRE D'ENDLICHER : 18 MOTS EXPLIQUÉS

Voici quelques extraits du seul glossaire gaulois-latin qui nous soit parvenu de l'Antiquité, le glossaire d'Endlicher, du nom du savant qui l'a fait connaître en 1836.

aremorici : *antemarini*, quia* *are* « ante », *more* « mare », *morici* « marini » = **Armoricains** « ceux qui sont devant la mer »
onno : *flumen* « cours d'eau »
cambiare : *rem pro re dare* « donner une chose contre une autre, échanger »
aballo : *poma* « pommier »
brio : *ponte* « pont »
nanto : *valle* « vallée »
anam : *paludem* « marais »
doro : *osteo* « entrée, porte »

* quia : « parce que ».

Les mots venus du gaulois

S'il est clair que les Gaulois ont fini par adopter la langue latine, ils ont aussi donné au latin une partie de leur vocabulaire, en particulier dans le domaine des véhicules à roues : témoins les noms du *char*, de la *carriole*, du *carrosse*, de la *charrue,* qui existent encore en français, mais c'est au moins une quinzaine de noms de véhicules que le latin avait empruntés à ces Gaulois qui étaient des charrons hors pair [23].

L'ensemble des mots français sûrement venus du gaulois pourrait composer une petite liste de plusieurs dizaines d'unités, parmi lesquelles : *alouette, ambassade, braguette* ou *cervoise.*

Le vieux mot *bouge*, qui désignait à l'origine un sac, a connu une longue histoire. Quand le sac était petit, on disait une *bougette*, et c'est sous cette forme que le mot est parti en Angleterre au moment de la conquête normande au milieu du XIe siècle. Il s'y est fixé, sans cesser de désigner une petite bourse, mais sa prononciation a suivi les habitudes articulatoires du pays. Lorsqu'il est revenu en France sous la forme *budget* à l'époque de la Révolution, il était méconnaissable et il ne désignait plus une petite bourse, mais n'importe quel financement annuel, et en particulier l'énorme budget de l'État [24].

MERDE À CÉSAR !

La cohabitation avec les envahisseurs romains, après les premiers affrontements, semble bien avoir été pacifique, mais les Gaulois ont aussi eu leur mot de Cambronne sous l'occupation romaine, car une chronique latine rapporte qu'un Gaulois n'avait pas hésité à crier aux Romains : **Cecos ac Caesar!**, ce qui signifie, vous l'aviez deviné, « Merde à César [25] ! ».

C'est surtout dans le domaine de la vie rurale et des produits artisanaux que l'on trouve des mots d'origine gauloise : *cervoise, crème, lie, benne, tonneau, ruche, soc.*

Les arbres et les arbustes sont particulièrement bien représentés, avec *bouleau, bruyère, chêne, coudrier, if, verne* « aulne ».

Signalons encore quelques poissons : *alose, brochet, limande, lotte, tanche*, ainsi que quelques animaux terrestres : *bièvre* « castor », *blaireau, bouc, chamois.*

Il ne faut enfin pas s'étonner si, bien souvent, c'est par l'intermédiaire des dialectes régionaux que les mots gaulois ont traversé les siècles pour venir jusqu'à nous :

galet, galette, galoche, quai, par le normand ;
chai, par le poitevin, et *guenille*, par une variété d'oïl de l'Ouest ;
boue, par une variété d'oïl du Nord ;
souche et *rabouilleuse*, par le berrichon ;
luge, par le savoyard ;
auvent, braguette, bruyère, carriole, combe et *gaspiller,* sans doute par les langues romanes d'oc.

RABOUILLEUSE : UN MOT GAULOIS SAUVÉ DE L'OUBLI

Qui se douterait qu'une **rabouilleuse** est une personne qui trouble l'eau des ruisseaux avec une branche d'arbre pour attraper les écrevisses, si Balzac [26] n'en avait pas fait le titre d'un de ses romans ?

On retrouve une partie de ce mot dans l'ancien français ***bouille*** « bourbier ».

À la manière de...

Et, pour terminer sans tristesse, voici une petite fable pour rire, dont le seul intérêt est de réunir des mots d'origine celtique sur une trame connue (et pardon aux mânes de La Fontaine !) :

Maître *mouton* par sa *luge bercé*
Tenait en son *bec* une *galoche,*
Quand un *gaillard*, gras comme une *loche*,
Jaillit de son *char* et dit, tout *renfrogné* :
« Hé ! Bonjour, Monsieur du *carrosse*,
Que vous êtes *changé,*
Que vous me semblez *cloche* !
Sans mentir, si votre *charrue*
Se rapporte à votre *carriole,*
Vous êtes le *valet* des *druides* de ces bois !

Tous les mots en italique sont d'origine celtique, sinon proprement gauloise. Cela est particulièrement vrai pour le mot *cloche*, ici pris métaphoriquement. Il a été introduit en français non pas par le gaulois, mais bien plus tard, au Moyen Âge, par les missionnaires irlandais. Pour désigner la cloche, le mot celtique avait alors remplacé le mot du latin classique SIGNUM. Le gaélique d'Irlande a aussi donné *whisky,* qui vient de la forme celtique *uisgebeatha,* mot à mot « eau-de-vie ».

LES GAULOIS ET LES AUTRES CELTES

On a coutume de nommer Gaulois les habitants de la Gaule, **cisalpine** en Italie « de ce côté des Alpes » (pour les Romains), **transalpine** en France, « de l'autre côté des Alpes ». Les Gaulois étaient en fait des Celtes, au même titre que les habitants de l'Irlande, de l'Écosse – dont la langue est le gaélique – ou du pays de Galles, où l'on parle le gallois.

L'intermédiaire breton

Les apports anciens par le gaulois se sont prolongés en France grâce à une autre langue d'origine celtique, le breton : une langue proche du gallois et du cornique, revivifiée à partir des îles Britanniques aux Vᵉ et VIᵉ siècles après J.-C., par des populations celtiques chassées d'Angleterre par les invasions des Angles, des Saxons, des Jutes et des Frisons.

Certains mots typiquement bretons frappent immédiatement l'imagination, comme *menhir* « pierre longue » ou *dolmen* « table de pierre », mais leur attestation tardive (au XIXe siècle) semble indiquer qu'il s'agit de créations récentes dues aux archéologues. D'autres formes empruntées sont moins faciles à repérer, par exemple le mot *bijou*. On s'accorde d'une manière générale [27] pour y reconnaître le breton *bizou* « anneau », formé sur *biz* « doigt ». En revanche, on attribue un peu rapidement *plouc* au breton, à cause des nombreux toponymes en *plou-* (*Plougastel, Ploubalay,* etc.). Et on a tort, car il faut y reconnaître le latin *plebs* « peuple », qui, sous la forme *plou* (ou *pleu, plé*), a généralement désigné l'église paroissiale, puis la paroisse en latin médiéval. Dans les toponymes, à côté de *Plougastel*, où les deux parties sont latines « paroisse » + « château », on trouve souvent des formes hybrides latino-bretonnes comme *Pleubian*, qui se décompose en *pleu*, variante de *plou* « paroisse » et en *bihan* « petit » en breton. C'était donc la « petite paroisse », tandis que *Pleumeur* désignait la « grande paroisse ».

DU PAIN ET DU VIN

Les Grecs disaient de ceux qui ne parlaient pas grec que c'étaient des Barbares parce qu'on ne comprenait pas ce qu'ils disaient. Certains prétendent que les Français, entendant les Bretons répéter **bara gwin,** disaient qu'ils **baragouinaient** alors qu'ils demandaient simplement du pain **(bara)** et du vin **(gwin)**.

Le druide sous son chêne

Une des images d'Épinal les plus répandues dans la mémoire collective lorsqu'on veut évoquer les Gaulois est peut-être celle du druide rendant la justice sous un chêne. Et cela se comprend si l'on prend en compte le fait que la Gaule était alors très largement couverte de forêts [28] et que les Gaulois vouaient aux bosquets et aux arbres une vénération profonde car ils les considéraient comme les sanctuaires de puissances invisibles [29].

Les clairières ont dû être les premiers lieux habités à la lisière de ces bois, et on retrouve le gaulois *ialo* « clairière » dans le suffixe *-euil* ou *-eil*, comme dans *Argenteuil, Créteil* ou *Creil,* et de nombreux autres toponymes ont gardé le souvenir des arbres qui les entouraient : l'if *(eburo)* a donné naissance aux noms d'*Évreux, Embrun, Ivry*, et le bouleau (BETUA, d'où le diminutif BETULLUS*)* à *Belloy* (Oise, Somme, Val-d'Oise), *La Boulaye* (Saône-et-Loire), *Le Boulois* (Doubs) ou encore à *Bouleuse* (Marne). Dans *Avallon* (Yonne) ou dans *Avalleur* (Aube), on reconnaît – si on se rappelle qu'un ancien */b/* a souvent évolué en */v/* en français, comme dans *avoir*, de HABERE – le nom du pommier, *aballo* (avec la même racine indo-européenne que dans l'anglais *apple* et l'allemand *Apfel).* Mais la place d'honneur doit être réservée aux deux arbres qui, si l'on en croit les toponymes, étaient les arbres-cultes des Gaulois : le chêne et l'aulne.

Le chêne gaulois : présent partout

Le nom du chêne était *cassanos* en gaulois, QUERCUS en latin. On retrouve la racine latine dans le nom de la forêt *hercynienne* (où le QU latin prononcé /kw/ correspond au /h/ germanique), mais le terme latin n'est représenté qu'en Corse, avec *Quercitello.*

En revanche, les toponymes issus de *cassanos* sont plus de deux cents, répartis sur l'ensemble de la France, dans 74 départements. La carte ci-contre illustre non seulement cette répartition uniforme mais aussi un phénomène de phonétique historique qui, à partir d'une forme ancienne *ca-*, divise les parlers de France en trois zones :

Que-, dans le nord du pays : *Quesnoy* (Nord), *Le Quesne* (Somme)...

Ca-, dans le sud du pays : *Cassagne* (Haute-Garonne), *Cassagnoles* (Gard), *Lacassagne* (Hautes-Pyrénées) et aussi *Cassano* en Haute-Corse...

Cha-, *Che-,* partout ailleurs : *Chassaigne* (Allier), *Chanoy* (Loiret), *Chessenaz* (Haute-Savoie), *Le Chesnay* (Eure, Yvelines)...

Cette même répartition phonétique se retrouve dans d'autres toponymes, par exemple dans les dérivés du latin CASTELLUM représentés par *Le Cateau* (Nord) et *Castelnaudary* (Aude), mais aussi par *Châteauroux* (Indre). Elle n'est qu'une illustration de l'évolution générale qui a fait, par exemple, du latin CANTARE le français *chanter*, le picard *canter* et le provençal *canta* [30].

LES NOMS GAULOIS DU CHÊNE DANS LES TOPONYMES

L'un des arbres les mieux représentés dans les toponymes de France est le chêne, très abondant sur l'ensemble du territoire et objet de culte chez les Gaulois.

Cette carte, établie à partir de 221 toponymes [31] formés à partir de *cassanos* « chêne », permet aussi d'illustrer l'évolution phonétique de la succession **ca**, différente selon les régions : la consonne initiale s'est maintenue en Normandie et en Picardie, de même que dans une grande partie du domaine d'oc et en Corse. Partout ailleurs, elle a abouti à **cha** ou **che**.

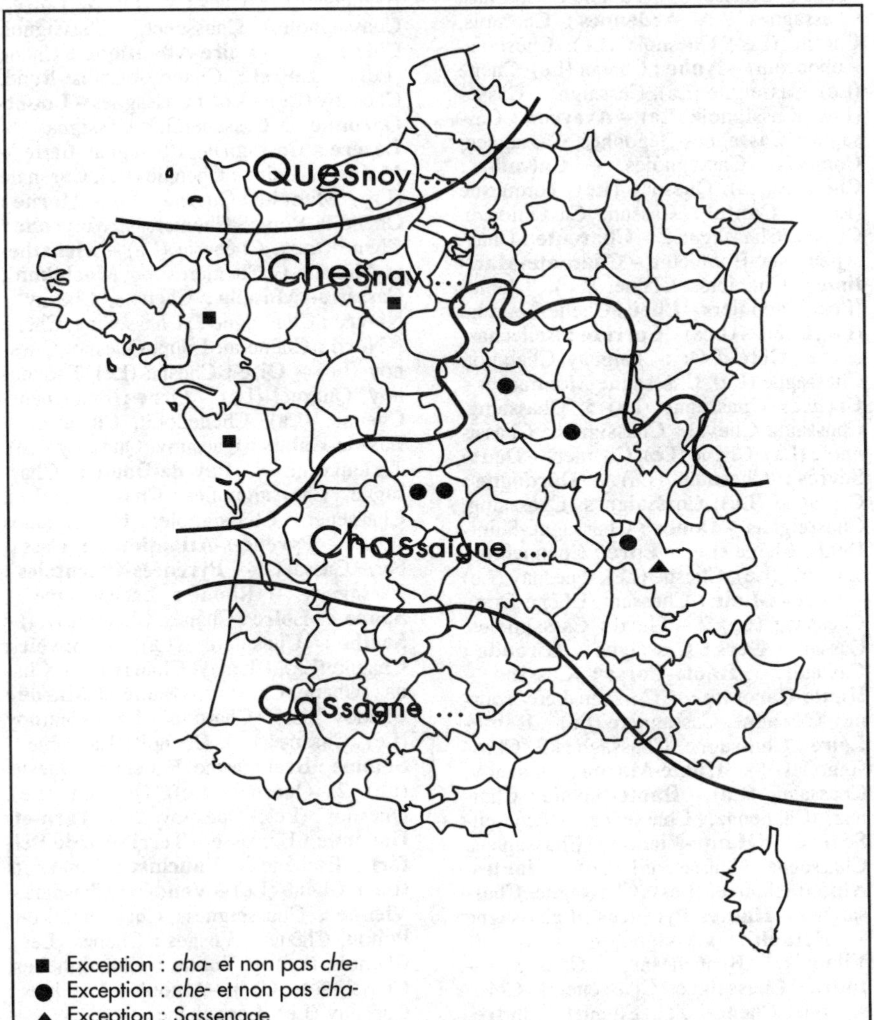

LISTE DES 221 TOPONYMES ÉVOQUANT LE CHÊNE

Les chiffres placés après certains noms indiquent le nombre de toponymes attestés sous ce nom dans le même département (Ex. **Ardèche** : Chassagnes 2).

Ain : Chagne (La), Chanay, Chanay (Le), Chanes, Chaneye, Chanoz, Chasnas, Chassagne (La), Chêne – **Allier :** Chassagne (La), Chassaigne, Chassaignes, Chassaing, Chassignol, Chassignole (La), Chêne-du-Loup – **Alpes de Haute-Provence :** Chasse – **Ardèche :** Charnas, Chassagnes 2 – **Ardennes :** Charnois, Chesne (Le), Chesnois (Le), Chesnois-Auboncourt – **Aube :** Chanet (Le), Chêne (Le), Cassaigne (La), Cassaignes, Cassés (Les), Cassignole (La) – **Aveyron :** Cassagnes, Cassagnes-Bégonhès, Cassagnes-Comtaux, Cassagnoles – **Calvados :** Chesnée (La), Quesnay (Le), Torquesne (Le) – **Cantal :** Cassan, Cassaniouze, Chanet, Chassagne 2 – **Charente :** Chasseneuil-sur-Bonnieure – **Charente-Maritime :** Chaniers, Chêne (Le), Chênes (Les), Chepniers – **Cher :** Chêne-Fourchu (Le), Chênes (Les) – **Corrèze :** Bellechassagne – **Côte-d'Or :** Chaignay, Chaignot, Chassagne (La), Chassagne-Montrachet – **Creuse :** Chassagne (La) 5, Chassaing, Chassaing-Cheval, Chassignol, Chassignole (La), Chêne (Le), Chéniers – **Deux-Sèvres :** Chesnaie (La) – **Dordogne :** Cassagne (La), Chassaignes, Chassaing, Chasseignas – **Doubs :** Chassagne-Saint-Denis, Chêne (Le) – **Eure :** Chennebrun, Chesnay (Le), Chesne (Le), Quesnay (Le) – **Eure-et-Loir :** Chassant, Chêne-Doré, Chesnaye (La) 2 – **Gard :** Cassagnoles, Cassan – **Gers :** Cassaigne – **Gironde :** Casseuil – **Haute-Corse :** Cassano – **Haute-Garonne :** Cassagnabère-Tournas, Cassagne, Cassagnère (La) – **Haute-Loire :** Chassagne, Chassagnes 2, Chassignolles – **Haute-Marne :** Chanoy, Chassagne (La) – **Haute-Savoie :** Chainaz, Chanenaz, Chassenaz, Chêne-en-Semine – **Haute-Vienne :** Chassagnas, Chassagna, Chasseneuil (Le) – **Hautes-Alpes :** Chanets (Les), Chassagne, Chassaignes – **Hautes-Pyrénées :** Lacassagne – **Hérault :** Cassagnoles – **Ille-et-Vilaine :** Beauchesne, Chasné – **Indre :** Chasseigne, Chasseneuil, Chassignolle, Chêne-Éclat, Chénier – **Indre-et-Loire :** Chêne (Le), Chêne-Pendu, Chesnaie (La) – **Isère :** Chanas, Chanay, Chasse, Chasse-sur-Rhône, Chêne (Le), Sassenage – **Jura :** Chainée, Chanay, Chassagne (La), Chêne-Bernard, Chêne-Sec – **Landes :** Cassen – **Loir-et-Cher :** Beauchêne 2, Chesnay (Le) – **Loire :** Chassagnole, Chassenet, Chassignol, Chêne (Le) – **Loire-Atlantique :** Chêne (Le) – **Loiret :** Chanoy, Chêne-Rond, Chesnoy (Le) – **Lot :** Cassagnes – **Lot-et-Garonne :** Casseneuil, Cassignas – **Lozère :** Cassagnas, Cassagnas-Barre – **Maine-et-Loire :** Chenaie (La), Chesnaie (La) – **Manche :** Quesnay (Le) – **Marne :** Chêne-la-Reine, Chéniers – **Mayenne :** Chêne-Doux, Chênerie (La) – **Meurthe-et-Moselle :** Chenières – **Morbihan :** Cassan – **Moselle :** Chenois, Chesny – **Nièvre :** Chassagne 2, Chasseigne, Chêne – **Nord :** Chêne-au-Loup, Quesno, Quesnoy (Le) – **Oise :** Chesne (Le), Esquennoy, Quesnel (Le) – **Orne :** Beauchêne, Chenaie (La), Chênedouit, Chênesec – **Pas-de-Calais :** Quesnoy, Quesnoy (Le), Tortequesne – **Puy-de-Dôme :** Chassagne, Chassaignolles, Chassaing (Le), Chassenet, Chassignole, Chassignoles (Les) – **Pyrénées-Atlantiques :** Cassaber, Cassaet – **Pyrénées-Orientales :** Cassagnes – **Rhône :** Lachassagne – **Saône-et-Loire :** Chânes, Chênerie (La) – **Sarthe :** Chesnière (La) – **Savoie :** Chagne (La), Chanay, Chanay (Le), Chanaz, Chane, Chasnaz – **Seine-et-Marne :** Chanoy (Le), Charnois (Le), Charnoy (Le), Chasne (Le), Chenois, Liéchêne – **Somme :** Beauquesne, Equennes, Quesne (Le) 2, Quesnel (Le), Quesnot (Le), Quesnoy (Le), Quesnoy 2 – **Tarn-et-Garonne :** Belcasse – **Territoire de Belfort :** Eschêne – **Vaucluse :** Cassanets (Les), Chêne (Le) – **Vendée :** Chasnais – **Vienne :** Chasseignes, Chasseneuil-du-Poitou, Chêne – **Vosges :** Chênes (Les), Chénois (Le) – **Yonne :** Chassignelles, Chassignole, Chêne-Arnoult – **Yvelines :** Chesnay (Le), Longchêne ;

soit 221 toponymes dans 74 départements.

Le nom de cet arbre, on vient de le voir, figure abondamment et sous diverses formes dans les toponymes, et c'est ce même nom d'origine gauloise qui s'est maintenu dans la langue française sous la forme *chêne*.

La vergne avait précédé l'aulne

Il en va tout autrement pour un autre arbre, l'aulne, dont le nom gaulois, *verno*, a cédé sa place au latin ALNUS, lui-même emprunté au germanique, devenu *aulne* dans les usages du français général. Mais le nombre considérable de toponymes du type *Vergne, Verne* (230 toponymes), encore un peu plus élevé que celui où se manifeste le nom gaulois du chêne, montre que le mot d'origine gauloise avait alors une expansion remarquable dans le pays tout entier.

Mais pourquoi le terme gaulois *vergne* a-t-il ensuite été supplanté en français par le terme *aulne*, alors que le nom du *chêne* s'est maintenu en évoluant à partir de sa forme gauloise ?

LISTE DES 230 TOPONYMES ÉVOQUANT L'AULNE < GAULOIS *VERNO*

Les éléments de cette liste ont été réunis après consultation du *Dictionnaire national des communes de France,* Paris, Albin Michel et Berger-Levrault, 1984, et vérification dans Nègre, Ernest, *Toponymie générale de la France*, Genève, Droz, 1991, tome 1, p. 266-271.

Les chiffres placés après certains noms indiquent le nombre de toponymes attestés sous ce nom dans le même département (Ex. **Creuse** : Vergnoux 2).

Ain : Vernay (Le), Vernoux, Vers – **Aisne :** Verneuil-sous-Coucy, Verneuil-sur-Serre – **Allier :** Vergnaud (Le), Verne, Verneix, Vernet (Le) 3, Verneuil, Verneuil-en-Bourbonnais, Vernois, Vernois (Le), Vernusse – **Alpes de Haute-Provence :** Vernet (Le) – **Alpes-Maritimes :** Vernea (La) – **Ardèche :** Vernade (La), Vernas, Vernet (Le), Vernon, Vernose-lès-Annonay, Vernose, Vernoux-en-Vivarais, Vert – **Ariège :** Bernède (La), Vernajoul, Vernaux, Vernet (Le), Vernet-d'Ariège, Verniolle – **Aube :** Vernon-Villiers, Vert – **Aude :** Bernède (La) – **Aveyron :** Lavergne, Lavernhe, Vergne (La), Vergnoles-le-Pouget, Vernholes – **Bouches-du-Rhône :** Vernègues – **Calvados :** Ver-sur-Mer – **Cantal :** Lavergne, Vergne (La), Vernet, Vernois, Vernuéjoul – **Charente :** Vars, Verneuil – **Charente-Maritime :** Vergne (La), Vergné, Vert-Bois (Le) – **Cher :** Vergne (La), Vergnol, Vernais, Verneuil – **Corrèze :** Lavergne, Vars-sur-Roseix, Vergnas, Vergne (La), Vergnes (Les) – **Côte-d'Or :** Levernois, Vernois (Le), Vernois-les-Vesvres, Vernon, Vernot, Vernusse – **Creuse :** Lavergne, Vergne (La), Vergnes, Vergnes (Les) 3, Vergnolas,

Vergnolle (La), Vergnoux 2, Vernades, Verneiges, Vernet, Vert – **Deux-Sèvres :** Vernoux-en-Gâtine, Vernoux-sur-Boutonne, Vert (Le) – **Dordogne :** Lavergne, Vergne (La), Vergnelibère, Vergnes (Les), Vergt, Vergt-de-Biron, Verneuil, Vernolles – **Doubs :** Lavernay, Vaire-Arcier, Vaire-le-Petit, Verne, Vernois-le-Fol, Vernois-lès-Belvoir, Vernoy (Le) – **Drôme :** Vers-sur-Méouge – **Essonne :** Vert-le-Grand, Vert-le-Petit – **Eure :** Verneuil-sur-Avre, Verneusses, Vernon, Vernonet – **Eure-et-Loir :** Ver-lès-Chartres, Vernou, Vernouillet, Vert-en-Drouais – **Gard :** Vernarède (La), Vernède (La), Vers-Pont-du-Gard – **Gers :** Bernède – **Haute-Garonne :** Lavernose-Lacasse, Vernet – **Haute-Loire :** Vernassal, Vernassal-Bourg, Verne, Vernède (La), Vernet (Le), Verneuges, Vert (Le) – **Haute-Marne :** Lavernoy – **Haute-Saône :** Belverne, Vars, Vernois-sur-Mance – **Haute-Savoie :** Vernay, Vernay (Le), Vernaz (La), Vernotte (La), Vers, Vert-le-Mant – **Haute-Vienne :** Verneuil-la-Côte, Verneuil-Moustiers, Verneuil-sur-Vienne – **Hautes-Alpes :** Vars-les-Plans, Vars-Saint-Marcellin – **Hautes-Pyrénées :** Capvern – **Hauts-de-Seine :** Vert-Buisson (Le) – **Hérault :** Vernet – **Ille-et-Vilaine :** Vern-sur-Seiche – **Indre :** Verneau, Vernelle (La), Vernet, Verneuil-en-Igneraie – **Indre-et-Loire :** Verneuil-le-Château, Verneuil-Saint-Germain, Verneuil-sur-Indre, Vernon, Vernou-sur-Brenne – **Isère :** Vernas, Vernay (Le), Vernioz, Vert (Le) – **Jura :** Ver-en-Montagne, Vernois (Le), Vers-sous-Sellières – **Landes :** Vert – **Loir-et-Cher :** Vernou-en-Sologne – **Loire :** Vergnon, Vernaud, Vernay, Vernon – **Lot :** Lavergne, Vergnoulet, Vernejoul, Vers – **Lot-et-Garonne :** Lavergne – **Lozère :** Vergnecroze – **Maine-et-Loire :** Vern-d'Anjou, Vernoil, Vert (Le) – **Manche :** Ver – **Marne :** Verneuil, Vert-Toulon – **Meuse :** Verneuil-Grand, Verneuil-Petit – **Moselle :** Verneville – **Nièvre :** Vernay (Le), Vernet, Verneuil – **Oise :** Ver-sur-Launette ; Verneuil-en-Halatte – **Puy-de-Dôme :** Lavergne, Vergne (Le), Vernet, Vernet-la-Varenne, Vernet-Sainte-Marguerite, Verneuge, Verneuges 2, Verneugheol – **Pyrénées-Orientales :** Vernet (Le), Vernet-les-Bains – **Rhône :** Vernaison, Vernay, Vernay (Le), Vernaye – **Saône-et-Loire :** Beauvernois, Vernay, Vers – **Sarthe :** Lavernat, Vair, Verneil-le-Chétif, Vernie – **Savoie :** Vernay, Verneil (Le), Verneys (Les), Vers-l'Église – **Seine-et-Marne :** Vaires-sur-Marne, Vaires-Torcy, Verneuil-l'Étang, Vernou-la-Celle-sur-Seine, Vert-Saint-Denis – **Somme :** Vaire-sous-Corbie, Vers-sur-Selles – **Tarn :** Vernarie (La), Vers – **Val-de-Marne :** Vert (Le) – **Var :** Verne (La) – **Vienne :** Vergne (La), Vernon – **Yonne :** Vaire, Vernoy – **Yvelines :** Verneuil-sur-Seine, Vernouillet, Vernouillet-Verneuil, Vert ;

soit 230 toponymes dans 70 départements.

Vergne ou *verne* dans les usages régionaux

Pour répondre à cette question, il est nécessaire de ne pas confondre le français commun et les français régionaux, et indispensable de donner toute leur importance à ces derniers car un sondage dans une vingtaine de dictionnaires décrivant les différentes variétés régionales du français a montré que l'aulne reste encore de nos jours désigné sous son nom d'origine gauloise, *vergne* ou *verne*, dans de nombreux départements [32].

DANS LES USAGES RÉGIONAUX,
ON PRÉFÈRE SOUVENT *VERGNE* ou *VERNE*

Alors que l'appellation de cet arbre en français général est **aulne**, continuation du latin ALNUS, la carte ci-dessous montre que le terme d'origine gauloise est loin d'avoir disparu dans les divers usages régionaux.

vergne
- Maine
- Berry-Bourbonnais (Cher, Indre et ouest de l'Allier)
- Poitou-Charentes et Vendée
- Pays aquitains
- Midi toulousain et pyrénéen
- Languedoc

verne
- Franche-Comté
- Bourgogne (très vivant partout sauf dans le nord de la Côte-d'Or)
- Lyonnais (connu seulement au-dessus de 20 ans)
- Beaujolais
- Velay (connu seulement au-dessus de 20 ans)
- Le Pilat (usuel à partir de 60 ans)
- Dauphiné
- Savoie (attesté partout, usuel)

vergne et **verne**
- Champagne (sud de la Haute-Marne)
- Languedoc (Cévennes)

La Champagne et la Bourgogne se partagent en deux : on dit *vergne* ou *verne* dans le sud de la Haute-Marne, de l'Yonne et de la Côte-d'Or, mais *aunelle*, diminutif de *aulne*, dans le nord de ces trois départements, ainsi que dans l'Aube et dans la Marne [33].

Signalons une particularité : dans les Ardennes, le mot *verne* – qui se présente aussi sous diverses autres variantes, *vergne, viarne, viène* –, sert à désigner certaines parties de la charpente d'une maison [34]. Généralement féminin, le mot est masculin dans l'Allier, le Cher, l'Indre [35], le Beaujolais [36] et le département de la Loire [37].

Les toponymes du type *Aulnay*

Quant au terme français *aulne*, il est inconnu dans le Midi toulousain et pyrénéen, et d'une façon plus générale dans tout le Sud-Ouest, où cet arbre est toujours désigné sous le nom de *vergne*. Dans le Dauphiné, seule une partie de la population connaît le mot *aulne*, mais personne ne l'emploie [38].

De leur côté, les toponymes formés sur *aulne* ou *aune* sont bien représentés dans le pays, mais ils constituent un groupe infiniment plus réduit (57) que les toponymes du type *vergne* (230). Ils ont la particularité de se trouver tous, sans exception, dans la moitié nord du pays :

Aulnaie Eure-et-Loir – **Aulnaies (L')** Maine-et-Loire – **Aulnat** Puy-de-Dôme – **Aulnay** Aube, Charente-Maritime, Hauts-de-Seine, Indre-et-Loire, Vienne – **Aulnay-aux-Planches** Marne – **Aulnay-l'Aître** Marne – **Aulnay-la-Rivière** Loiret – **Aulnay-sous-Bois** Seine-Saint-Denis – **Aulnay-sur-Iton** Eure – **Aulnay-sur-Marne** Marne – **Aulnay-sur-Mauldre** Yvelines – **Aulnays (Les)** Maine-et-Loire, Mayenne, Saône-et-Loire – **Aulne (L')** Finistère 2, Mayenne – **Aulneaux (Les)** Sarthe – **Aulnizeux** Marne – **Aulnois** Vosges – **Aulnois-Bulgnéville** Vosges – **Aulnois-en-Perthois** Meuse – **Aulnois-sous-Laon** Aisne – **Aulnois-sous-Vertuzey** Meuse – **Aulnois-sur-Seille** Moselle – **Aulnoy** Aisne 2, Seine-et-Marne – **Aulnoy-lez-Valenciennes** Nord – **Aulnoy-sur-Aube** Haute-Marne – **Aulnoye-Aymeries** Nord – **Aunay-en-Bazois** Nièvre – **Aunay-les-Bois** Orne – **Aunay-Saint-Georges** Calvados – **Aunay-sous-Auneau** Eure-et-Loir – **Aunay-sous-Crécy** Eure-et-Loir – **Aunay-sur-Odon** Calvados – **Aunay-Tréon** Eure-et-Loir – **Auneau** Eure-et-Loir – **Auneuil** Oise – **Aunou-le-Faucon** Orne – **Aunou-sur-Orne** Orne – **Lannoy** Nord – **Lannoy-Cuillère** Oise – **Launay** Eure, Mayenne – **Launois-sur-Vence** Ardennes – **Launoy** Aisne – **Les Aulnois** Yvelines – **Les Petits Aulnois** Seine-et-Marne – **Longaulnay** Ille-et-Vilaine – **Malannoy** Pas-de-Calais – **Malaunay** Seine-Maritime.

Cette partie de la France, rappelons-le, est celle qui a été la plus germanisée par les conquêtes franques. On comprend dès lors que la forme germanique y ait supplanté des formes plus anciennes.

5

UNE LANGUE DEUX FOIS LATINE

Le latin, une langue morte ?

Destin exceptionnel que celui de la langue qui s'est diffusée et qui a proliféré avec l'expansion de l'Empire romain : cette langue latine a réussi le prodige d'être à la fois une langue morte et de se survivre à elle-même sous plusieurs formes. Ayant évolué différemment dans chacun des pays dans lesquels elle s'est développée, elle a donné vie et dynamisme à de multiples langues romanes qui la perpétuent [39].

LES LANGUES ISSUES DU LATIN

Le **latin**, qui fait partie de la branche italique de la grande famille indo-européenne, s'est lui-même fragmenté en de multiples variétés à la suite des conquêtes de l'Empire romain. Ces nouvelles langues issues du latin ont pris en italien le nom de **lingue neolatine**, en français celui de **langues romanes**, parmi lesquelles l'**italien**, l'**espagnol**, le **portugais**, le **français** et le **roumain** sont des langues officielles.

Mais de multiples autres variétés se sont formées, qui ont connu des destins moins prestigieux comme :

en Italie : le **piémontais**, le **frioulan**, le **vénitien**, le **sicilien**, le **sarde...** ;

en France, en Belgique et en Suisse : les variétés d'oc (**provençal**, **languedocien**, **gascon...**), les variétés du **francoprovençal**, les variétés d'oïl (**normand**, **picard**, **champenois wallon...**), auxquelles il faut ajouter le **romanche** le **catalan** et le **corse** ;

en Espagne : les variétés du **catalan**, du **valencien**, de l'**aragonais**, du **léonais**, du **galicien** ou de l'**andalou** [40].

Parallèlement à cette fragmentation qui la renouvelait, elle s'est ensuite en quelque sorte dédoublée puisque, longtemps après leur naissance, chacune des langues qui l'ont prolongée a encore constamment puisé dans le vieux fonds lexical du latin classique.

Le français à cet égard paraît exemplaire, et les deux filons du latin – celui qui a évolué et celui qui a été repris sous sa forme primitive – peuvent se reconnaître dans la plupart des mots du français, pour peu qu'on observe attentivement leur forme.

Latin classique et latin vulgaire

Les livres d'histoire de la langue nous précisent que le français est issu du latin que parlaient les légions romaines de Jules César à leur arrivée en Gaule, au milieu du Ier siècle avant J.-C., et que cette langue était du « latin vulgaire ». Mais, s'il en est ainsi, que faire du latin classique, de celui des versions latines de Cicéron, d'Horace ou de Virgile, de ces versions latines que les lycéens ne réussissent à traduire qu'à grands coups de dictionnaire ? N'a-t-il vraiment laissé aucune trace dans notre langue ?

Pour pouvoir répondre à cette question, il faut se rappeler que l'histoire qui va du latin au français n'est pas rectiligne. À l'origine, il y avait ce latin de l'occupation romaine, qui avait été appris par des étrangers, et on ne doit pas s'étonner que les mots latins, prononcés par des populations devenues bilingues, aient tout naturellement connu des altérations. Un peu plus tard, des influences germaniques ont encore modifié cette langue déjà un peu changée.

Les mots se sont amincis au cours des siècles suivants, car les syllabes inaccentuées se sont prononcées de plus en plus faiblement, au point de finir par disparaître, comme dans le mot *hôtel*, qui ne comprend que deux syllabes en français – mais il en avait quatre dans le latin HOSPITALEM. De façon analogue, SACRAMENTUM est devenu *serment*, de même que *forge*, malgré les apparences, représente aujourd'hui la forme amincie de FABRICA.

Parfois, seule une partie du mot a été affectée : par exemple, certaines consonnes en position faible, c'est-à-dire en fin de syllabe, ne se sont pas maintenues, comme le s de BESTIA dans le mot français *bête* ou celui de TESTA dans le mot *tête*, comme le c de LACTEM, devenu *lait*, ou comme le s initial de SCHOLA, qu'on peut seulement imaginer sous le mot français *école*.

Entre deux voyelles aussi, des consonnes qui étaient présentes en latin, et que l'on retrouve par exemple en italien, ne s'entendent plus en français : dans *croire* (du latin CREDERE), dans *vœu* (de VOTUM), dans *mûr* (de MATURUM), dans *froid* (de FRIGIDUM), dans *cailler* (de COAGULARE), etc.

Récréation

VRAI OU FAUX ?

1. ***quidam*** vient du latin QUIDAM « quelqu'un »
2. ***cancan*** est une prononciation à la française du latin QUAMQUAM
3. ***dicton*** est le latin DICTUM « ce qui est dit »
4. ***quolibet*** a pour origine l'ablatif de QUIDLIBET « n'importe quoi »
5. ***gratis*** est une forme latine évoquant le fait de gratter
6. ***ouvrable*** (dans *jour ouvrable*) et ***ouvrir*** viennent du même verbe latin.

Réponses : 1. vrai – 2. vrai – 3. vrai – 4. vrai : le mot vient d'un exercice scolastique appelé *disputatio de quolibet* « discussion sur n'importe quel sujet », par opposition aux « discussions sur un sujet donné », ultérieurement employé pour désigner des propos railleurs – 5. faux : *gratis* vient de l'adverbe latin « gratuitement » – 6. faux : *ouvrable* vient du latin *operare* « travailler » (d'où *ouvrier*, un *jour ouvrable* étant un jour où l'on travaille), tandis que *ouvrir* vient du latin *operire*, qui a pris le sens de « ouvrir » en Gaule (mais qui signifiait « couvrir » en latin).

Le latin ressuscité

Toutes ces informations sont éclairantes mais, pour peu qu'on s'intéresse vraiment à cette question, un problème surgit : si, comme le disent les philologues, les lois phonétiques sont aveugles, on s'attendrait à ce que toutes les consonnes et toutes les voyelles placées dans les mêmes conditions aient évolué en français de la même façon. Or, à côté de *bête* et de *tête*, qui ont perdu leur s, on trouve *reste*, où le s du latin s'est parfaitement maintenu. De même, en face de *lait* (du latin LACTEM) on a *lacté*, où le [k] du latin s'entend encore nettement de nos jours. Plus troublant encore, on compte des centaines de mots provenant, deux par deux, du même étymon, c'est-à-dire du même mot latin. C'est ce qu'on appelle des *doublets*, et l'on peut voir, dans les exemples suivants, qu'ils ne sont généralement pas des synonymes :

claudiquer et *clocher*, de CLAUDICARE
cumuler et *combler*, de CUMULARE
compter et *conter*, de COMPUTARE
direct et *droit*, de DIRECTUS
gémir et *geindre*, de GEMERE
légal et *loyal*, de LEGALIS
rédemption et *rançon*, de REDEMPTIONEM

Faut-il alors, en ce qui concerne l'évolution phonétique, mettre en doute ce que disent les livres de linguistique historique ? Bien sûr que non, car toutes ces incohérences s'expliquent si l'on tient compte des interventions extérieures qui ont contrecarré l'évolution naturelle du français au cours des siècles : auprès des centaines de formes déjà évoluées, à plusieurs reprises ont été introduites des formes latines non altérées. On comprend alors pourquoi on a *mère*, forme française évoluée du latin MATER (où, conformément à la loi phonétique, le t du latin placé entre deux voyelles a été éliminé) à côté de *maternel*, forme reprise ultérieurement au latin classique (où le t du latin a été conservé). On a aussi *aveugle*, qui est une forme semi-savante, ou encore *jouer*, qui est une forme populaire, tandis que *cécité* et *ludique* sont des formes savantes, réintroduites à partir du latin classique (CAECUS « aveugle », LUDUS « jeu »).

Récréation

LE MATELOT MAFFLU

Tous les adjectifs et tous les noms de ce petit texte sont empruntés au néerlandais, à l'exception d'un seul nom, qui est d'origine latine. Lequel ?

« Ce **matelot mafflu** était un peu **espiègle**. On le voyait souvent avec un **drôle, dégingandé** comme lui, sur un **yacht amarré** le long des **docks**. Ils faisaient parfois **ripaille** sur le **boulevard**, dans une **échoppe** où flottait une **odeur** de **bière,** parmi les **colins**, les **bars**, les **cabillauds**, les **éperlans**, les **maquereaux** et les **ramequins** de **crabe**. Curieusement, on y vendait aussi des **rubans** et de la **layette**, mais seulement pendant les **kermesses**. C'est du moins ce que j'ai appris dans un **bouquin** sur les **flibustiers interlopes.** »

Réponse : odeur est d'origine latine.

Un peu d'histoire

La première intervention de taille avait été celle de Charlemagne, atterré par les formes très modifiées du latin qu'il entendait dans les discours des clercs dans cette partie occidentale de son empire : le français était en train de naître, mais personne ne s'en était encore rendu compte. En faisant venir d'Angleterre un moine savant, Alcuin, pour enseigner le latin dans l'abbaye de Saint-Martin-de-Tours, Charlemagne opérait ce qu'on a appelé la « renaissance carolingienne », ce qui a eu pour effet de brouiller l'évolution de la langue française, car de nombreuses formes latines « pures » ont alors été ré-introduites auprès de celles qui avaient déjà beaucoup évolué et qui ressemblaient déjà à du français.

C'est la raison pour laquelle on peut dire que le français est une langue deux fois latine, tout d'abord par filiation directe : MATER est devenu *mère*, et FIDEM est devenu *foi*, et ensuite par emprunt : *maternel* et *fidélité* sont des emprunts de formes du latin d'origine.

Récréation

SAVANT OU POPULAIRE ?

Si on se rappelle qu'une consonne située entre deux voyelles ne s'est pas maintenue en français (dans **soie**, le **t** de **seta** n'existe plus), on peut reconnaître dans la liste ci-dessous les mots qui ont suivi une évolution normale et ceux qui ont été empruntés, à diverses époques, au latin d'origine :

frère – fraternel	**frigide – froid**	**lier – ligature**
doigt – digital	**oreille – auriculaire**	**cadence – chance**
foi – fidèle	**se pavaner – paon**	**mûr – maturité**
voter – vouer	**œil – oculaire**	**légume – lëum***

**lëum* est une forme attestée en ancien français, qui ne s'est pas maintenue.

Réponses : Sont des emprunts au latin : *fraternel, frigide, ligature, digital, auriculaire, cadence, fidèle, se pavaner, maturité, voter, oculaire* et *légume*.

Formes populaires et formes savantes

C'est tout naturellement que les gens qui parlent le français groupent les mots suivants deux par deux : *nier* et *négation, louer* et *location, lieu* et *local, ouïe* et *auditeur* ou même *cheval* et *équitation, côté* et *latéral* ou *aveugle* et *cécité,* sans même remarquer que les formes dérivées ne se font pas sur la base française mais à partir de la base latine.

Récréation

QUELLE EST LA FORME SAVANTE ?

Entre les deux formes des mots suivants, qui viennent toutes deux d'un même mot latin, quelle est la forme savante ?

verre et **vitre**
croyable et **crédible**
local et **lieu**
geindre et **gémir**
tibia et **tige**
majeur et **maire**
rustique et **rustre**

Réponse : les formes savantes sont *vitre, tibia, crédible, majeur, local, rustique* et *gémir.*

Toutes ces incursions hors du français pour l'enrichir en puisant chez son ancêtre latin ont commencé dès le Moyen Âge, et elles n'ont jamais cessé d'être un recours de la part des savants et des lettrés tout au long des siècles. C'est dans ce sens qu'on peut dire que le français n'est pas seulement une langue engendrée par le latin, mais aussi une langue à laquelle le français a beaucoup emprunté ultérieurement. Et cela complique considérablement la tâche de celui qui cherche à faire l'histoire des mots du français.

Latin ou grec ?

D'autant plus que, même pour le latin, l'identification des formes autochtones n'est pas évidente car lui-même avait déjà beaucoup emprunté au grec. Dès le IIIe siècle avant J.-C., l'Empire romain s'était étendu sur les territoires grecs, et les Romains, émerveillés par le haut degré de civilisation auquel le peuple qu'ils venaient de soumettre était parvenu, lui avaient alors emprunté une quantité considérable de vocabulaire : scientifique, philosophique, rhétorique, mais aussi des mots de la vie pratique.

Des mots latins empruntés au grec

Voilà pourquoi on parle aujourd'hui de l'origine gréco-latine d'une grande partie du lexique français.

Des mots de tous les jours

boutique, du grec *apothêkê* « dépôt, entrepôt »
chaise, du grec *cathedra* « siège »
canapé, du grec *kônôpeion* « moustiquaire »
boîte, du grec *pyxis* « buis »
dragée, du grec *tragêmata* « friandises »
plage, du grec *plagios* « (terrain) en pente »
trésor, du grec *thesauros* « trésor »

Des mots de la culture littéraire

comédie : d'un terme désignant à l'origine un chant pour une fête en l'honneur de Dionysos
tragédie : l'étymologie du mot grec suggère qu'il s'agissait à l'origine d'un « chant en l'honneur du bouc sacrifié à Dionysos »
aphérèse : abréviation d'un mot en supprimant le début du mot : *bus* (pour *autobus)*
apocope : abréviation d'un mot en supprimant la fin du mot : *pro* (pour *professionnel)*
histoire, drame, poète, philosophie, grammaire, école, lycée, barbare, euphémisme, métaphore, épilogue...

Des mots de la faune et de la flore

éléphant, panthère, chameau...
jacinthe, orchidée, rhododendron, azalée, anémone...

Des mots de la religion

apôtre, évangile, évêque, paroisse, baptême, église, prêtre, parabole...

Le latin tel qu'en lui-même

Qu'il ait à l'origine été emprunté ou non au grec, le vocabulaire repris au latin est effectivement omniprésent en français, et on peut même s'étonner que tant de formules latines se soient perpétuées telles quelles dans la langue quotidienne. Il est vrai que certaines d'entre elles ne se maintiennent sous leur forme latine primitive que dans le langage du droit [41] et qu'on les retrouve uniquement dans leur traduction littérale en français. Tel est le cas, par exemple :

Dans le langage du droit	**Dans le langage quotidien**
pure et simpliciter	purement et simplement
ad litteram	à la lettre
cognita causa	en connaissance de cause
corpus delicti	le corps du délit
in articulo mortis	à l'article de la mort
lato sensu	au sens large

D'autres expressions sont presque toujours employées sous leur forme latine : *a priori, a posteriori, alibi, bis, de visu, ex aequo, ex cathedra, extra-muros, honoris causa, in vitro, in vivo, intra-muros, ipso facto, modus vivendi, persona grata, quitus, quorum, référendum, sine die, sui generis, urbi et orbi...*

Récréation

POUVEZ-VOUS LE DIRE EN LATIN ?

à plus forte raison	au dernier moment
à égalité	dans sa totalité
C.V.	gratuitement

Réponses : a fortiori, ex aequo, curriculum vitae, in extremis, in extenso, gratis.

Le latin des botanistes

En dehors du droit, l'un des domaines où le latin a encore aujourd'hui une place prépondérante reste la botanique, qui attribue à chaque fleur, chaque fruit, chaque arbre, en plus de ses divers noms populaires, un nom savant en latin, garant de son identité pour les spécialistes du monde entier.

Voici les noms savants de quelques végétaux familiers, dont le nom latin, lui-même parfois emprunté au grec, est souvent plus explicite et bien plus imagé que le nom français (à condition d'être capable de le traduire [42]) :

ail	ALLIUM SATIVUM « ail cultivé »
avocat	PERSEA GRATISSIMA « sébestier (borraginacée) très agréable »
céleri	APIUM GRAVEOLENS « ache à odeur forte »
chou	BRASSICA OLERACEA « chou herbacé »
ciboule	ALLIUM FISTULOSUM « ail en forme de fistule »
ciboulette	ALLIUM SCHŒNOPRASUM « ail ressemblant au jonc vert »
échalote	ALLIUM ESCALONICUM « ail d'Ascalon (ville de Palestine) »
haricot	PHASEOLUS VULGARIS « haricot banal »
laitue	LACTUCA SATIVA « laitue cultivée »
mangue	MANGIFERA INDICA « mangue indienne »
noisette	CORYLUS AVELLANA « coudrier d'Abella (ville de Campanie) »
olive	OLEA EUROPAEA « olive européenne »
oseille	RUMEX ACETOSA « petite oseille acidulée »
persil	PETROSELINUM « plante qui pousse entre les pierres »
pomme de terre	SOLANUM TUBEROSUM « solanée à bosses »
tomate	SOLANUM LYCOPERSIUM « solanée du loup »
ou	SOLANUM ESCULENTUM « solanée bonne à manger »

Quand la chimie parle latin

D'autres sciences sont restées attachées à la langue latine, qui les a vues naître et grandir, et il est significatif que sur la centaine d'éléments chimiques, dont les noms ont été inventés à partir du XVIIIe siècle, il y en ait plus de la moitié (64) qui ont une consonance latine : le suffixe *-ium* est en quelque sorte devenu pour les éléments chimiques le suffixe scientifique par excellence.

On trouve le suffixe d'origine latine *-ium* accolé aussi bien à :
un vrai nom latin *(sodium)*,
un nom de lieu *(germanium* sur *Germania)*,

Intermède

LE LATIN : UNE ARME DE SÉDUCTION ?

La scène se déroule au marché, entre une dame étrangère et une jeune marchande de légumes.

La dame étrangère

... et pour mon potage de *solanum tuberosum*, j'ai besoin d'un peu de *rumex acetosa* et de *petroselinum.*

La jeune marchande de légumes

Pardon, madame, je ne parle pas javanais.

La dame étrangère

Moi non plus, mais je croyais qu'en latin vous me comprendriez mieux. Depuis le temps qu'on le parle en France ! En fait, il me fallait simplement des pommes de terre, de l'oseille et du persil.

La marchande

Ah ! Comme ça, ça va mieux ! *(un silence)* Vous êtes drôlement savante, madame !... Et si j'osais...

La dame étrangère

Osez donc !

La marchande

Eh bien, voilà : ce soir, un étudiant, que j'ai bien l'intention de draguer, vient dîner chez moi. J'aimerais lui montrer que, toute petite marchande de légumes que je suis, j'ai quand même de l'instruction.

La dame étrangère

Alors, dites-lui qu'il aura, pour commencer, une salade de *solanum lycopersium* (de simples tomates). Sur la viande, vous mettrez un peu d'ail, en annonçant négligemment : *allium sativum,* et vous ajouterez – sans rougir – « purée de *cucurbita maxima* », c'est-à-dire de potiron. Comme salade, une belle romaine, mais vous direz que c'est de la *lactuca longifolia* (mot à mot de la laitue aux feuilles allongées). Finalement, au dessert, il sera tellement sous le charme que vous n'aurez pas besoin de lui traduire *passiflora edulis*, il aura déjà compris que c'est le fruit de la passion !

une institution *(berkelium* sur le nom de l'université de *Berkeley),*
un nom de divinité (*plutonium* sur *Pluton),*
un nom de savant *(curium* sur *Curie*).

Les noms en *-ium* de ces éléments chimiques nous permettent d'évoquer une période importante de l'histoire des sciences.

PETITE HISTOIRE DES 64 ÉLÉMENTS CHIMIQUES EN *-IUM*

On connaît généralement la date de la découverte de chacun des éléments chimiques et le plus souvent le savant qui lui a donné son nom.

actinium (Ac) : formé à partir du grec *aktinos* « rayonnement » en raison de ses propriétés radioactives, cet élément fut découvert par le chimiste français André Debierne dès 1899.

aluminium (Al). Ce métal a d'abord été obtenu en 1825, sous forme impure, par le savant danois Oersted, puis purifié deux ans plus tard par le savant allemand Wöhler. Le nom de cet élément, du latin *alumen* « alun », a été introduit en français par l'intermédiaire de l'anglais.

americium (Am). Pour désigner cet élément, le professeur Glenn Seaborg, directeur d'un laboratoire de recherches à l'université de Berkeley, en Californie, avait suggéré les noms d'**americium** (Am), de **berkelium** (Bk) et de **californium** (Cf) pour des éléments découverts en 1950, par analogie avec **europium**...

baryum (Ba). Cet élément a été découvert en 1908 par Humphrey Davy qui forma son nom à partir du mot français *baryte* (du grec *barus* « lourd »).

berkelium (Bk) : latinisation du toponyme *Berkeley*.

béryllium (Be) : du latin *beryllus* « aigue-marine » < grec *bêrullos* « pierre précieuse », cet élément s'est aussi appelé ***glucinium***, du grec *glukus*.

cadmium (Cd) : formé sur *cadmie* « minerai de zinc », du latin *cadmia*, du nom de la ville de Cadmée, près de Thèbes, en Grèce.

calcium (Ca) : du latin *calx, calcis* « chaux ». La chaux était connue des Anciens, mais le calcium ne fut isolé qu'en 1808 par trois savants travaillant indépendamment : l'Anglais Davy, le Suédois Berzelius et le Français Pontin.

californium (Cf) : formé sur *California*.

cérium (Ce) : isolé par l'Allemand Klaproth en 1803 qui latinisa pour cet élément le nom de l'astéroïde Cérès, découvert deux ans auparavant.

césium (Cs) : du latin *caesium* « bleu ». L'étude au spectroscope révèle des raies de couleur caractéristiques de chaque élément et dont certaines sont parfois très intenses. Celles du césium sont d'un bleu profond. (Cf. également le **rubidium**, le **rhodium** et le **thallium**).

curium (Cm) : latinisation du nom des chimistes français Pierre et Marie Curie.

dysprosium (Dy) : du grec *dusprositos* « difficile à atteindre », cet élément a été découvert après beaucoup de recherches par le Français Lecoq de Boisbaudran en 1886.

einsteinium (Es) : latinisation du nom du physicien suisse d'origine allemande Einstein, naturalisé américain en 1940.

erbium (Er) : aphérèse (suppression du début du nom) et latinisation du toponyme *(Ytt)erby,* petite île située au nord de l'archipel de

Stockholm. Pour rappeler l'origine de plusieurs éléments chimiques provenant de cette île, les savants suédois ont procédé à une sorte de découpage du mot **ytterbium** (1878) afin de pouvoir baptiser les autres enfants de la mine : **yttrium, terbium et erbium** (1878, 1843, 1843).

europium (Eu). Le nom de cet élément radioactif découvert par le Français Demarçay en 1896 repose sur la forme latine de *Europe.*

fermium (Fm) : latinisation du nom du savant italien *Fermi.*

francium (Fr) : formé sur le nom de la *France* pour honorer la physicienne française Marguerite Perey, qui découvrit cet élément en 1939.

gadolinium (Gd) : latinisation de *Gadolin*, nom d'un grand chimiste finlandais. Cet élément fut découvert par le Français Marignac en 1880.

gallium (Ga) : dérivé du latin *gallus* « coq », traduction partielle et plaisante du nom du savant français *Lecoq* de Boisbaudran (1875).

germanium (Ge). Après avoir été prévu par Mendeleïev en 1871, ce métal a été découvert par l'Allemand Winkler en 1886.

hafnium (Hf) : latinisation, après aphérèse, du toponyme *(Keben)havn* « Copenhague ».

hahnium (Ha) : latinisation du nom du physicien allemand Otto *Hahn.*

hélium (He) : du grec *helios* « soleil ». Cet élément, qui ne fut isolé par le savant anglais Ramsay qu'en 1895, avait été baptisé dès 1875 par l'astrophysicien anglais Lockyer, sur le modèle de *sélénium.*

holmium (Ho) : latinisation, après aphérèse, du toponyme *(Stock)holm* « Stockholm ».

indium (In) : latinisation après apocope (suppression de la fin du nom) de l'espagnol *indi(go)* « bleu », qui rappelle la couleur des raies spectrales de cet élément.

iridium (Ir) : du latin *iris* « arc-en-ciel », cet élément a été découvert par le chimiste anglais Tennant (1803) et baptisé ainsi par ce dernier en raison de la variété des couleurs de ses composés.

lawrencium (Lr) : latinisation du nom du physicien américain Ernest O. *Lawrence.*

lithium (Li) : latinisation du grec *lithos* « pierre » par le Suédois Berzelius pour rappeler l'origine minérale de cet élément découvert par son compatriote Arfvedson en 1817.

lutécium (Lu) : latinisation du toponyme *Lutèce*, ancien nom de Paris, pour désigner cet élément découvert par le chimiste français Georges Urbain en 1907.

magnésium (Mg) : latinisation du grec *magnes (lithos)* « (pierre) de Magnésie (Asie Mineure) ». Les composés de cet élément étaient bien connus des Anciens, mais le métal ne fut isolé par l'Anglais Davy qu'en 1808.

mendélévium (Mv) : latinisation du nom du savant russe Mendeleïev, qui avait inventé une classification périodique permettant de prévoir les propriétés des éléments restant à découvrir. Tel fut le cas, entre autres, pour le **scandium** et le **germanium**.

neptunium (Np) : formé sur le latin *Neptunus* « Neptune », dieu de la mer dans la mythologie romaine.
nobelium (No) : latinisation du nom d'Alfred *Nobel*, inventeur et mécène suédois.
niobium (Nb) : formé sur le nom de *Niobê*, fille de Tantale, qui fut changée par Zeus en rocher.
osmium (Os) : du grec *osmê* « odeur », découvert et baptisé par l'Anglais Tennant en 1803. Chauffé à l'air, cet élément a la propriété de produire des vapeurs d'oxyde nauséabondes et toxiques.
palladium (Pd). Cet élément a été isolé en 1803 par le savant anglais Wollaston, qui lui donna le nom de l'astéroïde *Pallas* découvert l'année précédente.
plutonium (Pu) : latinisation du nom de la planète *Pluton*.
polonium (Po) : latinisation de *Pologne*, en hommage à Marie Curie, qui était d'origine polonaise et qui découvrit cet élément en 1898.
potassium (K) : latinisation de l'anglais *potash*, venu du néerlandais par l'allemand *Potasche* « cendre du pot ». C'est le chimiste anglais Davy qui isola cet élément en 1807.
prométhium (Pm). Le nom de cet élément évoque celui de Prométhée et a eu beaucoup de mal à s'imposer à la commuauté scientifique.
protactinium (Pa) : du grec *protos* « premier » et *aktinos* « rayonnement ».
radium (Ra) : formé à partir du français *radio(actif)*.
rhénium (Re) : du latin *Rhenus* « Rhin », par l'allemand.
rhodium (Rh) : du grec *rhodos* « rose ».
rubidium (Rb) : du latin *rubidius* « rouge foncé ». Cet élément fut découvert en 1861 par les savants allemands Bunsen et Kirchhoff.
ruthénium (Ru) : formé à partir du latin médiéval *Ruthenia* « Russie ».
rutherfordium (Rf) : latinisation du nom du physicien anglais Ernest *Rutherford*.
samarium (Sa) : latinisation du nom du chimiste russe Samarski. Cet élément fut découvert par le Français Lecoq de Boisbaudran en 1879.
scandium (Sc). Formé à partir du latin *Scandia* « Scandinavie », cet élément a été découvert par le savant suédois Nilson en 1879, après avoir été prévu par Mendeleïev dès 1871 grâce à sa classification périodique.
sélénium (Se) : du grec *sêlene* « lune ». Cet élément a été découvert et baptisé par le Suédois Berzelius en 1817.
silicium (Si) : du latin *silex, silicis* « caillou », par l'anglais. La silice, comme l'alun, la chaux ou la potasse, fait partie des minéraux connus depuis l'Antiquité. La préparation en laboratoire des corps simples correspondants s'est faite au début du XIXe siècle, mais paradoxalement il a fallu attendre près d'un siècle pour pouvoir produire le silicium (ou l'aluminium) avec le degré de pureté nécessaire à l'industrie.
sodium (Na) : de l'arabe *suwwad* « soude », par le latin *soda* et l'anglais *soda*.
strontium (Sr) : latinisation du toponyme *Strontian*, village d'Écosse.

technétium (Tc) : du grec *tekhnetos* « artificiel ».
terbium (Tb) : aphérèse et latinisation du toponyme *(Yt)terby,* île de l'archipel de Stockholm.
thallium (Tl) : du grec *thallos* « rameau vert » en raison de la raie verte de son spectre.
thorium (Th) : latinisation du suédois *thorjord* « terre du dieu scandinave Thor ». Cet élément a été découvert par le Suédois Berzelius en 1828.
thulium (Tm) : du latin *Thule* < du grec *Thoulê* « Scandinavie ».
uranium (U), formé sur le latin *Uranus*, du grec *Ouranos*, nom d'une divinité et d'une planète.
vanadium (V) : latinisation de *Vanadis*, divinité scandinave.
ytterbium (Yb) : latinisation du toponyme *Ytterby* (Suède).
yttrium (Y) : apocope et latinisation du toponyme *Ytterby* (Suède).
zirconium (Zr) : latinisation de *zircon*, « pierre précieuse ». Cet élément, découvert dans des zircons par Klaproth en 1789, ne fut isolé par Berzelius qu'en 1824.

6

PERMANENCE DU GREC CLASSIQUE

Le grec classique, source de renouvellement

Langue deux fois latine, le français a suivi l'exemple de son ancêtre en empruntant aussi au grec classique. Ces emprunts directs au grec (quelquefois par le bas-latin) commencent à être plus fréquents au XVIe siècle, avec par exemple *enthousiasme, athée* ou *symptôme* [43].

Ils concernent la langue des sciences (*archipel, énergie, cacochyme, sphère, hygiène, œdème, trapèze*, etc.) plutôt que celle de la littérature (*théâtre, comédie* et *tragédie* avaient déjà pénétré en français par l'intermédiaire du latin) et ils se poursuivent jusqu'à nos jours.

L'exemple de la médecine

À Rome, les premiers traités de médecine avaient été des traductions du grec, et la terminologie médicale conserve en français une large base grecque [44].

Tout en étant familiers aux oreilles des patients, ces termes médicaux restent pleins de mystère, un mystère qui peut être levé si l'on fait l'effort de retenir les noms de quelques organes du corps humain et ceux de quelques-unes des affections qui les atteignent.

Quelques organes

céphal-	« tête »	*angio-*	« vaisseau »
encéphal-	« cerveau »	*rachi-*	« moelle épinière »

ophtalmo- « œil »
oto- « oreille »
rhino- « nez »
gloss-, glott- « langue »
stomato- « bouche »
cardio- « cœur »
gastro- « estomac »
entéro- « intestin »
neur-, névr- « nerf »
hém(at)o- « sang »
histo- « tissu »
derm- « peau »
cyst- « vessie »
pod- « pied »
néphro- « rein »
chiro- « main » (d'où *chirurgie)*

Quelques affections et leurs remèdes

-algie « douleur »
-asthénie « faiblesse »
-plégie « paralysie »
pyrét- « fièvre »
septi- « infection »
traumat- « blessure »
-phrénie « maladie mentale »
-manie « obsession, folie »
-thérapie « traitement, soin »
-tomie « action de couper »

-rrhée, -rragie « écoulement », d'où :
diarrhée « écoulement à travers »
hémorragie « écoulement de sang »
catarrhe « écoulement de haut en bas »

QUOI DE COMMUN ENTRE UN *PARASITE* ET UN *CERCUEIL* ?

Réponse : l'idée de manger, parce que, selon l'étymologie, le ***parasite*** prend sa nourriture « à côté » (du grec ***para*** « à côté » et ***sitos*** « nourriture »). De façon plus inattendue, ***cercueil***, doublet de ***sarcophage***, du grec ***sarcophagos***, signifie textuellement « qui mange de la chair ». Un ***sarcophage*** est donc un « carnivore », de ***sarkos*** « chair » et de ***phagein*** « manger ». De là à désigner un cercueil, il n'y a qu'un pas car, à l'origine, le terme avait été appliqué à une pierre calcaire ayant effectivement la propriété de dissoudre la chair des cadavres [45].

Le latin et le grec en concurrence

Depuis des siècles, donc, lorsqu'on veut créer de nouveaux mots en français, les deux langues auxquelles on recourt le plus volontiers sont deux langues anciennes que personne ne parle plus : le latin classique et le grec ancien.

Pour exprimer la petitesse, on a par exemple *mini-* (latin) comme dans *minijupe* ou *minibus* et *micro-* (grec) dans *micro-*

onde ou *microclimat* mais, curieusement, les deux préfixes ne sont pas interchangeables.

Pour la grandeur, on a le choix entre *maxi-* (latin) et *méga-* (grec) mais, ces derniers temps, ce sont les formes en *méga-* qui l'emportent : on a eu la *minijupe* et le *maximanteau,* on a maintenant le *micro-ordinateur* (pour l'ordinateur personnel) et les *mégapoles* pour désigner nos « villes démesurées ».

Voici quelques autres préfixes concurrents :

signification	**< latin**	**< grec**
« demi »	semi-, demi-	hémi-
« nombreux »	multi-	poly-
« égal »	équi-	iso-
« unique »	uni-	mono-
« deux »	bi-	di-
« quatre »	quadri-	tétra-
« tout »	omni-	pan-

Les « monstres »

La concurrence entre les formes d'origine grecque et celles d'origine latine a parfois abouti à ce que les puristes appellent des « monstres », qui sont des mots à demi grecs et à demi latins, comme *automobile*, où *mobile* « qui se meut » est latin et *auto* « soi-même » est grec, ou comme *coxalgie* « douleur à la hanche », avec le latin *coxa-* « cuisse » et le grec *-algie* « douleur ».

Il arrive même que prennent forme deux mots, l'un sur des racines grecques et l'autre sur des racines latines, et ayant tous les deux le même sens. Ainsi,

héliotrope (tout grec)	et	*tournesol* (tout latin)
hémicycle	et	*demi-cercle*
monochrome	et	*unicolore*
panchromatique	et	*omnicolore*
polymorphe	et	*multiforme*
tétragone	et	*quadrangulaire*

Récréation

DU GREC OU DU LATIN ?

Repérer, dans la liste ci-dessous, les formations dont la base est entièrement grecque, celles dont la base est entièrement latine et celles de formation hybride (latin + grec ou grec + latin).

agoraphobie – agricole – bicéphale – centimètre – médiathèque – épiderme – gastronomie – hydravion – hypertension – ignifuge – microfiche – minéralogie – monocle – noctambule – nyctalope – planisphère – polycopie – pyromane – radiographie – subdiviser – supermarché – télévision – thermomètre – ultrason.

Réponses :

grec	**latin**	**grec + latin**	**latin + grec**
agoraphobie	agricole	hydravion	bicéphale
épiderme	ignifuge	hypertension	centimètre
gastronomie	noctambule	microfiche	médiathèque
nyctalope	subdiviser	monocle	minéralogie
pyromane	supermarché	polycopie	planisphère
thermomètre	ultrason	télévision	radiographie

On peut prolonger la récréation DU GREC OU DU LATIN ? en cherchant les correspondances de sens entre les diverses formes : par exemple, la nuit est présente dans le « tout grec » *nyctalope* « qui voit bien la nuit (comme le hibou ou la chouette) » et le « tout latin » *noctambule* « qui se promène la nuit ». Par ailleurs, on retrouve la notion de feu dans le « tout grec » *pyromane* « amoureux fou du feu » et dans le « tout latin » *ignifuge*, mot à mot « qui fuit le feu ».

Enfin, pour qualifier des cas extrêmes, on a *supermarché* et *ultrason* d'un côté, *hypertension* de l'autre. À signaler la distinction qui s'est instaurée récemment entre *super* (latin) et *hyper* (grec), donnant la supériorité à ce dernier : un *supermarché* a une superficie de 400 à 2 500 m^2, tandis qu'on ne peut parler d'*hypermarché* qu'au-dessus de 2 500 m^2.

La pierre au cours des siècles

Avec le *persil*, le *salpêtre* et le *pétrole*, on n'échappe pas au grec *petra* « pierre ». En effet, le *persil*, *petroselinon* en grec, c'est l'herbe aromatique qui, à l'état sauvage, pousse entre les pierres. Dans la Grèce ancienne, on en faisait des couronnes pour les vainqueurs des jeux et on en extrayait aussi un produit pour ranimer les mourants.

DU PERSIL, POUR RANIMER LES MOURANTS

Quand, dans la Grèce antique, on disait de quelqu'un : « Il a besoin de persil », cela signifiait en fait « Il va mourir », parce qu'on pensait qu'avec une décoction de persil on pouvait tenter de le sauver.

Le sel de pierre

Le *salpêtre*, ou « sel de pierre », est le nom donné par les premiers alchimistes à ce sel que nous appelons aujourd'hui, plus savamment, du *nitrate de potassium*, et qui est l'un des constituants de la poudre à canon. On a beaucoup parlé du salpêtre au moment de la Révolution car, à cause du blocus anglais, on ne pouvait plus faire venir ce produit de l'Égypte ou de l'Inde, et il a bien fallu en trouver sur place. Or, du salpêtre, il y en avait sur les murs de toutes les caves : il suffisait que chacun aille lessiver sa cave, recueille les eaux de lessivage et les transporte à un endroit où on allait pouvoir les traiter. Les chimistes Berthollet et Chaptal avaient même organisé des « Cours révolutionnaires » à l'École polytechnique, nouvellement créée, et des auditeurs de toute la France venaient y apprendre ces nouvelles techniques. Le salpêtre était alors tellement à la mode qu'on avait fait des chansons sur la récolte du salpêtre. On avait même poussé le patriotisme jusqu'à le faire figurer dans le calendrier de l'an III où, parmi les prénoms chers aux révolutionnaires, à côté de *Brutus, Liberté, Bonnet rouge, Sans-culotte* ou *La Montagne,* on trouve aussi *Salpêtre* [46].

L'huile de pierre

Le mot *pétrole* a été emprunté au grec par l'intermédiaire du latin médiéval *petr-oleum* (huile de pierre), et il est entré en français au XIIIe siècle.

Aux États-Unis, cette huile de pierre était déjà connue des Indiens, qui l'utilisaient seulement à des fins médicales jusqu'à ce que, vers 1830, un propriétaire du Kentucky, faisant creuser un puits pour avoir de l'eau, s'aperçoive que c'était du pétrole qui jaillissait. Le liquide se répand sur une rivière toute proche, les gens y mettent le feu et c'est alors une explosion de stupeur et de joie à la vue du miracle de l'eau qui s'enflamme. La fièvre de « l'or noir » était née, le pétrole des Indiens allait éclairer et chauffer le monde [47].

En français, on a longtemps appelé ce produit l'*huile de pétrole*, ce qui est un pléonasme puisque, dans *pétrole*, il y avait déjà le mot *huile*. On l'a appelé aussi *huile minérale*, ce qui était déjà beaucoup plus près du sens étymologique.

LA PIERRE GRÉCO-LATINE

La pierre avait deux noms en latin : PETRA, emprunté au grec, et LAPIS. C'est **pierre** qui a fini par évincer le mot latin LAPIS en français. Ce dernier a cependant laissé quelques traces, mais dans un registre plus élevé :

lapider « lancer des pierres sur quelqu'un »,

lapidaire (en parlant du style) « concis, bref » (comme une inscription gravée sur une pierre),

dilapider « gaspiller, lancer son argent » (comme on jetterait des pierres).

Les mots qui ont un « état civil »

Parmi les dizaines de milliers, voire les centaines de milliers de mots qui constituent une langue, et alors que chaque jour sont créés des mots répondant à de nouveaux besoins, il est rare de savoir à quel moment précis un mot est né. Cela est pourtant possible dans le domaine des sciences, où l'on a parfois la chance de connaître non seulement la date de naissance d'un terme, mais encore le nom du savant qui a créé ce terme, souvent à partir de racines grecques. Dans les exemples ci-dessous [48], une place de choix a été réservée à la chimie, comme particulièrement représentative de ce phénomène :

gaz, mot créé par un médecin flamand, van Helmont (1577-1644), qui a expliqué lui-même les raisons de son choix (en latin car le latin était la langue internationale de la science à cette époque) : *Halitum illud* **gas** *(sic) vocavi, non longe a* **chao** *veterum* : « J'ai donné à cette émanation le nom de *gaz*, [d'un mot] qui ressemble beaucoup au [mot] *chaos* des Anciens. »

oxygène, 1786, mot fabriqué par Lavoisier, dans le sens de « propre à engendrer des acides ». Lavoisier et les chimistes de l'époque avaient hésité entre *oxygine* (du latin GIGNERE « engendrer ») et *oxygène* (de la racine grecque *gen-* « engendrer »), qui l'emporta.

azote, 1787, forme dont la motivation a été expliquée par le chimiste français Guyton de Morveau : « Nous l'avons nommé *azote*, de l'*a* privatif du grec et de *zoê* " la vie ", pour exprimer que ce gaz n'entretenait pas la vie. »

hydrogène, 1787, par Guyton de Morveau, avec le sens « qui engendre l'eau ».

iode, découvert en 1811 par le chimiste français Courtois et baptisé en 1812 par Gay-Lussac : « J'ai proposé de donner ce nom d'*iode* à cause de la belle couleur violette de sa vapeur », du grec *iôdos* « de la couleur de la violette ».

chlore, 1815, du grec *khlôros* « vert ». Ce corps avait été découvert par le chimiste suédois Scheele en 1774, puis nommé *chlorine* par le chimiste anglais Davy en 1810. La forme française *chlore* est due à Gay-Lussac.

chlorophylle, 1817, mot fabriqué par Pelletier et Caventou, par ailleurs inventeurs de la quinine.

chloroforme, 1834, par le chimiste français Jean-Baptiste Dumas.

électron, mot créé en 1891 par le physicien anglais Stoney, à partir du grec *elektron* « ambre », dont la propriété d'attirer les corps légers avait déjà été remarquée dans l'Antiquité [49].

mastodonte, 1812, nom donné par Cuvier à des pachydermes fossiles, d'après le grec *mastos* « mamelle » et *odons, odontos* « dent » parce que ces animaux ont des molaires à surface mamelonnée [50].

polémologie, 1946, nom donné par Gaston Bouthoul, sur *polemos* « guerre [51] », qui a donné aussi *polémique*.

sémantique, 1883, mot fabriqué par Michel Bréal sur le grec *sêmantikos* « qui signifie », pour désigner la « science des significations et les lois qui président à la transformation des sens [52] ».

Un mot inventé par un médecin : microbe

À la fin du XIXe siècle, le chirurgien Charles Sédillot, devant l'abondance des termes pour désigner des êtres vivants de très petite taille (bactéries, vibrions, infusoires, ferments et autres animalcules), avait cherché à les réunir sous un terme générique. Son choix s'était tout de suite porté sur des racines grecques : *bios* « être vivant » et *micros* « petit », mais il avait longtemps balancé entre *microbe* et *microbie.* Après avoir consulté le grand lexicographe Émile Littré, c'est finalement *microbe* qu'il avait choisi [53].

L'héritage graphique et ses avatars

Il y a en français un moyen infaillible, croit-on généralement, pour reconnaître un mot d'origine grecque : ce sont, d'une part, les successions de consonnes *ph, th, ch,* comme dans *philosophie, théologie, chronologie*, d'autre part, la présence de la voyelle *y*, comme dans *système*. Mais il ne faut pas trop s'y fier car il y a des exceptions : *nénuphar*, malgré son *ph*, n'est pas d'origine grecque, mais persane, alors que *olifant* – rappelez-vous le cor d'ivoire de Roland à Roncevaux –, avec un *f*, est issu du même mot grec *elêphas* « ivoire » que *éléphant* (avec *ph*). Et *cristal* s'écrit avec un *i*, malgré son origine grecque et sa forme latine *crystallus.*

Les aléas des prononciations

Bien sûr, on peut continuer à utiliser tous ces mots venus du grec à bon escient sans connaître leur étymologie. Ce qui peut devenir un peu gênant pour la communication, c'est la méconnaissance des prononciations divergentes qui sont entrées dans l'usage du français à partir d'une même forme grecque. Contre toute logique, on a pris l'habitude de prononcer *archaïque, archéologie, archétype* avec un [k] tout comme *chaos* et *kaléidoscope*, mais *archive, architecte* ou *patriarche* avec un *ch* comme dans *arche.* Pourtant, dans *archive, architecte, patriarche* et *pachyderme,* il y avait en grec la même consonne χ *(chi)* que dans *archaïque, archéologie* ou *archétype.* On a aussi *chirurgie,* prononcé *ch,* en face de *chiromancie* et *chiroptère,* prononcé [k], et pourtant tous trois proviennent du même mot grec *khiros* « main ».

On retrouve des traces de la même hésitation, cette fois reflétée aussi dans la graphie (ce qui a mis d'ailleurs un point final aux hésitations) dans *cinéma, cinétique* en face de *kinésie, kinésithérapie,* alors que c'est la même racine grecque *kinein* « mouvoir » qui est à la base de ces quatre mots.

Récréation

COMBINAISONS COLORÉES

Les néologismes suivants, formés à partir du grec, concernent des noms de couleur, et il ne vous sera sans doute pas difficile de deviner ce qu'ils signifient, si vous pensez aux ***leucocytes***, au ***cyanure***, à la ***chlorophylle***, à la ***mélanine*** et... aux ***briseurs de grève*** :

leucophobe, cyanophile, chlorophage, mélanotrope, xantholâtre.

Réponses : ennemi du blanc, ami du bleu, mangeur du vert, tourné vers le noir, adorateur du jaune. (Ne dit-on pas qu'un briseur de grève est un « jaune » ?)

7

DU NOM PROPRE AU NOM COMMUN

Quoi de commun entre un dahlia et un calepin ?

Apparemment rien, et pourtant on a de bonnes raisons linguistiques de les réunir : ils étaient tous deux, à l'origine, des noms de personne. C'est ce que les linguistes appellent des *éponymes* : Andréas Dahl est l'éponyme de *dahlia* et Ambrogio dei Conti di Caleppio, dit Calepino, celui de *calepin*. Qui plus est, ces deux mots viennent tous deux de l'étranger.

Des éponymes français

Il y a aussi dans la langue française de nombreux noms propres nés en France et devenus des noms communs. À commencer par *poubelle*, dont on connaît même la date de naissance. En effet, c'est depuis qu'un préfet de la Seine, du nom d'Eugène Poubelle, qui avait, en 1884, pris une ordonnance obligeant les Parisiens à regrouper leurs ordures dans des récipients spécialement conçus à cet effet, que ces boîtes à ordures s'appellent des *poubelles*. Il était grand temps, car depuis des siècles on avait déjà fait des descriptions alarmantes des immondices qui encombraient les rues de Paris.

D'autres personnages français, plus ou moins importants, sont passés à la postérité grâce à leur entrée dans le dictionnaire :

• Jean Nicot, pour la *nicotine* contenue dans le tabac (l'herbe à Nicot) (XVIe s.). Ce même Jean Nicot est encore plus connu parmi les historiens de la langue française comme l'auteur du premier *Thresor de la langue française tant ancienne que moderne*, paru en 1606 ;

• l'architecte Mansart, parce que, sans les avoir vraiment inventées, il généralisa les combles aux parois en pente, dits en *mansarde* (XVIIe s.) ;

• les frères Montgolfier, directeurs d'une manufacture de papier à Annonay et inventeurs du premier ballon à air chaud, d'où le nom de leur aérostat : la *montgolfière* (XVIIIe s.) ;

• Parmentier, pour son *hachis* à la purée de pommes de terre. Cet apothicaire, qui était aussi un savant agronome, avait effectué des recherches sur les végétaux de remplacement pour l'alimentation humaine, et réussi à introduire la culture de la pomme de terre en France (*cf.* ch. 12, § La patate et la pomme de terre, p. 158) ;

• le maréchal de Plessis-Praslin, pour les amandes *à la praline* de son cuisinier (XVIIIe s.) ;

• le contrôleur général des finances Étienne de Silhouette, parce que, devenu impopulaire en raison de ses projets d'impôts sur les terres des nobles, on le caricaturait en *silhouette*, en reproduisant son profil en noir sur un fond blanc (XVIIIe s.) ;

• Alexis Godillot, parce qu'il avait été fournisseur de chaussures pour l'armée en 1870. Les *godillots* étaient des chaussures militaires, à tige courte, assez lourdes, ce qui explique pourquoi le terme est ensuite devenu péjoratif.

Des noms de fleurs venus de l'étranger

Parmi les noms venus de l'étranger, on trouve de nombreux noms de fleurs, dont la plupart ont été forgés sur des noms de savants : le *bromélia*, par exemple, perpétue le souvenir d'un botaniste suédois, Olaus Bromelius, compatriote de Linné, et le *butéa*, nom savant de l'arbre à laque, celui d'un Écossais, le comte de Bute. Avec le *camélia*, on retrouve Linné, qui avait baptisé ainsi cette plante originaire du Japon en hommage au botaniste tchèque Georg Joseph Kamel, dit *Camellus*.

Et c'est alors la littérature qui émerge à l'évocation de ce nom : on se prend à rêver à la romantique *Dame aux camélias* d'Alexandre Dumas fils, tout comme on aurait grande envie de relire Proust à cause des cattleyas, plutôt que de se demander qui était ce William Cattley, botaniste du XIXe siècle, qui est à l'origine du nom de cette orchidée chère à Odette (cf. l'*encadré* ci-dessous).

> DU CATTLEYA À « FAIRE CATLEYA » *(sic)*
>
> « ... et bien plus tard, quand l'arrangement (ou le simulacre d'arrangement) des catleyas *(sic)* fut depuis longtemps tombé en désuétude, la métaphore « faire catleya », devenue un simple vocable qu'ils employaient sans y penser quand ils voulaient signifier l'acte de la possession physique – où d'ailleurs l'on ne possède rien –, survécut dans leur langage, où elle le commémorait, à cet usage oublié. »
>
> (Extrait de Marcel Proust, *À la recherche du temps perdu* [54].)

Avec le *dahlia*, c'est encore Linné que l'on doit évoquer, car le nom de cette fleur a été formé sur celui de son disciple et compatriote suédois Andreas Dahl, que le botaniste espagnol Antonio José Cavanilles avait choisi pour baptiser cette fleur venue du Mexique.

D'autres noms de fleurs encore – *fuchsia, gardénia* – perpétuent le souvenir de savants qu'on a voulu honorer : Leonard Fuchs, botaniste allemand, Alexander Garden, botaniste écossais.

La nomenclature scientifique

Plus généralement, on peut dire que la quasi-totalité des unités de mesure physique ont à leur origine des noms de grands savants : le *newton*, le *watt*, le *volt*, etc. Il en est de même pour un grand nombre d'éléments chimiques récemment découverts et auxquels on a généralement donné soit le nom du chercheur qui les a isolés pour la première fois, soit le nom d'un grand savant auquel on a voulu rendre hommage.

Les grands savants

La chronologie impose de citer d'abord Galilée, grand mathématicien, physicien et astronome italien, né à Florence il y a plus de quatre siècles, bien que le *gal* (abréviation de Galilée), unité d'accélération, ne soit pas d'un usage courant dans le grand public.

En revanche, Volta, savant italien, et Watt, savant anglais, sont évoqués quotidiennement lorsqu'on achète une ampoule de 100 *watts* fonctionnant sur du 220 *volts*. Mais sait-on toujours à quel savant se réfère le nom d'une unité de mesure ?

Récréation

ÉPONYME FRANÇAIS OU ÉTRANGER ?

En hommage aux travaux des grands savants, on a souvent choisi d'utiliser leurs noms comme unités de mesure. Ces savants sont allemands, américains, anglais, écossais, français, italiens, suédois. Retrouvez le pays d'origine de chacun d'entre eux.

UNITÉS MÉCANIQUES

newton, unité de force
joule, unité de travail, chaleur
watt, unité de puissance
pascal, unité de pression
poise, unité de viscosité dynamique
stokes, unité de viscosité cinématique
hertz, unité de fréquence

UNITÉS RADIOACTIVES

röntgen, unité d'exposition
gray, unité de dose absorbée
sievert, unité équivalente de dose

UNITÉS ÉLECTRIQUES

ampère, unité d'intensité
volt, unité de différence de potentiel
siemens, unité de conductance
coulomb, unité de quantité d'électricité
farad, unité de capacité
henry, unité d'inductance
ohm, unité de résistance
weber, unité d'induction magnétique

UNITÉS THERMOMÉTRIQUES

kelvin, unité de température
celsius, unité de température

Réponses : anglais : Faraday, Gray, Joule, Kelvin, Newton – *français :* Ampère, Coulomb, Pascal et Poiseuille – *allemands :* Hertz, Ohm, Röntgen, Siemens, Sievert et Weber – *italien :* Volta – *suédois :* Celsius – *américain :* Henry – *écossais :* Watt – *irlandais :* Stokes.

Des éponymes loin cherchés

Dans le domaine de la chimie, il est des noms d'éléments ou de composés qui sont des hommages rendus à des savants, et quelquefois par des chemins très détournés, comme pour la *fuchsine* (cf. p. 169), le *polonium*, ou le *gallium*.

Le *polonium*, élément atomique radioactif, doit son nom à Marie Curie, à qui les savants ont voulu rendre un hommage personnel en rappelant qu'elle était polonaise, tandis qu'ils attribuaient le nom de *curium* à un autre élément pour honorer le travail fait en commun par les époux Curie.

Le *gallium* est un métal du même groupe que l'aluminium et dont certains dérivés sont utilisés en électronique. Pour rendre hommage à son inventeur français Lecoq de Boisbaudran, les savants anglais proposèrent de traduire son nom en latin : Lecoq devint *gallus*, d'où *gallium.*

Comme on le voit, tous ces noms ont été créés par des savants dans un but bien précis. Mais d'autres noms de personnages étrangers sont entrés dans la langue française sans préméditation.

Un calepin venu d'Italie

C'est bien le cas du nom du moine augustin italien Ambrogio dei Conti di Caleppio, dit Calepino, qui avait publié, en 1502, un gros livre très savant. L'ouvrage, paru en latin, s'intitulait *Cornucopiae* « Corne d'abondance » et constituait en réalité l'un des

Récréation

DU NOM PROPRE AU NOM COMMUN

1. La moitié des mots suivants vient d'Angleterre, l'autre moitié d'Italie. Rendez chacun d'entre eux à son pays natal.

cardigan	***pantalon***
catogan	***raglan***
faquin	***sacripant***

2. Tous ces mots ont pour origine un nom propre, à l'exception d'un seul. Lequel ?

Réponses :
1. D'Angleterre : *cardigan, catogan, raglan* – d'Italie : *faquin, pantalon, sacripant.*
2. Seul *faquin* n'est pas un nom propre. Il vient de l'italien *facchino* « porteur », mais *pantalon* est le nom d'un personnage de la comédie italienne et *sacripant* celui d'un personnage de l'*Orlando innamorato* de Boiardo (XVe s.)
Quant aux mots venus d'outre-Manche, ce sont des noms de famille : celui du général William Cadogan (XVIIIe s.) qui aurait lancé la mode du ruban avec lequel les soldats d'infanterie nouaient leurs cheveux en un chignon bas sur la nuque ; celui de J. T. Brudenell, comte de Cardigan (XIXe s.) qui aurait popularisé le port de cette veste de laine boutonnée haut et sans col ; et celui de lord Somerset, baron de Raglan (XIXe s.) dont le manteau de voyage à pèlerine était réputé [55].

premiers dictionnaires dignes de ce nom. Ce livre a ensuite pris des proportions inattendues par l'adjonction de traductions en plusieurs langues, et il est devenu par la suite le livre-culte de toute l'Europe. Mais c'est seulement en français que le nom propre *Calepino* est passé dans la langue courante, où le *-in* de *calepin* a été pris pour un diminutif de l'objet même, alors qu'en italien c'était le diminutif d'un nom propre.

Au XVIIe siècle, le mot *calepin* désignait encore en français un volumineux dictionnaire en plusieurs langues, et il constituait une référence naturelle à une somme d'informations réunies en un énorme volume. Témoin une lettre de Racine où l'on trouve : « N'êtes-vous pas fort plaisant avec vos cinq langues ? Vous voudriez que mes lettres fussent des Calepins ? » Un peu plus tard, sans raison apparente, le *calepin* perdra ses proportions volumineuses tandis que ses pages, désormais blanches, ne renfermeront plus que des notes manuscrites.

Des noms de lieux étrangers dans la langue française

On pourrait enfin trouver des centaines de noms de lieux étrangers devenus des mots de la langue française, dont certains sont évidents, comme :

berline, de Berlin, où a été construit vers 1670 un carrosse à capote mobile ;

bougie, de Bougie, ville d'Algérie (aujourd'hui Béjaia) d'où venaient des chandelles en cire fine dès le XIVe siècle ;

bristol, de Bristol, ville d'Angleterre où se fabrique un carton de très bonne qualité depuis le XIXe siècle ;

méandre, du nom d'un fleuve d'Anatolie, dont le cours est très sinueux ;

phare, du nom de l'île Pharos à l'entrée du port d'Alexandrie.

D'autres noms de lieux sont plus difficiles à découvrir :

cordonnier : sous ce nom de métier il faut retrouver Cordoue, ville d'Andalousie d'où était importé, à partir du XIIe siècle, un cuir de chèvre à la fois souple et solide ;

cuivre : c'est également au XIIe siècle qu'apparaît le mot *cuivre*, issu de la forme latine *(aes) cyprium*, c'est-à-dire « (bronze) de Chypre », île réputée depuis la plus haute Antiquité pour ses mines de cuivre ;

Récréation

DE CORDOUE AU CORDONNIER

Tout comme **Cordoue** est à l'origine du mot **cordonnier**, les noms de lieux suivants ont tous donné naissance à des noms communs dans la langue française. Trouvez-les, mais, attention, la forme peut être trompeuse !

Pistoia (Italie)	**Faenza** (Italie)	**Port-Mahon** (Baléares)
Troie (Asie Mineure)	**Poperingen** (Pays-Bas)	**Padoue** (Italie)
Gênes (Italie)	**Tour de Galata** (Turquie)	**Berlin** (Allemagne)

Réponses : bistouri, truie, jeans, faïence, popeline, galetas, mayonnaise, pavane, berline.

palais : ce nom est la forme évoluée du latin PALATINUM « le Palatin », nom d'une des sept collines de Rome, où Auguste, puis les aristocrates romains avaient fait construire de somptueuses demeures ;

jean ou *jeans* : ce tissu, porté depuis un demi-siècle par des milliers de personnes aux quatre coins du monde, était à l'origine celui des pantalons des marins du port de *Gênes*, prononcé à l'anglaise, mais sous sa forme française (la forme italienne étant *Genova* et la forme anglaise *Genoa*).

8

L'HÉRITAGE GERMANIQUE

Lorsqu'on regarde une carte des langues de France, on peut remarquer que l'adoption du latin dès les premiers siècles de notre ère n'a pas empêché la persistance de langues qui n'en sont pas les descendantes : le basque, le breton, le flamand, le francique lorrain et l'alsacien.

LES LANGUES GERMANIQUES DE LA FRANCE

Trois variétés germaniques se maintiennent en France :

l'alsacien, langue des Alamans, implantés dans l'est du pays dès le début du ve siècle (départements du Bas-Rhin et du Haut-Rhin) ;

le francique lorrain, proche des parlers de l'Allemagne moyenne et de l'allemand parlé en Belgique (plus de la moitié du département de Moselle et une petite zone au nord du département du Bas-Rhin) ;

le flamand, proche du néerlandais (dans la partie septentrionale du département du Nord).

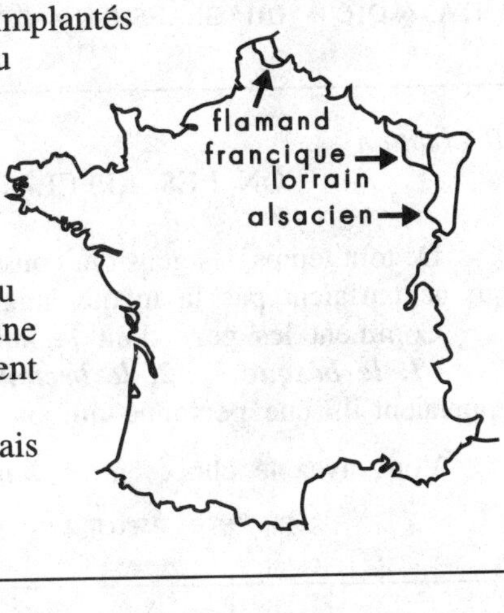

Ces trois dernières appartiennent au groupe des langues germaniques, dont l'influence a peut-être été aussi grande que celles du grec ancien et du latin classique, mais d'une tout autre façon.

En effet, si le latin et le grec ont constitué dès le haut Moyen Âge des sources de renouvellement pour le vocabulaire savant, c'est au contraire dans le domaine de la vie quotidienne que l'on doit chercher des traces du germanique ancien. Il est par ailleurs significatif de constater que le nom même de la langue française est un nom germanique, tout comme le nom de la France, pays des Francs [56].

Une longue cohabitation

Il est vrai que les contacts entre les légions romaines et les populations germaniques avaient déjà commencé dès les premiers siècles de notre ère, grâce aux mercenaires germains engagés par les Romains pour protéger leurs frontières. C'est surtout dans le sens du latin vers le germanique que les emprunts avaient alors été importants : sous leur forme actuelle en allemand, *Strasse* « route » de STRATA, *Ziegel* « tuile » de TEGULA ou encore *Schüssel* « plat » de SCUTELLA, sont des mots très anciennement empruntés au latin [57].

Mais le latin tardif lui-même conserve aussi des traces des emprunts qu'il a faits au germanique, par exemple SAPO « savon », GANTA « oie » ou GLAESUM « ambre ».

Récréation

ON LES APPELAIT DES BARBARES

De tout temps, les gens ont considéré de façon un peu méprisante ceux qui ne parlaient pas la même langue qu'eux.

Comment les gens dont la langue était :

1. le basque ***2. le breton*** ***3. le grec*** ***4. le latin***

appelaient-ils une personne qui parlait une autre langue que la leur ?

Vous avez le choix entre : ***barbare, erdaldun, gallo*** *et* ***laïc.***

Réponses : 1. erdaldun – 2. gallo – 3. barbare – 4. laïc.

En fait, la situation des deux langues était très différente : le latin, à cette époque, était la seule langue écrite en Europe, tandis que le germanique n'était encore qu'une langue parlée, et il faudra attendre plusieurs siècles pour voir les langues des populations germaniques accéder à l'écrit [58].

Quelles populations germaniques ?

Parmi les multiples tribus germaniques qui se sont déplacées dans toute l'Europe bien avant la naissance de l'Empire romain, seuls certains groupes, les Wisigoths, les Burgondes, les Alamans et les Francs ont été en rapport avec les populations de la langue romane qui allait devenir le français.

Les Wisigoths : partis de Scandinavie, très probablement de l'île de Gotland, ils s'étaient séparés de leurs compatriotes les Ostrogoths vers la fin du IVe siècle apr. J.-C. Leur séjour et la constitution d'un royaume wisigothique dans le midi de la France en 416, royaume traditionnellement appelé « de Toulouse », mais dont la capitale a longtemps oscillé entre Toulouse et Bordeaux [59], n'eurent pratiquement pas d'influence sur la langue française.

Les Burgondes : également originaires d'une île de la Baltique, Burgundarholm, aujourd'hui Bornholm, ils avaient obtenu, par un accord avec les Romains au début du Ve siècle, « la partie de la Gaule la plus proche du Rhin », et c'est en 443 qu'ils s'étaient installés dans la région de Genève [60]. Leur langue n'a pas laissé de descendance, et seuls quelques toponymes et le nom même de la Bourgogne rappellent leur présence dans cette région [61].

Les Alamans : issus du regroupement de plusieurs tribus germaniques, ils s'étaient finalement stabilisés entre le territoire occupé par les Francs, au nord, et les Bavarois, au sud. C'est probablement du tout début du Ve siècle que date leur première implantation en Alsace et dans le Palatinat, la colonisation totale de la Suisse actuelle ne datant que de la fin du Ve siècle. L'alsacien est un continuateur de la langue des Alamans.

Les Francs : issus eux aussi du regroupement de tribus dispersées, ils étaient porteurs d'une langue qui allait donner naissance au néerlandais et aux dialectes allemands du Nord-Ouest, le francique. C'était la langue de Clovis, qui avait finalement réussi à unifier cet ensemble germanique plus ou moins homogène, et c'est cette langue qui laissera le plus de traces dans le français.

LES LANGUES GERMANIQUES

Les langues germaniques constituent une branche de la grande famille indo-européenne [62].

On a coutume de les classer selon le point de départ de leurs migrations :

- INDO-EUROPÉEN branche germanique
  - NORD
    - scandinave
      - suédois
      - danois
      - dano-norvégien
      - norvégien
      - féroéien
      - islandais
  - EST
    - gotique †
    - vandale †
    - burgonde †
  - OUEST
    - anglo-frison
      - anglais
      - frison
    - bas-allemand
      - Plattdeutsch (All. du Nord)
      -
        - néerlandais/flamand
        - afrikaans (Afrique du Sud)
    - haut-allemand
      - longobard †
      - alémanique
        - alsacien
        - souabe
        - Schwytzertütsch
      - lorrain
      - luxembourgeois
      - allemand
      - yiddish

N.B. Les noms des langues éteintes sont suivis d'une croix (†).

Les apports ultérieurs

Des contacts ultérieurs avec d'autres langues germaniques se sont produits, mais ils ont eu des conséquences bien moindres sur le plan linguistique. Avec les Vikings, ces Germains venus des pays scandinaves et qui finiront par s'installer en Normandie, l'apport linguistique a été assez faible. En revanche, le néerlandais a considérablement enrichi la langue française dès le XIIe siècle, à une époque où les foires de Champagne étaient un lieu de rencontre pour des populations venues de diverses contrées. Enfin, à partir du XVIe siècle, les apports ont été d'une part ceux des mercenaires, d'autre part ceux des savants.

L'importance du bois

Pour les périodes les plus reculées, on a pu distinguer, de façon à la fois schématique et imagée, parmi les divers peuples germaniques, ceux de la mer, ceux des steppes et ceux de la forêt [63] :

- les peuples de la mer, représentés par les Scandinaves, les Frisons et les Saxons ;
- les peuples des steppes, représentés essentiellement par les Goths, ultérieurement divisés en Ostrogoths et Wisigoths ;
- les peuples des forêts, représentés en gros par les populations occupant la région de l'Allemagne actuelle.

Cette caractérisation un peu superficielle a du moins le mérite de permettre de relier ces populations anciennes à la langue française et d'y reconnaître la marque des peuples des forêts. Ce qui frappe, en effet, dans le lexique français d'origine germanique, c'est la masse du vocabulaire relatif à la forêt en général, et en particulier aux arbres et aux productions qui en dérivent : le *houx* et le *gui* sont germaniques, de même que l'*osier,* le *roseau*, le *troène* et le *saule*.

Deux noms d'arbres pourraient être choisis comme symboles de la présence des Germains sur le territoire et de la persistance de leurs usages linguistiques : l'*aulne* et le *hêtre*, mais ils le sont de façons différentes.

Comme on l'a vu (cf. ch. 4, VESTIGES DU GAULOIS, p. 47), le nom d'origine germanique *(aulne)* n'a fait qu'une faible percée dans les noms de lieux en comparaison avec l'abondance des toponymes du type *vergne*, continuateur du mot gaulois *(verno).*

Mais *vergne* n'a survécu que dans les usages régionaux, et c'est finalement le mot *aulne,* d'origine germanique, qui s'est imposé en français commun.

Les résultats ont été encore plus systématiques avec le hêtre, où le nom germanique était en compétition avec le nom latin.

Le fouet : un petit « fou »

Pour désigner le hêtre, le latin avait en effet le mot FAGUS, qui avait phonétiquement évolué en *fou* en vieux français. Pourtant, on n'en retrouve la trace que dans le mot *fouet*, étymologiquement « petit fou », c'est-à-dire « petite baguette de hêtre ». Et c'est le mot d'origine francique *(hestr)* qui l'a ensuite emporté, sous la forme *hêtre*.

Le bois sous toutes ses formes

Les innombrables produits dérivés de la forêt – le *bois*, la *bille*, la *bûche*, la *latte*, la *gaule*, le *mât*, le *scion*... – portent des noms laissés par les envahisseurs germaniques. On peut y ajouter le sinistre *gibet*, terme qui désignait d'abord un bâton fourchu, avant de devenir la potence où l'on exécutait les condamnés.

LE BORDEL : UNE CABANE EN PLANCHES

D'après l'anglais ***board***, le danois ***bord*** « table » ou l'allemand ***Bord*** « étagère », on peut reconstruire l'ancienne forme germanique, celle qui a donné naissance à l'ancien français ***borde*** « bûche », d'où « cabane en planches », et aussi à son dérivé ***bordel***.

Ce dernier mot a pris dès le Moyen Âge le sens que nous lui connaissons aujourd'hui, les prostituées n'ayant alors le droit d'exercer leur activité que dans des cabanes à l'écart des lieux habités.

Tout ce bois servait aussi à fabriquer des sièges, par exemple des *bancs* et des *fauteuils,* dont les noms germaniques sont anciens. Si le sens du premier a peu changé – il désignait bien à l'origine un banc, mais fixé au mur – celui de *fauteuil* a fait du chemin depuis le XIe siècle : en ancien français *faldestoel*, où, sous *stoel*, on peut reconnaître l'allemand *Stuhl* « chaise », et sous *fald*, l'anglais *to fold* « plier », ce n'était encore qu'une simple chaise pliante. Il est vrai que c'était un siège somptueusement décoré, réservé aux grands seigneurs, qui pouvaient l'emporter en voyage, mais il n'avait rien du siège confortable comportant un dossier et des bras que nous connaissons depuis le XVIe siècle. Pourtant, il faut croire que l'étymologie a la vie dure puisque, avec le fauteuil pliant du metteur en scène de cinéma, c'est un retour inattendu au premier sens du mot qui reprend vie.

Récréation

LE JEU DES NOMS DE COULEUR

Parmi les 9 noms de couleur suivants, il y en a 5 qui sont d'origine germanique, 3 d'origine latine et 1 d'origine inconnue. Classez-les selon leur langue d'origine :

1. noir	**2. blanc**	**3. gris**
4. rouge	**5. brun**	**6. rose**
7. bleu	**8. vert**	**9. fauve**

Réponses : origine germanique : 2, 3, 5, 7, 9 – latine 1, 4, 8 – inconnue 6.

Marquer son territoire

Ces « Germains des bois » avaient surtout à cœur de marquer leur territoire, comme on peut le constater par l'abondance du vocabulaire désignant des limites, même si aujourd'hui tous ces mots n'ont pas gardé leur signification première.

DU JARDIN À LA VILLE

Le mot ***jardin*** vient d'une forme germanique, que l'on retrouve dans l'allemand ***Garten*** et l'anglais ***garden***, et qui désignait à l'origine un enclos.

La même racine indo-européenne a abouti au russe ***gorod***, avec le sens de « ville », qui apparaît dans ***Novgorod*** « la ville neuve » et, sous une forme plus évoluée, dans ***Petrograd*** « la ville de Pierre[64] ».

On retrouve bien l'idée de limite dans la *haie* faite de branchages ou d'arbustes pour servir de clôture à un champ, mais cette idée est moins évidente dans *lice, liste, hallier* ou *jardin.* Or, si aujourd'hui on n'emploie plus le mot *lice* que dans l'expression *entrer en lice* (pour une compétition sportive, par exemple), le mot désignait bien au Moyen Âge la palissade qui délimitait le terrain où se déroulaient les tournois, et la *liste* était encore une bordure, une frange en ancien français ; le *hallier* était à l'origine un lieu entouré de noisetiers (cf. l'anglais *hazel* « noisetier ») et le *jardin*, tout simplement un enclos.

Il est enfin significatif que le mot *marche*, dans le sens de « région frontalière », soit aussi un mot d'origine germanique, de même que le mot *marquis*, qui désignait le gouverneur d'une marche franque [65].

LES TITRES DE NOBLESSE

Alors que **roi, duc** et **comte** viennent du latin, la plupart des autres titres de noblesse sont d'origine germanique comme :

marquis : gouverneur d'une marche franque, d'une zone frontière

baron : au Moyen Âge, ce terme désigne aussi bien le mari que le notable qui participe aux conseils [66]

sénéchal : le serviteur le plus âgé (du germanique ***skalk*** « valet » et du latin SENEX « vieux »)

maréchal : le serviteur chargé des chevaux (cf. anglais *mare* « jument »).

Les noms de personne raccourcissent

Après les noms à rallonge, habituels sous l'Empire romain, où chacun avait au moins trois, sinon quatre noms [67] – *Cicéron* s'appelait en fait *Marcus Tullius Cicero*, et *Suétone*, *Caius Suetonus Tranquillus Silentius* –, l'habitude germanique a été prise de ne porter qu'un seul nom, généralement formé de deux mots germaniques accolés [68].

Le lien de sens n'y est pas toujours très évident : *Dagobert*, par exemple, est formé sur un premier mot signifiant « jour », suivi d'un autre mot signifiant « brillant », et *Sigisbert* signifie « victoire » + « brillant ».

On retrouve bon nombre de ces noms germaniques anciens dans les prénoms actuels, dont l'origine germanique apparaît clairement dans certaines terminaisons :

-bert « brillant », comme dans *Albert, Hubert, Robert*

-baud « audacieux », comme dans *Thibaud* « peuple » + « audacieux »

-ard « fort, puissant », comme dans *Bernard* « ours » + « puissant » ou *Gérard* « lance » + « puissant ».

LE NOM DU RENARD

On l'appelait ***goupil*** en ancien français, mais ce nom est tombé en désuétude et on lui a préféré celui d'un goupil nommé ***Renart***, héros du ***Roman de Renart***. Depuis le Moyen Âge, le nom est resté, et seule l'orthographe de ce nom a changé.

D'un adjectif germanique à un suffixe français

Ces derniers exemples sont particulièrement intéressants parce qu'ils permettent d'illustrer un phénomène qui non seulement a pris une nouvelle valeur en français, mais qui a abouti à une création grammaticale : l'adjectif germanique signifiant « puissant, dur » (représenté, par exemple, par l'anglais *hard*) a donné naissance à un suffixe français très productif, *-ard*, comme dans *chauffard, fêtard, gueulard, traînard, vantard, veinard* mais aussi *maquisard, montagnard* et *ringard.*

Deux adverbes seulement, mais des centaines de verbes

On aura peut-être remarqué, dans les chapitres précédents, que les emprunts aux langues étrangères concernent généralement surtout le lexique, et rarement la grammaire. Ce phénomène de grammaticalisation méritait donc d'être souligné, tout comme mérite de l'être la naissance de deux noms et d'un adverbe français à partir d'un même nom germanique : les substantifs *troupe* et *troupeau* ont la même origine que l'adverbe *trop*, avec une intensification du sens pour l'adverbe. On est passé de la grande quantité (dans *troupe* et *troupeau*) à l'excès (dans *trop*).

Une autre forme grammaticale a été empruntée très anciennement : l'adverbe *guère*, également dans le sens de « beaucoup », mais qui s'emploie uniquement avec un verbe à la forme négative *(je n'en ai guère)* ou dans une forme amalgamée de *il n'y a guère* : *naguère.*

Enfin, on peut voir un autre signe de pénétration profonde de cette langue dans la langue française par l'existence de plusieurs dizaines de verbes d'origine germanique devenus tout à fait usuels pour exprimer des activités de la vie quotidienne :

marcher, trotter, galoper	*lorgner, guigner, guetter*
glisser, trébucher, tomber	*frapper, déchirer, griffer*
laper, lécher, téter	*blesser, soigner, guérir...*

Une revenante : la consonne *h*

Un effet inattendu des invasions germaniques a été le retour d'une consonne disparue depuis longtemps, celui de la consonne initiale *h*. Et si l'on parcourt dans un dictionnaire français la liste des mots commençant par cette lettre, on constate qu'ils sont en très grande majorité d'origine germanique :

la *hache* et la *houe*	la *halle* et le *hangar*
la *hotte* et la *huche*	la *haine* et la *hargne*
les *housses* et les *haillons*	le *hanneton*, le *héron* et le *hareng*.

Récréation

POURQUOI UN *H* DANS *HUILE, HUIT* ET *HUÎTRE* ?

Les historiens de la langue affirment que la plupart des mots commençant par *h* sont d'origine germanique. Mais alors, que doit-on penser de ***huile, huit*** et ***huître***, qui non seulement viennent en droite ligne du latin, mais qui ne comportaient pas d'***h*** dans cette langue (OLEA, OCTO, OSTREA) ?

Trouvez la bonne réponse :

1. ce ***h*** s'est prononcé au Moyen Âge parmi les paysans et les petits commerçants
2. ce ***h*** est uniquement graphique. Il était destiné à faciliter la lecture des anciennes formes ***uile***, ***uit*** ou ***uitre***.

Réponses : 2. Ce *h* a été ajouté pour éviter la confusion possible de ***huile, huit*** et ***huître*** avec ***vile***, ***vit*** et ***vitre***, à l'époque où l'on écrivait le ***u*** et le ***v*** de la même façon.

Pourtant il y a aussi des mots d'origine latine commençant par un *h : homme, honneur, humble, heure,* où la consonne avait été maintenue uniquement dans la graphie. On ne la prononçait plus depuis l'époque de Cicéron et, en ancien français, on ne l'écrivait pas toujours. Ainsi, sur *homo* « homme », on avait formé le pronom personnel indéfini *on*, et, de son côté, le verbe *avoir* n'avait pas gardé le *h* de HABERE.

Une consonne en remplace une autre

Si l'influence germanique a été responsable du retour d'une consonne prononcée, dans des mots comme *haie* ou *hameau*, elle a aussi grossi l'inventaire des mots commençant par une consonne initiale qui n'avait jamais cessé d'exister, la consonne /g/. En jetant un coup d'œil sur la liste des mots français commençant par /g-/, on constate qu'une grande partie d'entre eux provient de mots germaniques et que dans cette langue ils commencent par /w/. Tel est le cas de *guerre*, par exemple, qui vient du même mot que l'anglais *war*. Mais il y a aussi les verbes *gagner, garder, guetter, guérir* et les noms *gain, gant, garçon, gars, guimpe, guise*[69].

Un « germanique » menu

Cette construction peu habituelle en français, avec l'adjectif précédant le nom, est normale dans les langues germaniques, et elle s'était manifestée en ancien français à la suite des invasions.

On en trouve de multiples traces dans la toponymie[70], à condition de savoir identifier, par exemple, « clair » et « mont » dans *Clermont*, « nouveau » ou bien « château » dans *Neuchâtel*, ou encore de pouvoir reconnaître, dans la première syllabe de *Pommard* (Côte-d'Or) la forme germanique signifiant « étang, marais » (cf. *pool* en anglais) et dans la seconde le mot germanique qui a donné *Mark* « borne, limite » en allemand. *Pommard* est donc, selon l'étymologie, « la marécageuse limite[71] ».

Par ailleurs, *Forbach* est « le ruisseau des pins », mais, si l'on identifie sans peine *bach* (cf. l'allemand *Bach* « ruisseau »), on devine moins facilement *Föhre* « pin sylvestre[72] », tandis que dans *Mulhouse* la « meunière maison » (ou plutôt la « maison du moulin ») apparaît comme une évidence si on pense à l'allemand *Mühle* « moulin » et à *Haus* « maison[73] ».

Enfin, pour réparer une injustice millénaire, rappelons que ces prétendus « barbares » étaient aussi de fins gourmets puisque, grâce aux mots de leur langue, on pourrait préparer le repas suivant, dont tous les plats ont des noms d'origine germanique :

Harengs saurs
Soupe au *cresson*
Escalopes aux *morilles*
Cailles garnies
Gibier mijoté
Gigot rôti
Flan aux *groseilles*
Gâteau aux *framboises*

Et, pour terminer ce repas de germanique façon, le tout serait arrosé d'un *flacon* de l'*échanson*.

Venus de Scandinavie, d'autres Germains

C'est en 793, après leur premier raid sur le monastère de Lindisfarne, en Écosse, que d'autres populations germaniques, connues sous le nom de Vikings, commencent à défrayer la chronique hors de leur pays d'origine. Partis de Scandinavie sur leurs navires à tête de dragon – les drakkars –, ces hommes du Nord, ces Normands, vont déferler en vagues successives et semer la terreur dans toute l'Europe pendant plus de deux siècles.

En France, leurs incursions étaient devenues régulières vers le milieu du IXe siècle, contraignant les populations à leur verser une rançon, appelée *Danegeld* (« la rançon des Danois »), en échange d'une trêve momentanée, et cette situation inconfortable s'était prolongée jusqu'à la création du duché de Normandie, en 911. Le roi de France Charles le Simple, en faisant du chef des Vikings son vassal, parvenait ainsi à ramener la paix dans une vaste région très éprouvée. Mais à l'époque le domaine occupé par les Vikings devait certainement dépasser de beaucoup les limites de la Normandie si l'on en croit la répartition des noms de lieux du type *La Guerche* (du scandinave *virki* « fortification »). On trouve des *La Guerche* aussi bien en Bretagne et dans le Maine qu'en Poitou, en Anjou, en Touraine et jusque dans le Berry [74].

Ils adoptent la langue de leur nouvelle patrie

En contraste avec les envahisseurs germaniques précédents, les Vikings n'ont laissé que peu de traces de leur langue dans la langue française : la colonisation scandinave avait été strictement masculine, et la langue de la famille, née des couples mixtes, a très vite été la langue de la mère, c'est-à-dire la langue romane de la région, surtout après la conversion des Normands au christianisme. Toutefois, il semble bien qu'au milieu du Xe siècle la langue des Vikings n'avait pas encore totalement disparu et se maintenait ici ou là, et en particulier à Bayeux, que l'on considère comme l'ultime bastion de la langue norroise [75].

MOTS VENUS DU VIEUX SCANDINAVE

agrès	eider	hanter	quille
ballast*	étambot	haras	raz
bidon	étrave	haridelle	regretter
bitte (poteau)	flâner	harnais	remugle
blémir	flotte	harpon	risée (brise)
carlingue	gabegie	hauban	rogue
cingler	gable	homard	saga
crique	girouette	hune	scorbut
dalle*	graffigner	joli	tillac
débiter	gréer	marquer	turbot
drakkar	guichet	marsouin	vague
duvet	guindeau	mièvre	varech
égrillard	guinder	nantir	viking

* par le néerlandais

Noms de lieux en Normandie

L'abondance des toponymes de Normandie terminés par *-ville*, du latin VILLA « ferme, propriété agricole » – plus de 200 –, montre de quelle façon l'adoption de la nouvelle langue avait pu se produire : du germanique, on abandonnait en partie le vocabulaire, mais on gardait la structure des constructions, en plaçant le déterminant avant le déterminé. Sont ainsi de formation hybride latino-germanique :

Cricqueville (Calvados) et *Querqueville* (Manche), où l'on doit reconnaître, dans l'élément initial, la forme scandinave *kirkja* « église », précédant la forme *-ville,* issue du latin VILLA [76] ;

Sotteville (Manche, Seine-Maritime) du nom propre *Soti* et de *ville ;*

Tocqueville (Eure, Manche, Seine-Maritime) du nom propre *Toki* et de *ville ;*

Tourville (Calvados, Eure, Manche, Seine-Maritime) du nom propre *Thori* et de *ville ;*

Trouville (Manche, Seine-Maritime) du nom propre *Turold* et de *ville.*

Il est toutefois difficile, pour les noms de lieux en *-ville*, qui sont particulièrement fréquents dans le nord de la Normandie, d'en attribuer avec certitude la paternité aux seuls Vikings, étant donné qu'ils avaient été précédés dans ces lieux par d'autres populations de langue germanique, les Francs [77].

MÉFIONS-NOUS DES APPARENCES

Attention ! Les noms de lieux terminés par ***-beuf, -bec, -fleur,*** qui, en français, évoquent tout naturellement la campagne, sont en fait le rappel d'un univers de marins. Ainsi,

-beuf désignait un « abri » :

Criquebeuf (Eure, Seine-Maritime, Calvados) signifie « à l'abri de l'église ». On y retrouve la même forme *kirkja* « église » que dans *Cricqueville* ou *Querqueville*

Elbeuf (Seine-Maritime) « à l'abri de la fontaine »

Lindebeuf (Seine-Maritime) « à l'abri des tilleuls »

Yquebeuf (Seine-Maritime) « à l'abri des chênes »

-bec, un « ruisseau » :

Caudebec (Seine-Maritime), de *kald* « froid », « le froid ruisseau »

Houlbec (Eure, Manche), de *hollr* « profond », « le profond ruisseau »

Bricquebec (Manche) de *brekka* « colline », « le ruisseau de la colline »

et ***-fleur***, une « crique » :

Honfleur (Calvados), où la première partie est un nom propre

Harfleur (Seine-Maritime), où *har* est l'adjectif « élevé »

Barfleur (Manche), où *bar* signifie « angle ».

En revanche, on peut être plus affirmatif pour les toponymes en *-tot*, qui sont très répandus – plus de 100 – en Normandie pour désigner un habitat, car ils sont souvent précédés d'un nom de personne scandinave *(Robertot, Yvetot)*. On peut parfois y trouver des allusions descriptives des lieux :

Aptot ou *Appetot*	« la ferme aux pommiers »
Bouquetot	« la ferme aux hêtres »
Lintot	« la ferme aux tilleuls »
Ecquetot	« la ferme aux fresnes ».

Des mots de la mer

Comme il fallait s'y attendre, c'est surtout le vocabulaire maritime qui rappelle en français la langue scandinave des premiers Normands. Pêle-mêle, voici :

vague, varech et *flotte ;*

quille, tillac « pont de bateau », *étrave*, *carlingue ;*

marsouin (mot à mot « cochon de mer »), *turbot* et *homard* ;

hauban, hune et *bitte* (d'amarrage). De ce dernier mot vient le verbe *débiter*, dérivé du scandinave *biti* « poutre », d'abord avec le sens de « découper du bois de construction ».

Des mots normands

Certaines formes, comme *cingler* « faire voile », *guichet* ou *harnais*, ou encore *hanter* ou *nantir* sont apparues assez tôt (XIIe ou XIIIe siècle), mais d'autres semblent avoir été transmises plus tard à la langue française, par l'intermédiaire du normand, comme par exemple *remugle* au XVIe siècle et *flâner* au XVIIe siècle. Le remugle, qui désigne en français l'odeur des objets restés longtemps enfermés, a gardé en Normandie une forme – *remucre*, ou *mucre* – et un sens – « moisissure » – plus proches du scandinave (*mygla* « moisissure » et *mykr* « fumier »). De même, *dalle*, par exemple, y désigne encore soit la rigole, comme en scandinave, soit l'évier de pierre. Le mot est emprunté au scandinave *dæla* « rigole ». Il est passé en français avec le sens un peu différent de « plaque de pierre ».

Il y a enfin l'adjectif *joli*, qui rappelle le nom d'une très vieille fête païenne de Scandinavie pour célébrer le solstice d'hiver et qui est devenue la fête de Noël (« Joyeux Noël » se dit encore aujourd'hui *God Jul* en danois). En ancien français,

QUELQUES MOTS ENTENDUS EN NORMANDIE

On y trouve des traces de la langue des Vikings [78] :
une **falue** est une galette briochée, légèrement bombée (de ***fali*** « tube »)
un **haitier**, une poêle lourde et plate (de ***heitr*** « brûlant »)
un **viquet**, une petite porte amovible (de ***vik*** « baie »). Ce même mot a abouti à ***guichet*** en français commun
les **gades** ou ***gadelles*** sont des groseilles à grappes (de ***gaddr*** « épine »)
se **vâtrer**, c'est se salir dans la boue (de ***vatn*** « eau »).

l'adjectif a d'abord été attesté sous la forme *jolif*, et avec des sens divers : « gai, beau », mais aussi « ardent, amoureux ». Ce dernier sens se retrouve très exactement dans notre expression un peu désuète *faire le joli cœur.*

Récréation

LA NORMANDIE EN FLEUR

1. La ville de ***Harfleur*** est citée dans un poème célèbre, dont voici le premier vers : ***Demain dès l'aube, à l'heure où blanchit la campagne.*** De qui est ce poème ?
2. La ville de ***Honfleur*** s'appelle ainsi parce qu'elle est toujours très fleurie. Vrai ou faux ?
3. ***Honfleur*** est la ville natale d'un peintre normand amoureux des paysages de plage. Il a été le maître de Monet et il est considéré comme le précurseur des impressionnistes. Qui est ce peintre ?

Réponses :

1. Ce poème est de Victor Hugo (*Les Contemplations*, 1847), et en voici les quatre derniers vers :

« Je ne regarderai ni l'or du soir qui tombe,
Ni les voiles au loin descendant vers Harfleur,
Et quand j'arriverai, je mettrai sur ta tombe
Un bouquet de houx vert et de bruyère en fleur. »

2. Faux. Dans ***Honfleur***, le suffixe ***-fleur*** résulte de l'évolution d'un mot scandinave signifiant « crique, baie ».
3. Eugène Boudin, né à Honfleur en 1824, mort à Deauville en 1898.

9

LE TEMPS DES FOIRES

Diversité des apports au Moyen Âge

C'est au cours de la longue période aux limites floues qu'on appelle le Moyen Âge que s'était lentement formée la langue française, une langue qu'on peut grossièrement définir jusque-là comme du latin ayant poussé sur un fonds gaulois plutôt mince, mais avec un apport germanique déjà important : celui des Francs, considérable, et celui des Vikings, infiniment plus modeste.

Pendant le même temps s'étaient développés en France d'autres idiomes, parmi lesquels des parlers gallo-romans (oïl, oc et francoprovençal) et des parlers germaniques (flamand, alsacien, lorrain germanique). À ces deux filons – langues romanes et germaniques – devait se joindre un troisième élément très important, celui des langues de l'Orient et de la Méditerranée, par l'intermédiaire de l'arabe. Les contacts entre toutes ces langues avaient trouvé un terrain particulièrement favorable dans les foires de Champagne.

Les foires de Champagne

Ces lieux de rencontre drainaient, probablement dès le milieu du XIe siècle, et sûrement entre le XIIe et le XIIIe siècle [79], des marchands venus de partout.

Dans le Nord, la Flandre était devenue un pôle très important de l'activité économique, avec la production de drap et de toile, tandis que dans le Sud l'Italie constituait un pôle encore plus varié car c'était la voie de passage presque obligée des produits venus d'Orient. Située à mi-chemin entre ces deux pôles, la Champagne constituait, du fait de sa position géographique, un lieu privilégié pour des échanges commerciaux, d'autant plus que les comtes de Champagne avaient pris des mesures en faveur des marchands. Les villes de Bar-sur-Aube, Troyes, Provins, Lagny étaient devenues le centre du négoce européen [80]. On y vendait, en provenance des pays du Nord, des étoffes de laine, des toiles, des cuirs, des pelleteries, du fromage, du beurre et, venus d'Orient, toutes sortes de produits qui avaient été commercialisés sous un terme générique suggestif : *avoir-du-poids*. L'expression est passée dans l'anglais *avoirdupois* ou *averdepois* qui désignait, avant l'application du système métrique, un système de poids appliqué à toutes les marchandises autres que les métaux précieux, les pierreries et les médicaments [81].

Les foires de Champagne constituaient ainsi de vastes marchés où l'on trouvait des épices aux noms magiques, évocateurs de pays lointains, mais aussi de simples colorants ainsi que des produits de base comme l'alun, employé comme mordant en teinturerie [82]. Les noms de tous ces produits de provenance étrangère font alors irruption dans la langue française en formation : des mots arabes mêlés à des mots venus des autres dialectes de France et à des mots néerlandais.

Des mots venus du néerlandais

Le néerlandais est à l'origine la langue des Francs, le francique, dont une des variétés s'est perpétuée en France sous le nom de flamand jusqu'à nos jours dans le département du Nord. Les premières attestations dans la langue française de ces mots venus des plaines du Nord datent justement de la lointaine époque des foires de Champagne. C'est dire que ces formes lexicales ont eu le temps, au cours des siècles, de s'intégrer harmonieusement aux structures de la langue française. Qui, en effet, hésiterait à qualifier de français des mots comme *matelot, cabillaud*, *maquereau, crabe* ou *ramequin* ? On pourrait aussi citer *layette* et *ruban,* l'adjectif *espiègle* et les verbes *amarrer, flotter, frelater, maquiller* ou *dégringoler*. Tous sont pourtant venus du « plat pays », et leur migration vers la langue française ne devrait pas étonner car les relations ont été constantes et étroites entre la France et les « Provinces-Unies » dès le Moyen Âge.

Parmi les mots le plus anciennement attestés en français, on trouve celui de la *gaufre*, qui, en ancien français, désignait un gâteau de cire d'abeilles, et qui paraît venir du vieux francique. Mais il semble que ce soit par le néerlandais qu'ait été introduit le nom du *boulanger* – « celui qui confectionne des boules de pain » –, nom qui a définitivement remplacé les formes de l'ancien français *panetier* et *pestor*. On trouve aussi, pour désigner une boutique, le terme *échoppe*, d'abord sous les formes *escopes* ou *eschoperie,* ainsi que le nom du *crabe* qui, jusqu'au XVIIIe siècle, était du genre féminin.

C'est avant le XVe siècle que sont attestés de nombreux termes néerlandais concernant la marine et la navigation (*coche d'eau, beaupré, fret, lest...*), ainsi que les produits de la mer comme le *bar*, l'*aiglefin*, le *cabillaud*, l'*éperlan* et le *maquereau*.

DEUX MAQUEREAUX OU UN SEUL ?

En argot, l'entremetteur est appelé un ***maquereau***, mot qui vient selon toute vraisemblance du néerlandais ***makelaer*** « courtier ».

Mais pourquoi le poisson s'appelle-t-il ainsi ? Deux thèses s'affrontent :

- une étymologie populaire voudrait que ce soit en raison des mœurs de ce poisson, qui a pour habitude de rapprocher les harengs mâles des harengs femelles et de les accompagner dans leurs déplacements [83]
- une autre hypothèse prend appui sur les taches que les maquereaux portent sur leurs écailles, et sur l'ancien verbe français ***maquerer*** « frapper, marquer d'une tache ». Cette explication serait confirmée par le nom de la ***groseille à maquereau*** ou « groseille tachetée [84] ».

Mais, d'autre part, on apprend que le mot néerlandais ***mackerel*** qui désigne le poisson, viendrait lui-même du français ***maquereau*** [85].

On revient alors à la case départ, ce qui signifie qu'en matière d'étymologie on n'est jamais sûr de rien.

Un peu plus tard, de véritables colonies hollandaises s'implanteront dans plusieurs ports français, à Rouen, à Dieppe ou à Bordeaux, et l'influence de leur langue continuera à s'exercer sur le français pendant le XIVe et tout le XVe siècle. Elle se développera encore par l'intermédiaire des ingénieurs spécialistes qu'Henri IV ira chercher en Hollande pour assécher les marais de Picardie et du Poitou, de Saintonge et de Guyenne, d'Auvergne et de Provence. C'est de Flandre que Colbert, dans son désir de réorganiser en France le tissage, l'industrie hydraulique et la construction navale, fera venir les meilleurs artisans, et un nouvel afflux de mots néerlandais enrichira alors la langue française.

QUELQUES MOTS VENUS DES COLONIES NÉERLANDAISES

Au XVIIe siècle, les Pays-Bas étaient la première puissance commerciale d'Europe et avaient étendu leur empire sur une grande partie de l'Indonésie. C'est par leur intermédiaire que quelques mots **malais** se sont introduits en français :

cacatoès, sorte de grand perroquet
béribéri, nom d'une maladie due à une carence de vitamine B
kapok, fibre végétale d'un arbre tropical
casoar, sorte d'autruche
rotin, sorte de palmier dont les tiges servent à fabriquer des câbles et des meubles.

Cet apport lexical néerlandais ne s'interrompra qu'au cours du XVIIIe siècle, et pour une raison qui s'explique par l'histoire sociolinguistique : les Hollandais, Brabançons ou Flamands qui résidaient en France avaient alors pris l'habitude de parler français.

Des mots qui racontent une histoire

Il y a des mots empruntés dont la forme permet de comprendre aisément l'origine, comme *bouquin*, par exemple, qui a été emprunté au moyen néerlandais *boekelkijn*, diminutif de *boek* « livre ». On constate ainsi qu'un bouquin, à l'origine, ne pouvait donc pas être volumineux.

Mais pourquoi dit-on d'un homme mis en prison qu'il a été *écroué* ? Ce verbe, en fait, n'a rien à voir avec l'*écrou* qui se visse (qui, lui, est d'origine latine), mais il doit être relié à un autre mot de même forme, qui avait été emprunté par l'ancien français au néerlandais, et qui désignait un « lambeau de tissu ». Plus tard, il prend le sens plus précis de « bande de parchemin », puis de « registre » (où l'on inscrivait les noms des prisonniers).

Le *ruban* et la *layette* réservent d'autres surprises. Le *ruban* est d'abord attesté sous la forme *riban*, mais avec le sens de « collier », forme et sens qui sont beaucoup plus proches du néerlandais *ringhband* « bande en forme d'anneau » (cf. aussi l'anglais *ribbon*). Quant à la *layette*, c'est un dérivé de *laye*, attesté pour la première fois en 1357 à Lille [86], mais dans le sens de « coffre, tiroir » (cf., en patois sarthois, *liette* « tiroir » [87]) où l'on étend le linge, comme on peut le comprendre si on rapproche ce mot de l'anglais *to lay* « étendre ». Le sens de « trousseau de bébé », qu'il a pris en français, ne date que du XVIIe siècle.

Des mouvements dans les deux sens

S'il est vrai que le français a si parfaitement intégré ses emprunts au néerlandais, les mouvements des mots ne se sont pas produits à sens unique, et le néerlandais, de son côté, fourmille de mots venus du français. On croit ne rien connaître de la langue néerlandaise, et pourtant on retrouvera avec amusement, sous *avontuur,* notre *aventure*, sous *plezier,* notre *plaisir*, sous *boetiek*, notre *boutique* et, sous *bordeel,* le mot français *bordel*, lui-même d'origine germanique (cf. ch. 8, *encadré* LE BORDEL, UNE CABANE EN PLANCHES, p. 88). Il faudra en revanche se méfier de la signification, en néerlandais, de *chanteren*, qui ne signifie pas « chanter » mais « exercer un chantage », de celle de *bon*, qui est une « contravention », et de celle de *bonbon*, qui est un « chocolat fourré ». Enfin, nous aurons encore plus de mal à deviner que *krek* est une altération du français *correct*, et que *krant*, qui vient de l'adjectif français *courant*, désigne le « journal » en néerlandais [88].

Le « françois », une langue composite

Pendant tout le Moyen Âge, la langue que l'on appelait alors le *françois* s'était lentement formée et elle avait commencé à se manifester par écrit au cours du IXe siècle. À cette époque, elle n'était pas encore codifiée mais, dans la région parisienne, devenue dès le XIe siècle le centre politique et intellectuel du royaume, on verra s'élaborer au cours des siècles suivants une langue commune au contact des autres dialectes de France [89]. Et c'est tout naturellement dans le creuset parisien que se fera le tri des emprunts aux langues régionales [90].

Commencée sous Philippe Auguste (1180-1223), l'unité politique, administrative et juridique du royaume se poursuivra sous Louis VIII avec l'acquisition du Poitou et sous Saint Louis avec l'annexion du Languedoc et le rattachement des provinces du Midi.

Il est important de signaler que les premières chartes – et les plus nombreuses – en langue locale, c'est dans le Midi qu'on les trouve dès le début du XIIe siècle. Dans le Nord, les premières chartes en langue vulgaire sont attestées à la fin du XIIe siècle à Tournai, puis dans d'autres villes du Nord et de la Champagne, tandis que dans la région parisienne elles datent seulement de la seconde moitié du XIIIe siècle [91]. C'est donc très lentement que le français émergera de l'amalgame de plusieurs dialectes romans, dans la région parisienne, et qu'il se répandra ensuite dans l'ensemble du territoire à mesure que s'agrandira le royaume de France.

LES DIALECTES GALLO-ROMANS

Sous cette désignation, on distingue, parmi les langues issues du latin, celles qui se sont développées autour du français, par opposition aux dialectes italo-romans (autour de l'italien) ou ibéro-romans (autour de l'espagnol).

Les trois grandes divisions des dialectes gallo-romans, **oïl, oc** et **francoprovençal,** se subdivisent de la façon suivante :

zone d'oïl : picard, normand (et anglo-normand), gallo, tourangeau, angevin
wallon, lorrain, champenois
franc-comtois, bourguignon, bourbonnais
saintongeais, poitevin, berrichon

zone francoprovençale : Forez, Dauphiné, Savoie, sud de la Franche-Comté, Val d'Aoste, Suisse romande

zone d'oc : gascon
béarnais
nord occitan (limousin, auvergnat, provençal alpin)
occitan moyen (provençal, languedocien)

catalan, qui se prolonge en Espagne
corse, qui se rattache aux parlers italo-romans [92].

D'abord les troubadours

Le français est incontestablement une langue romane du domaine d'oïl, où l'influence germanique – on vient de le voir – s'était fait sentir depuis plusieurs siècles, mais c'est plus exactement une langue d'oïl qui a grandement bénéficié des apports des langues d'oc, dont la littérature lyrique, d'un extrême raffinement, avait largement dépassé les frontières de la France dès le XIIe siècle. Vers 1323 avait en outre été créée à Toulouse une académie de langue d'oc, *le gay savoir* [93] : cet événement se produisait plus de trois cents ans avant la création de l'Académie française.

> TROUBADOUR = TROUVÈRE
>
> Voilà deux mots qui évoquent la poésie du Moyen Âge, sous une forme méridionale (***troubadour***) et sous une forme d'oïl (***trouvère***). Dans ***troubadour*** on reconnaît une forme méridionale grâce à la présence des consonnes ***b*** et ***d*** entre deux voyelles, tandis qu'en français ces deux consonnes ne se sont pas maintenues : ***b*** a évolué en ***v*** (comme dans ***avoir***, issu de HABERE) et ***d*** n'a pas survécu (comme dans ***foi***, issu de FIDEM).

Un suffixe très dynamique

Pour reconnaître les emprunts du français aux diverses variétés d'oc, il existe des arguments phonétiques, qu'il faut pourtant utiliser avec beaucoup de circonspection, comme on peut le constater avec les mots terminés par le suffixe *-ade*.

Il faut tout d'abord se rappeler que le *-t-* du latin placé entre deux voyelles n'est plus présent, pas même sous une forme modifiée, dans les mots de la langue française, alors qu'il a survécu dans les langues du Midi en se changeant en *-d-* : à partir de SETA latin, le *-t-* n'a laissé aucune trace dans *soie* en français, mais le mot a évolué en *sedo* en provençal. De même, *amata* latin a abouti à *aimée* en français et à *amado* en provençal. Comme on sait en outre que le suffixe *-ade* vient du latin *-ata*, on est donc fortement tenté d'attribuer aux variétés occitanes l'origine de tous les mots français en *-ade*. Or d'autres langues romanes ont aussi vu évoluer le *-t-* intervocalique du latin en *-d-*, par exemple l'espagnol et le portugais, ainsi que les parlers de l'Italie du Nord.

Seules des indications historiques permettront donc de confirmer la répartition des mots en *-ade* selon la liste suivante :

venus de la France du Midi

accolade	aiguade	aillade	aubade
ballade	bigarade	brandade	cantonade
cassonade	charade	croustade	daurade
galéjade	gambade	muscade	panade
pétarade	salade	tapenade	

venus de l'Italie du Nord

arcade	arlequinade	autostrade	balustrade
bastonnade	bourgade	bravade	brigade
carbonade	cascade	cavalcade	chamade
colonnade	débandade	embuscade	escalade
escapade	esplanade	estafilade	estrade (?)
estrapade	façade	incartade	mascarade
orangeade	parade (?)	passade	pommade
rebuffade	sérénade	taillade	tirade

venus de l'espagnol

camarade	capilotade
estrade (?)	parade (?)
tornade	algarade (< arabe)

venus du portugais

marmelade pintade

Est-ce parce que le goût de la gastronomie nous vient des régions du soleil que la plupart du vocabulaire venu de l'occitan – de l'*aillade* à la *croustade* et de la *panade* à la *salade* – a trait au domaine culinaire ? Il faudrait dans ce cas adjoindre à l'occitan le portugais, qui nous a donné *marmelade* et *pintade*, et il serait bon de faire remarquer, pour l'Italie, le nombre élevé de mots beaucoup moins amènes, comme *bastonnade, estrapade, rebuffade* ou encore *taillade*. Quant à *algarade*, le mot est passé en français par l'intermédiaire de l'espagnol, mais il vient d'un mot arabe signifiant « attaque à main armée ».

Une dernière réflexion sur ce suffixe : introduit en français de plusieurs côtés, il s'y est ensuite si bien acclimaté qu'il est devenu à son tour productif après le XVIe siècle. Des mots comme *cotonnade, grillade, rigolade* ou encore *citronnade* ont sans doute été dérivés directement en français par imitation et n'ont pas été empruntés tels quels.

La langue des troubadours

La langue de la poésie de l'amour courtois, ou « koinè » littéraire, était assez unifiée au Moyen Âge, époque à laquelle on l'appelait parfois *limousin* ou *lemosi*, ou encore *provençal*, en souvenir de l'ancienneté de la PROVINCIA romaine. Mais ce dernier terme est ambigu, et de nos jours on préfère réserver le terme de *provençal* aux seules variétés parlées en Provence. Il reste cependant difficile d'attribuer aujourd'hui spécifiquement à l'une ou à l'autre des variétés d'oc (gascon, languedocien, béarnais, provençal...) les nombreux emprunts que le français leur a faits. C'est pourquoi on trouve parfois la dénomination *provençal* dans la même acception que *occitan*, ce qui, malheureusement, peut prêter à confusion.

Récréation

EST-CE VRAI OU FAUX ?

A. Les mots ***amadou, bartavelle, girelle, ortolan*** et ***tapenade*** sont tous d'origine méridionale.

B. 1. ***amadou*** vient du provençal *amadou* « amoureux » et se dit d'une sorte de champignon qui s'enflamme très facilement.
2. la ***bartavelle*** est une sorte de crécelle, très en vogue au XVIIe siècle.
3. la ***girelle*** est une espèce de girouette qui orne souvent les mas de Provence.
4. ***ortolan*** vient d'un mot provençal signifiant « jardinier », dérivé du latin HORTUS, les ortolans étant réputés pour être des oiseaux fréquentant les jardins.
5. ***tapenade*** vient de ***tapeno*** « olive », en provençal.

Réponses : A. Vrai – B 1. Vrai – B 2. Faux. La *bartavelle* est une sorte de perdrix – B 3. Faux. La *girelle* est un poisson. – B 4. Vrai – B 5. Faux : *tapeno* signifie « câpre » en provençal, mais la *tapenade* contient à la fois des câpres et des olives.

Parmi les emprunts les plus anciens, donc sans différenciation précise possible, on trouve : *barge, barque,* et également *port* (mais dans le sens de « col de montagne », comme dans *Saint-Jean-Pied-de-Port*, dans le Pays basque).

Au XIIe siècle sont attestés : *aigle, cadeau, cigogne, donzelle, flûte, rossignol, tortue* et l'adjectif *jaloux*. Ce dernier mot doit être rapproché du mot *amour*, non seulement à cause de sa signification (puisque les troubadours provençaux sont les inventeurs de l'amour courtois) mais aussi pour sa forme car on attendrait en français une autre voyelle à la fin du mot : la voyelle *eu*. La forme *jaleus* a d'ailleurs existé en ancien français, mais elle a finalement été supplantée par la forme méridionale *jaloux* [94].

Le mot *amour* est attesté en français au XIIIe siècle, en même temps que *fagot, muscade* ou *sommelier*, et au XIVe siècle apparaissent *abeille, aiguière, broc, tocsin, langouste...*

> *AMOUR* EST ENFANT DU MIDI
>
> Il s'agit bien évidemment de la forme du mot : en effet, les mots latins terminés en -OR ont donné ***-eur*** en français et, de même que FLOR a donné ***fleur*** et CALOR ***chaleur***, c'est ***ameur*** que l'on attendrait pour AMOR. Mais c'est le mot ***amour*** qui a été adopté par la langue française : il reste ainsi comme un vivant témoignage et presque le symbole de tout ce qu'elle doit aux troubadours du Moyen Âge, inventeurs de l'amour courtois.

Quelques origines mieux localisées

Parfois on peut localiser les emprunts contractés par le français auprès des langues du Midi de façon un peu plus précise. Ainsi, viennent sans doute

du **limousin** : *chabichou* (le même fromage se nomme *cabécou* dans des zones plus méridionales)
du **périgourdin** : *truffe*
de l'**auvergnat** : *bougnat*
du **gascon** : *barrique, cadet, cagnotte, castrat, cèpe, mascaret, rabiot, tacite, traquenard*
du **languedocien** : *banquette, cassoulet, grigou, malfrat, palombe*
du **béarnais** : *béret, cagot, garbure, piperade*
du **rouergat** : *causse*
du **cévenol** : *airelle.*

Le **corse** tient une place à part car ce n'est pas une variété de l'occitan, mais une langue romane apparentée aux parlers italiens. Les emprunts au corse ne sont pas très nombreux, mais on peut être sûr que *maquis* et *vendetta* sont des mots venus de l'île de Beauté.

Si l'on quitte maintenant les rivages de la Méditerranée en remontant la vallée du Rhône, on entre dans le domaine du francoprovençal, où se sont développées d'autres langues romanes.

La montagne

Les parlers francoprovençaux couvrent en France tout le Lyonnais et la Savoie ainsi qu'une partie du Dauphiné, du Forez et de la Franche-Comté et se prolongent en Suisse romande et en Italie (Val d'Aoste). Comme on pouvait s'y attendre en raison de leur implantation géographique, ils ont fourni un certain nombre de mots liés à la montagne et à la neige, tels que :

adret « partie de la montagne faisant face au soleil »
congère « amas de neige entassée par le vent »
moraine « amas de pierres entraînées par le glissement d'un glacier »
névé « masse de neige durcie »
piolet « bâton d'alpiniste »...

Signalons aussi l'*omble (chevalier),* qui est un poisson des lacs de montagne, et dont le nom vient d'un dialecte de Suisse romande.

LE REBLOCHON

Ce fromage des Alpes est particulièrement apprécié par les linguistes car, en dehors de ses qualités gustatives, il est souvent cité par les phonéticiens et par les historiens des langues romanes pour deux raisons :

1. La première syllabe de ce mot est souvent prononcée avec un ***o*** (à cause du ***o*** qui suit) ce qui pousse les gens à écrire son nom comme ils le prononcent ***(roblochon)***.
2. Le nom de ce fromage a par ailleurs permis à un vieux mot savoyard de survivre : le verbe ***blocher*** « pincer », puis « traire ».

Le verbe ***reblocher*** signifie donc « traire une seconde fois ». Selon une coutume du XIVe siècle, chez certains fermiers du massif des Aravis, ce fromage était confectionné avec du lait provenant d'une deuxième traite de la vache [95].

L'héritage de Guignol

Créé à Lyon en même temps que son ami Gnafron, Guignol (la marionnette) est passé, en un clin d'œil – car telle pourrait bien être l'étymologie de *Guignol*, du verbe *guigner* « cligner de l'œil » – du statut de nom propre à celui de nom commun dans la langue française. Ce mot typiquement lyonnais a accompagné toute une série d'autres de même provenance, appartenant le plus souvent au registre familier, comme on peut le voir par la liste suivante :

bafouiller, jacasser, ronchonner, décaniller, vadrouille, moutard, frangin, rapetasser, flapi, dégobiller...

Réputée pour sa gastronomie, mais aussi pour sa liberté de parole et son impertinence héritées de Guignol, la ville de Lyon n'hésite pas à nommer sa spécialité de fromage blanc frais *cervelle de canut*, le terme *canut* désignant un ouvrier d'une manufacture de soie. C'est sans doute aussi chez ces mêmes canuts que s'est d'abord diffusé le mot *échantillon*, né dans la région lyonnaise d'un verbe *échandiller* « vérifier les mesures des marchands ». Le sens actuel de « petite quantité de marchandise permettant de juger de la qualité de l'ensemble » date du XVe siècle.

Les parlers d'oïl

Comme les régions d'oïl ont été les premières « contaminées » par le français, on a souvent du mal à distinguer entre les diverses provenances régionales et les créations opérées dans le creuset parisien. Parfois – mais c'est rare – on a la chance de savoir d'où et à quel moment précis un mot régional a pu être diffusé, le plus souvent après être passé par Paris. Cela se produit seulement à l'occasion d'un événement exceptionnel qui fait la une des journaux.

Les parlers d'oïl du Nord

On sait, par exemple, très exactement le lieu d'origine et la date d'introduction en français du mot *rescapé* : en 1906, une formidable explosion de grisou avait fait 1 200 victimes dans les mines de charbon de Courrières, dans le Pas-de-Calais, et les journalistes dépêchés sur place avaient employé la forme picarde *(rescapé)* pour désigner les heureux mineurs qui avaient *réchappé* (c'est la forme française) à la catastrophe. Le mot *grisou* lui-même, venu du wallon, s'était déjà répandu au cours du XIXe siècle.

Si on a moins de données sur la date et les circonstances de l'introduction du mot *usine* en français, on sait néanmoins qu'il est également originaire d'un dialecte du Nord et qu'il représente une évolution du latin OFFICINA « lieu où l'on produit des ouvrages » (il est formé sur OPUS « travail, ouvrage »).

Quant à *ducasse* et à *coron*, ils sont tout de suite identifiables comme des mots du Nord, car ils se réfèrent à des réalités spécifiques de cette région. Ajoutons que la *ducasse*, qui désigne la fête patronale dans les villes du nord de la France et en Belgique, tient son nom de l'altération de *dédicace* (à un saint patron) sous sa forme dialectale. Le mot *coron*, dérivé de *corne*, désignait à l'origine le coin, la corne d'un bâtiment. Le sens de « quartier ouvrier » d'une localité industrielle est dû au fait que les habitations de ce type sont généralement reléguées en bout de rue, à l'extrémité des agglomérations.

LA CREVETTE, UNE PETITE CHÈVRE ?

Oui, mais alors très petite, et qui vit dans l'eau.

Le mot ***crevette*** est effectivement la forme prise par le diminutif du latin CAPRA « chèvre » en picard et en normand. On l'appelait ainsi en raison de ses déplacements par bonds.

En ancien français, la forme, pour le crustacé, était ***chevrette***, et on la trouve encore avec ce sens au XVIe siècle, chez Rabelais. Plus tard, seule la forme ***crevette***, empruntée au normanno-picard, n'a plus servi qu'à désigner le crustacé, ce qui a permis de distinguer la ***crevette*** (qui saute dans l'eau) de la ***chevrette*** (qui gambade sur terre).

Les parlers d'oïl de l'Ouest

Parmi les mots venus des parlers de Normandie, on peut citer *brancard*, dérivé de *branque*, équivalent du français *branche*, ainsi que *câble*, qui s'est substitué à l'ancien français *chaable* « grosse corde ». On pense en outre que la *brioche* doit son nom au verbe normand *brier*, correspondant au français *broyer*, la *brie* étant l'instrument servant à pétrir la pâte. Enfin, les *potins*, dans le sens de « commérages », semblent dus à l'habitude qu'avaient les femmes normandes d'apporter leurs chaufferettes (appelées des *potines*) quand elles se réunissaient chez l'une d'entre elles pour bavarder pendant la saison froide (cf. aussi, ch. 8, § Des mots normands).

Originaire des dialectes de l'Ouest, le *cagibi* désignait tout d'abord une petite cabane où l'on remisait les vieux meubles. Le verbe *dégouliner* est également un verbe des parlers de l'Ouest, formé sur *goule* « bouche », la forme française étant *gueule*. Enfin, le mot *lessive*, venu aussi d'un des dialectes de l'Ouest, a remplacé le mot *buée* de l'ancien français à partir du XVIe siècle.

Les parlers d'oïl de l'Est

Pour les parlers d'oïl de l'Est, on a un critère phonétique assez sûr : la prononciation *oua* des mots en *-ois* ou en *-oie*. Ainsi, c'est au champenois que le français a emprunté la forme *avoine*, qui se prononçait *aveine* à Paris comme dans les dialectes de l'Ouest jusqu'au XVIIe siècle (cf. ci-dessous, *encadré* PARIS IMITE PARFOIS CE QUI VIENT D'AILLEURS).

PARIS IMITE PARFOIS CE QUI VIENT D'AILLEURS

Contrairement à une idée reçue, les prononciations parisiennes ne sont pas toujours victorieuses. La preuve : à la cour de Louis XIV on disait ***estret, crère, crêtre*** pour ***étroit, croire, croître***, et Molière faisait rimer ***droite*** et ***nette***.

Pourtant, à la fin du XVIIIe siècle, ce sont les prononciations en *oua* venues des parlers de l'Est (***étroit, croire, croître*** et ***droit***) qui ont supplanté les autres dans ces mots et dans plusieurs autres. Mais on a gardé le ***harnais*** à Paris, côte à côte avec le ***harnois*** venu de l'Est, et ***roide*** ne nous semble pas aujourd'hui moins français que ***raide***, sinon un peu plus recherché [96].

10

LES LANGUES DE L'ORIENT ET DE LA MÉDITERRANÉE

Une place privilégiée pour l'arabe

Sans avoir connu le destin de l'espagnol, qui s'est trouvé en contact quotidien avec l'arabe pendant une très longue période – sept siècles, au moins pour le sud de la Péninsule –, le français a emprunté (et gardé) une grande quantité de mots arabes. Ceux qui viennent le plus rapidement à l'esprit sont sans doute ceux qui nous ont été apportés d'Afrique du Nord au moment de la colonisation, comme *bled*, *clebs*, *maboul*, *toubib*, *smala*, ou *gourbi*, ou encore *flouss* (curieusement, assez souvent prononcé *flouze).* C'est là un vocabulaire réservé aux conversations familières quelque peu relâchées, voire délibérément argotiques. Mais il représente une couche infime du lexique français.

D'autres apports, bien plus anciens, l'avaient enrichi auparavant de façon considérable. Ils datent du Moyen Âge. Certains d'entre eux, comme *sirop* ou *sorbet*, ont été apportés par les croisades (cf. ci-dessous, *encadré* LES SOUKS D'ALEP PENDANT LES CROISADES).

> LES SOUKS D'ALEP PENDANT LES CROISADES
>
> « Non loin des gargotes s'entend le tintement caractéristique des vendeurs de ***charab***, ces boissons fraîches aux fruits concentrés que les Franj* emprunteront aux Arabes sous forme liquide, ***sirop***, ou glacée, ***sorbets***. »
>
> (Extrait de Amin Maalouf, *Les Croisades vues par les Arabes* [97].)
>
> * Ce mot désignait indistinctement tous les croisés venus d'Europe.

D'autres restent de vivants témoignages des connaissances scientifiques apportées à l'Occident par les savants arabes et ont le plus souvent transité par les langues de l'Espagne, tandis que d'autres enfin passaient soit par Venise et le nord de l'Italie, soit par les ports de la Méditerranée, où débarquaient les marchandises venues d'Orient.

Les apports de l'arabe au français nous donnent maintenant l'occasion d'aborder un autre pan du paysage infiniment varié des langues du monde : les langues de la famille *chamito-sémitique*.

Les fils de Cham et de Sem

Dans la Bible, on apprend que deux des fils de Noé, Cham et Sem, avaient eu une importante descendance, ce qui laisse supposer que les peuples chamito-sémitiques avaient pu partager une langue commune vers le ve millénaire av. J.-C., mais les langues finalement attestées montrent que cet idiome s'est ensuite diversifié (cf. ci-dessous, *encadré* LA FAMILLE CHAMITO-SÉMITIQUE).

LA FAMILLE CHAMITO-SÉMITIQUE

Plusieurs langues de cette famille, comme l'**akkadien,** le **cananéen** et l'**araméen**, ont aujourd'hui disparu, mais :

- l'**égyptien ancien** survit d'une certaine manière dans les usages liturgiques du **copte**. L'arabe d'Égypte actuel n'en est pas le descendant
- le **couchitique** est parlé dans la « corne de l'Afrique » (Somalie, Éthiopie, Érythrée, Soudan et Égypte du Sud)
- le **libyco-berbère** comprend plusieurs variétés de langues d'Afrique du Nord, parmi lesquelles celles des Kabyles, des Touaregs, etc.
- le **sémitique** est représenté en particulier par l'**arabe** et l'**hébreu**. Selon une hypothèse encore discutée, le **haoussa**, langue tchadienne, leur serait également apparenté.

Seuls l'arabe et l'hébreu ont fourni du vocabulaire à la langue française. Ces deux langues font partie de la même branche linguistique, celle du sémitique, mais les deux langues ont connu des destins prodigieusement différents : l'arabe s'est répandu sans interruption, tout en se différenciant au contact des diverses populations islamisées à partir du VIIe siècle, tandis que l'hébreu, longtemps connu uniquement comme la langue de la Bible, a subi une éclipse de dix-sept siècles, tout en restant la langue de la liturgie, avant de revivre à la fin du XIXe siècle pour devenir en 1948 l'une des deux langues officielles du jeune État d'Israël. Cette langue s'écrit comme l'hébreu ancien mais elle s'est adaptée au monde moderne en développant un lexique plus conforme aux besoins contemporains [98].

LA BRANCHE SÉMITIQUE [99]

À l'Est	l'**akkadien** † : c'est la langue sémitique la plus ancienne, qui s'est ensuite ramifiée : en **babylonien** † et en **assyrien** †.
À l'Ouest	**1.** le **cananéen** : **phénicien** † ou **punique** † (côtes du Liban, Carthage et divers comptoirs du nord de la Méditerranée) **ougaritique** † (XVe-XIIe av. J.-C.). Les textes retrouvés sont en écriture cunéiforme **hébreu** : il a été parlé en Palestine pendant 1000 ans. C'est la langue de la Bible (IXe-VIIe av. J.-C.) **2.** l'**araméen** : d'abord nomade, cette langue a remplacé, à partir du IVe siècle av. J.-C. (peut-être avant), l'akkadien et l'hébreu dans les usages parlés. Le **syriaque**, qui en est issu, est aujourd'hui réservé à des usages liturgiques et survit sous forme de dialectes en Asie **3.** l'**arabe**, qui se subdivise en diverses variétés **4.** le **sudarabique**, dont l'**éthiopien**.

† langue disparue.

L'hébreu, langue de la Bible

L'hébreu est donc tout d'abord la langue de la Bible, qui a probablement été écrite entre le milieu du IXe siècle et la fin du VIIe siècle av. J.-C. Mais à la suite de la chute de Jérusalem, au VIe siècle av. J.-C., tout en demeurant une langue écrite et lue à des fins religieuses, elle avait cessé d'être parlée et, au moment de la conquête de la Palestine par Alexandre au IVe siècle av. J.-C., c'est une autre langue de la même famille, l'araméen, qui avait remplacé l'hébreu dans les usages oraux.

JÉSUS POLYGLOTTE

Sa langue quotidienne était l'**araméen**, qui était alors la langue commune de la Palestine, une langue qu'on peut encore entendre dans quelques villages près de Damas. Il connaissait aussi l'**hébreu** ancien, qu'il lisait sans peine dans le texte, et il pouvait également s'exprimer en **grec**, langue officielle de l'Empire romain en Orient [100].

L'araméen, qui était la langue quotidienne de Jésus, était une langue d'origine nomade, venue du nord de l'Arabie, et qui s'était ensuite sédentarisée sur le territoire de la Syrie actuelle. Elle s'était étendue à toutes les populations du Proche-Orient à partir du IIIe siècle av. J.-C. Parmi ses variétés, seul le syriaque a pu se maintenir comme une langue de culture chrétienne jusqu'au Xe siècle, mais, depuis, elle est essentiellement réservée à des fins liturgiques [101].

Les traductions de la Bible et leur impact linguistique

La *Bible*, dont le nom grec est une forme de pluriel, *biblia* « les livres », est effectivement restée « **le** livre » par excellence dans tout le monde judéo-chrétien, et ses traductions dans les diverses langues de l'Europe ont eu une importance capitale dans l'histoire de ces langues.

Parce qu'elle a été traduite en grec dès le IIIe siècle av. J.-C. (version des *Septante*, à Alexandrie), c'est dans des traductions grecques que les premiers chrétiens prendront ensuite connaissance de l'Ancien et du Nouveau Testament.

Les traductions latines sont beaucoup plus tardives. Celle de saint Jérôme date du IVe siècle après J.-C. Elle est connue depuis sous le nom de *Vulgate*.

C'est aussi du milieu de ce IVe siècle après J.-C. que date la première traduction en langue germanique, rédigée par l'évêque arien Wulfila. Ce texte, en gotique, est la plus ancienne attestation écrite que nous possédions d'une langue germanique.

GOTIQUE OU GOTHIQUE ?

Depuis le XIXe siècle, on a pris l'habitude d'écrire ***gotique*** (sans ***h***) pour la langue et ***gothique*** (avec un ***h***) dans tous les autres cas.

Au IXe siècle, à leur tour, les moines Cyrille et Méthode traduiront en langue slavonne (ou vieux-slave) le texte grec des *Septante*.

La première Bible imprimée l'a été par Gutenberg vers 1452, mais elle n'est pas en allemand. Le texte est celui de la traduction latine de saint Jérôme et il se trouve à la Bibliothèque nationale de Paris sous le nom de « Bible à 42 lignes », dite « Bible Mazarine » parce qu'elle avait appartenu à Mazarin. Il faudra attendre le XVIe siècle pour que l'allemand, alors très diversifié, trouve une expression écrite unifiée dans une langue « au-dessus des dialectes ». Elle sera réalisée grâce à la traduction de la Bible par Luther (1521-1522), et cet événement sera essentiel dans la constitution de l'allemand standard.

Dès le Moyen Âge, la Bible a été paraphrasée en anglais, et des versions complètes dans cette langue ont été réalisées au XIVe siècle, mais c'est seulement en 1611 que paraît *The Authorized Version*, faite à la demande du roi Jacques Ier [102].

Pour les langues celtiques, vers le milieu du XVIe siècle paraît une traduction en gallois, dans une forme standardisée généralement acceptée, ce qui a certainement été un élément important dans la résistance du gallois à la domination de l'anglais.

Auparavant, les moines irlandais avaient joué un rôle déterminant dans l'évangélisation des îles Britanniques et aussi dans leur histoire linguistique : ils avaient adopté l'alphabet latin en l'adaptant aux nécessités de leur langue celtique, et ils avaient aussi fourni à l'anglais un signe particulier (ð, une sorte de *d* barré) pour désigner ce qui s'écrit aujourd'hui *th*[103].

Grâce à toutes ces traductions de la Bible, des tournures et des mots venus de l'hébreu se sont abondamment infiltrés dans toutes les langues européennes, et ils s'y sont si bien acclimatés qu'ils font partie de leur patrimoine commun. L'hébreu survit ainsi dans des langues appartenant à d'autres familles, bien que sa présence ne se révèle parfois qu'au prix d'un certain effort.

L'hébreu visible et invisible

On conçoit aisément que des mots comme *alléluia* « Louez l'Éternel », *amen* « ainsi soit-il », *hosanna* « Sauve-nous, de grâce », *éden* « paradis terrestre », proviennent de l'hébreu de la Bible : la forme du mot de la langue d'origine y est encore reconnaissable.

Mais comment déceler l'hébreu sous des mots comme *calvaire* ou *scandale*, qui ne ressemblent pas du tout à la forme qu'ils avaient en hébreu ? C'est impossible si l'on ne tient pas compte du fait que la Bible, d'abord écrite en hébreu, était passée par la traduction avant de parvenir jusqu'aux langues modernes. Les linguistes appellent ces expressions, dont seul le sens est transposé, des *calques* (cf. ci-dessous, *encadré* UN CALQUE N'EST QU'UNE TRADUCTION).

UN CALQUE N'EST QU'UNE TRADUCTION

Certains emprunts sont peu visibles car ce n'est pas leur forme d'origine qui est passée dans la langue emprunteuse, mais seulement leur sens. Tel est le cas du mot ***ange***, qui résulte de la traduction du mot hébreu ***mal'hak*** « le messager », d'abord en grec (***aggelos***), puis en latin (ANGELUS).

En revanche, et toujours dans le domaine angélique, ***chérubin*** et ***séraphin*** ne sont pas des calques, mais des emprunts purs et simples, car on peut y reconnaître à la fois la forme (à peine modifiée) et le sens des mots hébreux d'origine (***keroûbim*** et ***seraphim***).

Tel est le cas, par exemple, pour *calvaire*, qui est à l'origine une traduction latine de l'hébreu *goulgoleth* « crâne ». Pour comprendre ce saut sémantique apparemment incongru, il faut savoir que la colline où Jésus fut crucifié avait reçu ce nom de *goulgoleth* en raison de sa forme arrondie et de son aspect désertique : elle ressemblait à un crâne chauve. Pour désigner le *Golgotha*, on trouve le terme *calvarius locus* (du latin *calvus* « chauve ») dans la traduction latine de l'Évangile de saint Matthieu (XXVII, 33), d'où le français *calvaire*. Et c'est seulement plus tard que ce mot a pris le sens de « épreuve longue et douloureuse ».

De son côté, l'histoire du mot *scandale* conduit à l'hébreu *mikchôl*, qui désignait « le caillou, ce qui fait trébucher ». Le mot a d'abord été traduit en grec par *skandalon* et il est ensuite passé dans le latin d'Église *scandalum*, d'abord avec le sens de « pierre d'achoppement », puis celui de « dispute », puis son sens actuel. En français, on trouvera aussi, plus tard, le même mot sous la forme *esclandre*.

Venues de la Bible, des images...

Parmi les innombrables expressions directement traduites de l'hébreu et qui n'ont pas cessé d'être employées en français, on peut citer :

le bouc émissaire	*être sur la brèche*
le cheval de bataille	*crier sur les toits*
le don des langues	*se voiler la face*
la paille et la poutre	*sortir par le nez*
le sel de la terre	*n'avoir que la peau sur les os*
le nombril du monde	*semer la zizanie*
le serpent de mer	*tomber du ciel*

... et des tournures grammaticales

Mais si l'on veut vraiment retrouver l'hébreu sous son aspect grammatical, c'est du côté des formes superlatives qu'il faut chercher (cf. ci-dessous, *encadré* LE CANTIQUE DES CANTIQUES).

LE CANTIQUE DES CANTIQUES

Des tournures comme ***le cantique des cantiques***,
le roi des rois,
le dieu des dieux,
sont des formules typiques de l'hébreu, où cette répétition est une façon de marquer le superlatif : ***le saint des saints*** est le lieu inviolable, où l'on ne pénètre que pour un sacrifice exceptionnel, et ***les siècles des siècles*** représentent une durée illimitée, autrement dit l'éternité.

Sur la lancée de ces expressions héritées de l'hébreu de la Bible, le français en a forgé quelques autres comme ***le fin du fin*** ou ***la der des der***, et, « comble du comble », ce n'est pas en français, mais en anglais, que l'on dit ***la crème de la crème***.

Plus récemment, on a vu fleurir ***le top du top***, qui mêle tout à fait anachroniquement l'anglais du XXe siècle et l'hébreu de la Bible [104].

L'arabe des savants

Ce n'est plus le domaine religieux mais celui de l'ensemble des connaissances scientifiques au Moyen Âge qu'il faut faire revivre lorsque l'on aborde les apports de l'arabe à la langue française (et aux autres langues de l'Europe). Affaiblie par les invasions, l'Europe avait à cette époque perdu le goût de la recherche, et les manuscrits des Anciens avaient en grande partie disparu. Seuls quelques moines savants au fond de leurs monastères tentaient encore de recopier ceux qui avaient survécu, mais le flambeau de la science, après avoir été l'apanage des Grecs, était passé aux mains des Arabes.

Dès le VIIIe siècle, le calife Al-Mansour, à Bagdad, avait tenu à encourager ses sujets à traduire en arabe les ouvrages trouvés chez les Grecs et, au tournant du IXe siècle (786-833), le calife Al-Mamoun était si désireux de s'instruire et d'instruire son peuple qu'il avait exigé de Michel III, empereur d'Orient, qu'il venait de soumettre, la livraison d'un exemplaire de tous les manuscrits grecs qu'il possédait [105].

L'ARABE, INTRODUCTEUR DE MOTS GRECS

C'est à travers l'arabe du Moyen Âge que sont parvenus en français certains mots grecs. Par exemple :

alambic, où l'on reconnaît l'article défini ***al*** de l'arabe, suivi du mot grec ***ambix*** « vase à distiller » ;

élixir, où l'article arabe a été rendu par ***él-***, et où l'on devine le grec ***ksêron*** « médicament de poudres sèches » ;

estragon, dont l'origine serait le terme botanique grec ***drakontion*** « serpentaire », dérivé de ***drakon*** « serpent » (nommé ainsi peut-être à cause de son aspect filiforme) ;

guitare, qui est passé par l'arabe ***qitâra*** (et plus tard par l'espagnol) et qui se trouve être un doublet de ***cithare***, également venu du grec ***kithara***.

Dans l'Espagne occupée par les Arabes, la ville de Cordoue avait alors une bibliothèque de 600 000 volumes, et la ville de Tolède avait créé un grand centre de traduction qui recevait beaucoup d'étrangers. C'est le plus souvent dans des traductions arabes que les écrits d'Aristote ont été connus du monde occidental, et les *Éléments* d'Euclide ont d'abord été diffusés en Occident dans la traduction en latin, faite par l'Anglais Adélard de Bath à partir d'une version arabe du texte grec original [106].

Trois siècles après la mort du Prophète, la langue arabe était ainsi devenue le véhicule de la science. Les Arabes étaient en particulier passés maîtres dans l'art de la médecine, et la réputation d'Avicenne était telle au XIe siècle que le roi de Castille avait même choisi d'aller se faire soigner à Cordoue, chez ses propres ennemis.

Albucasis, chirurgien précurseur

La traduction en latin des ouvrages écrits en arabe par Abu'l Qasi, dit Albucasis, chirurgien arabe qui vivait à Cordoue et qui était probablement le médecin personnel du calife Hakam II (fin du Xe siècle), a été pendant des siècles le texte qui a fait autorité dans l'enseignement et la pratique de la médecine européenne. Tel était en particulier le cas de son livre, traduit en latin sous le titre *Chirurgia*, où il présentait, entre autres, non seulement la méthode de la cautérisation héritée des Grecs, mais aussi ses propres méthodes de chirurgie oculaire, qu'il accompagnait de la description de deux cents instruments conçus par lui et dont il fournissait les croquis [107].

Le texte arabe a probablement été traduit en latin par Gérard de Crémone, l'un des plus célèbres traducteurs de l'école de traduction de Tolède. Il restera pendant plus de deux siècles l'unique manuel de chirurgie en langue latine, et il jouissait encore d'une grande faveur au XVIe siècle [108].

L'arabe des mathématiciens

Également nourris de culture indienne, les Arabes avaient bénéficié des connaissances des peuples qu'ils avaient asservis et ils étaient devenus experts en mathématiques : on leur doit l'introduction du zéro dans la numération et celle du système décimal [109], et il n'est pas exagéré de dire que sans les Arabes l'histoire des chiffres en Occident aurait certainement été différente, car c'est grâce à eux qu'à partir du XIIe siècle l'ensemble de l'Europe a pu prendre connaissance des méthodes de calcul qu'ils avaient apprises des Indiens. Depuis, on appelle – improprement –

« chiffres arabes » des chiffres qui sont en fait indo-arabes. Adoptés tout d'abord par les savants d'Europe, ces chiffres indo-arabes ont acquis depuis un caractère quasi mondial.

Il faut ajouter à cette caractéristique universelle une particularité linguistique moins généralisée : le même mot arabe ***ṣifr***, qui correspondait à l'adjectif « vide », a donné en français et dans d'autres langues romanes non pas un seul, mais deux mots différents – de forme et de sens (cf. ci-dessous, *encadré* CHIFFRE = ZÉRO).

CHIFFRE = ZÉRO

Un Français, Gerbert d'Aurillac, futur pape, semble avoir le premier vulgarisé, au Xe siècle, l'usage des chiffres indo-arabes [110], mais c'est à un Italien, Léonard de Pise, dit *Fibonacci*, qu'on doit, au XIIe siècle, le mot ***zéro*** qui, comme le mot ***chiffre***, vient du mot arabe ***ṣifr.*** Il l'avait d'abord latinisé en ***zephirum***, que l'on trouve plus tard en italien pour désigner une absence d'unité, un « vide », sous la forme ***zefiro***, puis ***zefro***, et enfin ***zero***.

C'est finalement sous cette forme qu'il est passé en français à la fin du XVe siècle, et voilà pourquoi on peut dire, sans paradoxe, que ***chiffre*** = ***zéro*** [111].

L'arabe des alchimistes

La chimie, en tant que discipline scientifique, ne prendra naissance qu'à la fin du XVIIIe siècle, avec en particulier l'établissement d'une nomenclature rigoureuse [112], mais, dès le haut Moyen Âge, cette discipline était représentée par les alchimistes, ces savants un peu fous qui cherchaient, par la transmutation des métaux et l'introduction de la « pierre philosophale », à aboutir à la fabrication de l'or, qui, selon eux, représentait la perfection métallique. Ils rêvaient aussi de découvrir le ferment mystérieux permettant de retarder presque indéfiniment la désagrégation des corps, et donc la mort.

C'est probablement par le *truchement* (le mot vient d'un mot arabe signifiant « interprète ») des alchimistes que sont parvenus en français des mots comme *alambic, alcali, alcool, antimoine* ou *élixir* :

alambic « instrument servant à la distillation »

alcali « soude » : ce mot, dans l'expression *alcali volatil*, désigne parfois l'ammoniaque, autre base alcaline, comme la soude *alcool* : le mot vient de l'arabe *al-kohl,* qui correspond en fait à de la poudre d'antimoine qui, sous le nom de *khôl*, est encore utilisée aujourd'hui comme fard pour les paupières. C'est l'alchimiste et médecin suisse Paracelse, qui, au XVIe siècle, sera responsable du changement de sens du mot *alcool*

antimoine est un terme d'origine arabe désignant plus exactement le sulfure d'antimoine, produit naturel qui, finement broyé, constitue le *khôl*

élixir : c'est ainsi que les alchimistes arabes nommaient la pierre philosophale, cette matière un peu magique qui était censée avoir la propriété de changer les métaux en or. Le mot arabe *al-iksir* avait été formé sur le grec *ksêron* « médicament (fait de poudres sèches) ».

L'arabe des naturalistes

C'est par l'intermédiaire du latin des naturalistes qu'ont été empruntés à l'arabe de nombreux noms d'animaux :

civette, dont le nom arabe désignait la matière odorante que sécrète l'animal qui porte ce nom

alezan, qui, en arabe, était le nom d'un renard au pelage roussâtre, tout comme *fennec* est celui d'un petit renard au pelage couleur du sable

gerboise, petit rongeur aux pattes avant peu développées, qui se tient souvent debout sur ses longues pattes arrière (comme le kangourou, toutes proportions gardées)

gazelle, de l'arabe *ghazâla*

girafe, de l'arabe *zarâfa*, mais les auteurs latins appelaient cet animal *camelo pardalis* « chameau-panthère », car il a la tête d'un chameau et la peau tachetée comme celle d'une panthère. Le mot *camélopard* a d'ailleurs existé en ancien français [113].

L'arabe des botanistes

Certaines productions botaniques ont aussi des noms arabes à l'origine :

henné, qui est un colorant, et *séné,* qui est un purgatif

- *abricot* et *artichaut*, qui ont tous deux conservé quelque chose de l'article défini arabe *al-* à l'initiale du mot
- *tamarin* et *chicotin,* dont l'évolution phonétique a effacé l'allusion géographique. En effet *tamarin*, c'est *tamâr hindi* ou « datte de l'Inde », mais on retrouve mieux la référence au lieu d'origine dans l'anglais *tamarind* ; quant à *chicotin,* c'est un aloès venu de l'île de *Socotra*, située en face du Yémen.

DU MAGASIN AU MAGAZINE

Aucun rapport ? Eh bien, si.

Ces deux mots viennent du même terme arabe signifiant « dépôt de marchandises », mais ils ont pénétré en français à plusieurs siècles de distance :

- ***magasin***, à la fin du Moyen Âge, par l'intermédiaire du provençal
- ***magazine***, avec le nouveau sens de « revue illustrée », à la fin du XVIIIe siècle, par l'anglais, qui, en fait, l'avait lui-même emprunté auparavant au français, mais avec le sens de « collection ».

La science arabe

Comme on l'a vu, c'est par des traductions du grec à l'arabe, puis de l'arabe au latin, à l'espagnol ou à l'italien, que les textes scientifiques, dans leur grande majorité, ont été finalement diffusés dans le monde occidental. Voilà pourquoi on hésite parfois sur l'origine première d'un mot savant au Moyen Âge et sur les langues intermédiaires par lesquelles il a pu transiter avant de pénétrer dans les langues de l'Europe.

Le /b/ dans *abricot*

Par bonheur, certains indices proprement linguistiques permettent quelquefois de s'y retrouver.

Le cas du nom de l'*abricot* est exemplaire à cet égard. Le mot pour désigner ce fruit a parcouru un long chemin avant de parvenir en français, par l'intermédiaire du catalan. On peut en attribuer l'origine lointaine à l'arabe *al-barqoûq,* qui, sous la forme *aubercot*, est attesté en français au XVIe siècle. Mais l'arabe l'avait lui-même emprunté au latin *praecoquum* « précoce », par l'intermédiaire du grec, qui avait transporté ce terme en Syrie [114]. Il désignait à l'origine un « fruit précoce » : *al-barqoûq*, c'est donc « le précoce ».

Ce qui nous permet de considérer l'arabe comme intermédiaire probable, c'est la présence d'un /b/ dans *abricot* pour représenter le /p/ du latin *praecoquum.* L'arabe, en effet, qui ne possédait pas de /p/ dans son système consonantique [115], remplaçait généralement, dans les mots qu'il empruntait, cette consonne /p/ par un /b/ (plus rarement par un /f/ : *Platon*, en arabe, se dit *Flatoûn*). Si le nom de l'abricot nous avait été transmis directement par le latin, c'est un /p/, et non pas un /b/, que nous aurions en français (comme par exemple dans *poire*, du latin PIRA).

Dernière information : ce même mot *al-barqoûq*, qui a connu une si large diffusion dans les langues romanes et germaniques, n'a pratiquement pas survécu avec ce sens en arabe d'aujourd'hui.

Un article qui ne dit pas son nom

On peut proposer un moyen simple pour reconnaître l'origine arabe d'un grand nombre de mots français : la présence de la syllabe *al-* au début du mot, qui n'est autre que l'article défini *al* « le », « la » ; les mots *alambic, alcool, alcali, alcôve, alezan, algèbre, algorithme,* etc. sont dans ce cas.

Si l'article arabe est demeuré entier dans les exemples qui précèdent, on le devine à peine dans *artichaut,* où pourtant il est bien présent (*al-karchoûf* nous a été retransmis par l'espagnol *alcachofa*, plus proche de la forme d'origine).

L'exemple d'*amiral* est plus trompeur, car ce n'est pas au début, mais à la fin du mot français qu'il faut le chercher : sans pitié pour le sens, l'expression arabe *emir al bahr* « prince de la mer » a été tronquée en français pour devenir *amiral,* mot à mot « prince de la », ce qui ne signifie pas grand-chose. Mais on pourrait aussi considérer *-al* comme un suffixe français qui existait déjà dans une série de mots comme *maréchal, sénéchal* (venus du germanique).

Dans *azimut* et *zénith*, si on a du mal à identifier le même mot arabe *samt* « chemin », c'est qu'une partie de l'article est encore présente dans *azimut* (à l'origine *as samt*), tandis que dans *zénith* l'article n'a pas été maintenu. Mais il y a plus : la forme française de ce dernier mot provient d'une erreur de lecture du *m* de *samt*, interprété comme *ni* (*sanit,* puis *zénith* [116]).

Enfin, dans *luth* (*al-oûd* « le luth »), seule la consonne initiale évoque l'ancienne forme de l'article arabe, tandis que dans *hasard*, de l'arabe *az zahr* « (jeu de) dés », la présence d'un *h* dans la graphie du mot français achève de dérouter les chercheurs les plus avertis.

C'est, semble-t-il, le phénomène inverse qui s'est produit dans le cas du *benjoin*, qui vient de l'arabe *louban djaoui* « encens de Java » et où la première syllabe (*lou-*) a sans doute été prise pour l'article défini. Cette expression a, de plus, été tronquée, et rendue par *benzoe* dans le latin des botanistes, pour donner plus tard naissance à *benzine* (mélange d'hydrocarbures), puis à *benzène* (corps chimique bien défini, de formule C_6H_6).

Des mots qui se dédoublent

Ce dernier exemple montre comment une seule expression a pu se fragmenter en trois mots de forme et de sens différents (*benjoin, benzine, benzène*) en passant dans une autre langue.

À partir de l'arabe, d'autres rapprochements peuvent être faits comme *chiffre* et *zéro* ou *azimut* et *zénith*, dejà commentés, comme *sirop* et *sorbet* ou *magasin* et *magazine* cités en encadré, ou enfin comme *mohair* et *moire*.

Le mot *moire* avait été emprunté dès le Moyen Âge à l'arabe, avec le sens qu'il avait en arabe « étoffe en poils de chèvre », et on peut se demander par quel miracle ce mot a, depuis le XVIIIe siècle, pris le sens de « soie aux reflets changeants (mats et brillants) ». C'est à la même époque que le même mot arabe revient en français, mais cette fois par l'intermédiaire de l'anglais, sous la forme *mohair*, pour désigner une « laine soyeuse », ce qui s'explique en partie par l'influence du mot anglais *hair* « poil ».

Assassins : fumeurs de haschisch ?

Le mot *assassin* a une longue histoire, qui commence au début du XIe siècle avec la secte musulmane dite « des Assassins », les *Haschischiyoun.* Cette secte avait été fondée par un vieux sage de confession chiite, Hassan As-Sabbah, qui était en lutte contre les

Turcs Seldjoukides, alors maîtres de l'Islam officiel, et qui, eux, n'étaient pas chiites mais sunnites. Les meurtres que les membres de cette secte chiite organisaient contre les personnalités sunnites se déroulaient toujours selon le même scénario spectaculaire : après avoir préparé l'attentat dans le plus grand secret, le meurtre avait lieu de préférence dans la mosquée, le vendredi, à l'heure de la plus grande affluence. L'acte revêtait ainsi une double signification pour eux : c'est en public qu'ils éliminaient définitivement une personnalité sunnite, tout en donnant de l'éclat à celui qui se sacrifiait avec un courage exemplaire à la vengeance de la foule qui s'acharnait alors sur lui et le mettait à mort.

Le calme avec lequel agissaient ces candidats au suicide a pu faire penser qu'ils étaient drogués avec du haschisch, d'où leur surnom *haschischiyoun* ou *haschaschin*[117]. Le mot a été transmis au français par l'intermédiaire de l'italien *assassino*, et l'étymologie par le haschisch a longtemps prévalu.

Mais une autre étymologie peut être avancée, car des documents attestent que Hassan avait coutume d'appeler ses adeptes *Assassiyoun*, c'est-à-dire ceux qui sont fidèles au *assas*, au « fondement » de la foi, les « fondamentalistes ». La ressemblance des deux mots – *Haschischiyoun* et *Assassiyoun* – aurait donc pu induire en erreur les premiers voyageurs occidentaux dont la connaissance de la langue arabe était sans doute superficielle [118].

Les surprises de la sémantique

Les évolutions sémantiques sont parfois aisées à expliquer, et parfois si extravagantes qu'elles sont à peine croyables.

Parmi les premières, il y a le mot *mousson*, qui désignait en arabe n'importe quelle saison et qui ne concerne plus en français que des intempéries propres à une saison particulière. On comprend aussi que le mot désignant « l'interprète » en chair et en os ait pu devenir notre abstrait *truchement*. Il en est de même pour *djubba*, qui désignait en arabe un long sous-vêtement de laine : nous pouvons y reconnaître le mot français *jupe*. Toutefois, en français, ce n'est jamais un sous-vêtement, mais une *jupe* qui n'est pas forcément longue, et qui peut aussi être confectionnée dans un tissu de *coton* ou de *moire*, autres mots également d'origine arabe. Le sens que le mot avait en arabe ne s'est pas vraiment maintenu, mais on reste dans le même domaine.

L'évolution sémantique de l'adjectif *cafard*, dont le sens premier, en arabe, était « incroyant », et qui qualifie en français une personne qui divulgue un secret, est déjà un peu plus mystérieuse. Celle de *mesquin*, qui signifiait « malheureux », ne laissait pas supposer que cet adjectif serait aujourd'hui un synonyme de « avare ».

Mais là où l'étonnement est à son comble, et peut même friser l'incrédulité, c'est lorsqu'on apprend qu'une forme arabe signifiant « belette sibérienne » a pu aboutir au français *chamarrer*, ou que *laquais* désignait, à l'origine, un haut fonctionnaire. Dans ce dernier cas, des données historiques permettent d'apporter quelques éclaircissements : lorsque le mot *laquais*, par l'intermédiaire du catalan, est passé en français, les chefs arabes avaient, du fait de la reconquête, perdu leur puissance en Espagne, et le mot *laquais* s'appliquait alors, non plus au « chef », mais au « valet d'armée [119] ».

DES PRINCES ARABES

calife,	chef suprême de l'empire islamique, remplaçant et successeur du Prophète [120]
sultan,	titre donné à l'origine aux chefs seldjoukides turcs qui, aux XIe et XIIe siècles, gouvernaient au nom du calife de Bagdad
chérif,	noble, descendant du Prophète
émir,	prince d'un pays musulman, celui qui gouverne ce pays et commande son armée
vizir,	ministre d'un souverain musulman (aujourd'hui *wazir*)
caïd,	haut fonctionnaire, en Afrique du Nord (administration, impôts, etc.).

L'arabe, langue de passage

L'arabe a été à son tour la langue qui a transporté vers les langues de l'Europe de nombreux mots venus d'Orient. Ainsi *babouche*, du persan *papouch*, mot à mot « qui couvre le pied », a d'abord transité par l'arabe. Mais pourquoi cette différence de prononciation en français ? Si on se rappelle que l'arabe ne connaissait pas la consonne /p/ dans son système consonantique, et la réalisait généralement grâce à une consonne voisine, /b/, on pense tout naturellement à un passage de ce mot persan par l'arabe, ce qui expliquerait les deux /b/ dans le mot français. Pourtant, le doute peut subsister car toutes les attestations anciennes du mot français *babouche* se trouvent toujours en relation avec l'Empire ottoman, ce qui favoriserait plutôt l'hypothèse d'un passage par le turc [121].

L'ARABE À LA CROISÉE DES CHEMINS

Grands commerçants et grands voyageurs, les Arabes ont souvent apporté en Europe des objets venus d'Orient et du pourtour de la Méditerranée et, avec eux, les mots pour les désigner.

Ainsi, c'est en passant par l'arabe que sont venus :

orange, qui est un mot	sanskrit
riz	hindi
azur	persan
minaret	turc
alambic	grec

Le persan, langue indo-européenne

Contrairement à l'arabe, langue de la famille sémitique, le persan est une langue appartenant à la famille indo-européenne, et plus précisément à la branche indo-iranienne de cette famille. Cette dernière se subdivise en :

langues indiennes, parmi lesquelles le *sanskrit*, langue liturgique, et les *prâkrits*, langues usuelles, d'où ont émergé le *pali*, le *hindi*, le *bengali*, le *tsigane*...

langues iraniennes, dont l'*avestique*, le *persan* (ou *farsi*), le *kurde*, l'*afghan (pachto)*, l'*ossète*... (cf. ci-après, *encadré* LA BRANCHE INDO-IRANIENNE).

Les premiers documents écrits en persan datent du début du VIIIe siècle après J.-C. Devenu langue commune au Moyen Âge, il est plus tard promu au rang de langue officielle dans le pays que, depuis 1935, l'on nomme l'Iran. Le persan s'écrit au moyen de l'alphabet arabe, et son lexique contient une grande quantité de mots empruntés à l'arabe [122].

De ce fait, les deux langues sont souvent liées lorsqu'on décrit les apports de l'Orient à l'Occident.

LA BRANCHE INDO-IRANIENNE

Les langues indo-iraniennes représentent, avec l'arménien, la partie asiatique de la grande famille des langues indo-européennes.

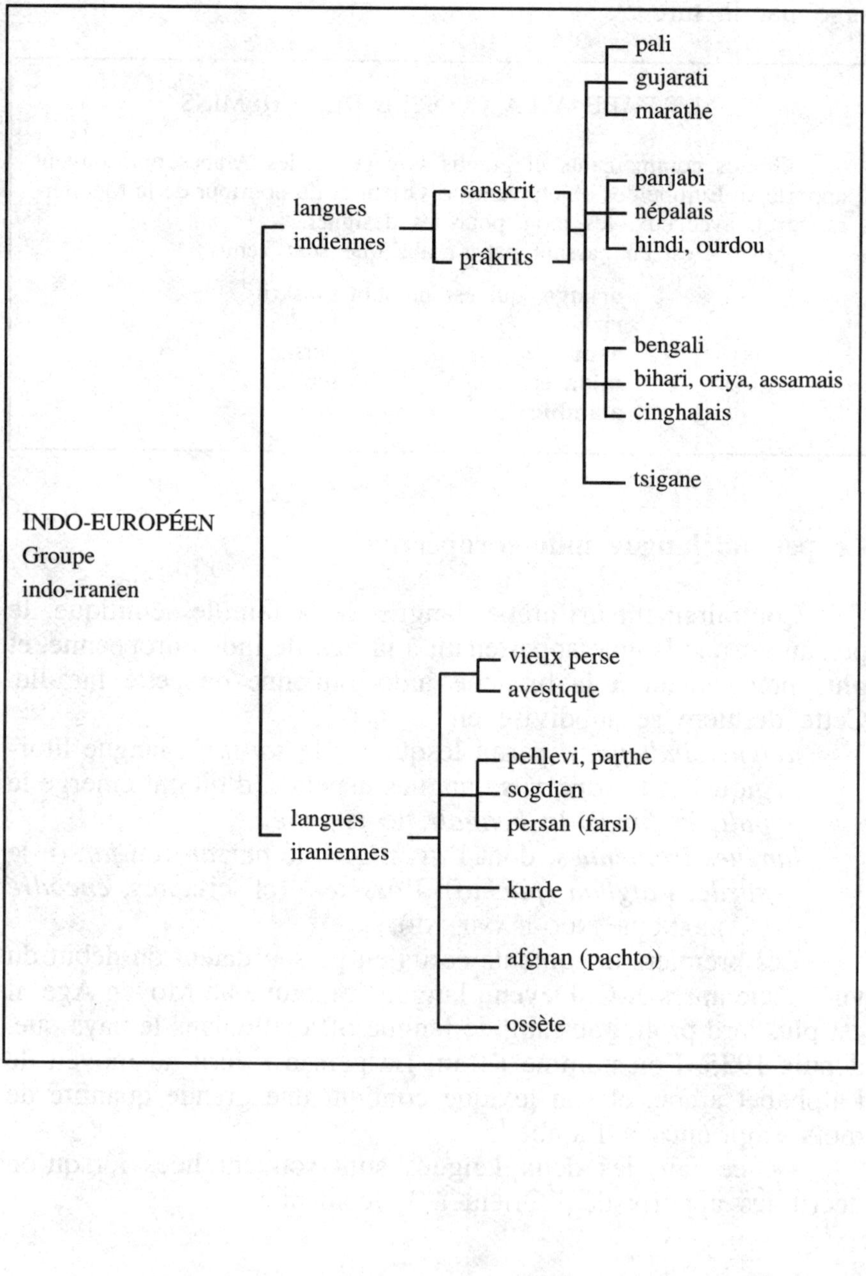

Des échanges de bons procédés

Si l'on devait établir un bilan des échanges entre le français et le persan, on verrait que la balance penche très nettement du côté du persan, qui s'est enrichi entre 1794 et 1924 de près de deux mille mots français, parmi lesquels : *artiste, concert, gendarme, appartement, microbe, manteau, sauce, cadeau, merci* et même *maman*, qui font aujourd'hui partie du vocabulaire persan courant [123].

Les emprunts dans l'autre sens – du français au persan – sont à la fois plus modestes et bien plus anciens, et ils sont souvent passés par l'arabe. Ils concernent en particulier :

– le vocabulaire de l'**habillement**, avec la *babouche*, la *casaque*, le *châle*, le *turban*, le *caftan,* le *taffetas*. la *percale*, le *zénana* (sorte d'étoffe cloquée), ainsi que le *pyjama*. L'étymologie de ce dernier mot est « vêtement des jambes », comme celle de *babouche* était « vêtement des pieds » ;

– le vocabulaire de la **botanique** et de l'**alimentation**, avec la *tulipe*, le *jasmin*, le *nénuphar*, l'*épinard*, la *pistache*, l'*aubergine*, la *badiane*, le *safran* et le *pilaf*. Il faut toutefois remarquer que, lorsqu'on dit *riz pilaf*, on commet un pléonasme car *pilaf* signifie déjà « plat de riz » en persan. La forme phonique de *pyjama*, avec un /p/ (et non pas un /b/) indique un emprunt direct, et non pas par l'intermédiaire de l'arabe ;

– la **zoologie**, avec le *chacal* ;

– le vocabulaire de la **maison**, avec la *tasse*, qui désignait en persan une grande coupe, ou encore le *divan*, qui a un doublet inattendu, la *douane* [124].

Divan et douane : même origine

En effet, ces deux mots français viennent tous deux du même mot persan *diwan*, par des chemins différents et à des dates différentes. En persan, le mot avait le sens de « registre, liste de contrôle » et c'est dans ce sens qu'il est d'abord passé en arabe, puis en latin médiéval, sous la forme *doana*, pour enfin désigner le bureau de *douane* en français à la fin du XIIIe siècle. Ce n'est que beaucoup plus tard qu'arrive le mot *divan* (première attestation au XVIe siècle), dont on ne peut comprendre l'évolution sémantique en français que si l'on sait qu'en arabe on était déjà passé du sens de « registre » à celui de « salle des registres », puis à « salle du conseil », et que cette salle de réception était entourée de bancs de pierre garnis de coussins [125].

Le retour au bercail

Certains mots que le français a empruntés anciennement au persan, tels que *kiosque, camphre* ou *pyjama*, ont connu une aventure tout à fait exceptionnelle puisque, plusieurs siècles plus tard, ils sont retournés dans leur langue d'origine, cette fois sous leur forme française [126].

Récréation

LEQUEL EST PERSAN ?

Ces six mots désignent tous des lieux où se vendent des marchandises :

1. Lequel est persan ? 2. D'où viennent les autres ?

échoppe	**bazar**
magasin	**souk**
boutique	**marché**

Réponses : bazar est persan, mais *échoppe* vient du néerlandais, *magasin* et *souk* de l'arabe, *boutique* du grec et *marché* du latin.

Le persan a aussi été un intermédiaire

Tout comme l'arabe, avec lequel les contacts ont été fréquents, le persan a servi de lieu de passage à certains éléments de vocabulaire venus de l'Inde, et en particulier à des mots venus du sanskrit. Ces mots sont souvent passés successivement par le persan et par l'arabe. C'est le cas de nombreux termes usuels de la vie domestique, comme *riz* ou *sucre*, *candi* ou *orange*, *aubergine*, *musc* ou *muguet*.

LE SANSKRIT, LANGUE LITURGIQUE

Le **sanskrit** – le mot signifie « (langue) parfaite, accomplie » – est la langue du brahmanisme, qui a été fixée très anciennement dans les **Véda** (IIe millénaire avant J.-C.), qui sont des hymnes liturgiques.

À côté de cette langue littéraire se sont développées des langues communes, les **prâkrits**. C'est dans un de ces prâkrits que Bouddha prêchera au VIe siècle avant J.-C.[127].

Un bleu devenu écarlate ?

Parfois le mot a connu des changements de sens considérables. Ainsi, *écarlate* est un mot qui doit sa forme à l'arabo-persan *saqirlat* par l'intermédiaire du latin *scarlatus*, qui désignait dans les pays orientaux un tissu de couleur bleue. Mais, devenu *escarlate* en ancien français, ce terme servait à nommer un drap de qualité dont la couleur variait beaucoup[128]. Il a fallu qu'au XIIe siècle soit généralisée la teinture à base de cochenille pour que le terme ne désigne plus un tissu, mais la couleur de ce tissu : le rouge, et non plus le bleu d'origine.

En revanche, c'est bien la couleur rouge que désignait le mot arabo-persan *kirmiti* qui est à l'origine du mot *cramoisi*, puisqu'il était dérivé du nom du *kermès* « cochenille », qui est bien un insecte dont on tirait une teinture de couleur rouge. Une curiosité : jusqu'au XVIIIe siècle, le mot a aussi servi à qualifier l'intensité des couleurs plutôt qu'uniquement le rouge. C'est ainsi qu'on peut trouver chez Rabelais l'expression : *velours bleu cramoisi*[129].

Les Mille et Un Jours

Les mots ne sont pas l'unique lieu où arabe et persan se trouvent associés. Les Contes des *Mille et Une Nuits*, qui sont le fruit d'une tradition orale séculaire, sont très souvent généreusement attribués aux Arabes, parce que ces derniers les ont considérablement enrichis. Ils sont en fait d'origine indo-iranienne, et le titre persan était simplement *Mille Contes*. Les Arabes y ont ajouté le mystère de la nuit en les appelant *Alf Layla wa Layla* « Les Mille et Une Nuits ». Est-ce par esprit de contradiction, ou par désir d'être original à tout prix ? en France, au XVIIIe siècle, on avait préféré leur donner un autre titre : *Les Mille et Un Jours* [130].

Une autre langue orientale, le turc

Islamisés entre le VIIIe et le Xe siècle, les habitants du futur Empire ottoman ont été en contact fréquent avec la langue arabe, et des emprunts du turc à l'arabe et au persan ont eu lieu dès le haut Moyen Âge. Si bien que, lorsque la langue française a emprunté le nom d'un objet appartenant à cette civilisation, les mots avaient déjà circulé entre les trois langues en question : l'arabe, langue sémitique, le persan, langue indo-européenne, et le turc, qui appartient à une tout autre famille, la famille ouralo-altaïque [131].

LE TURC

On rattache généralement le **turc** à la famille dite « ouralo-altaïque », et plus particulièrement à la partie altaïque, qui comprend aussi :
- le groupe **mongol**
- le groupe **mandchou-toungouze**
- et peut-être aussi le **coréen.**

Il n'y a pas une, mais plusieurs langues turques, et le **turc de Turquie**, qui est le produit de l'évolution de l'**osmanli**, parlé à la cour des Ottomans, en est le représentant le plus important.

Après avoir accueilli beaucoup de vocabulaire venu de l'arabe et du persan, la langue a été soumise à un grand mouvement d'épuration à partir de 1928, sous l'impulsion d'Atatürk, qui substitua également au système d'écriture arabe, mal adapté au turc, un alphabet latin aménagé pour les besoins de la phonétique turque [132].

Bien avant les « turqueries »

C'est seulement aux XVIIe et XVIIIe siècles que s'est manifestée en Europe la grande vogue des « turqueries », restées dans la mémoire collective avec, en particulier, le *Grand Mamamouchi* de Molière (qui pourtant ne parlait pas le turc mais un sabir méditerranéen [133]), le mouvement *Alla turca* d'une sonate de Mozart, ainsi que d'autres compositions artistiques relevant d'une Turquie imaginaire et fantaisiste.

Mais les premiers emprunts au turc sont bien plus anciens,

comme on peut le constater avec *bergamote* et *galetas*, attestés en français dès le XIVe siècle.

Ce dernier terme fournit l'occasion de poser le problème quasiment insoluble de la « vraie » langue des noms propres, puisque le mot *galetas* est en fait une adaptation du nom de la tour de Galata, qui était haute de près de 100 mètres et qui dominait Constantinople. Aujourd'hui, un quartier d'Istanbul porte encore son nom.

La même question se pose pour un grand nombre de mots devenus français, mais qui tiennent leur nom d'un nom de lieu à l'étranger (cf. ci-dessous, *récréation* LA GÉOGRAPHIE, SOURCE LEXICALE).

Récréation

LA GÉOGRAPHIE, SOURCE LEXICALE

Si l'on s'en tient aux régions orientales proches de la Méditerranée, on peut citer des noms de lieux ayant abouti à des mots du lexique français. Pouvez-vous les retrouver ?

1. Pergame	**5. Maiandros**
2. Galata	**6. Chypre**
3. Troie	**7. Cydonea (Crète)**
4. Ascalon	**8. Pharos**

Réponses : 1. *parchemin*, dont la préparation aurait été inventée à *Pergame*.
2. *galetas*, jusqu'à la fin du XVIIe siècle, c'était un logement sous les combles. Plus tard, le mot allait prendre le sens de logement misérable et sordide.
3. *truie*, du latin (PORCUS) TROIANUS « porc farci », par allusion plaisante au cheval de Troie.
4. *échalote*, du latin ASCALONIA (CEPA) « (oignon) d'Ascalon ».
5. *méandre*, du nom du fleuve Maiandros, au cours particulièrement sinueux.
6. *cuivre*, du latin *aes cyprium* « bronze de Chypre ».
7. *coing*, du grec *kudonia (mala)* « (fruit) de Cydonea (ville de Crète) ».
8. *phare*, du grec *Pharos*, île où fut érigée, au IIIe siècle av. J.-C., une tour servant de point de repère aux marins.

Le déguisement des mots turcs

Non seulement les mots français venus du turc n'ont pas l'air turcs, mais certains d'entre eux font plutôt penser à d'autres langues étrangères : on jurerait que *caviar* est russe et *colback* d'ascendance allemande. Or ils sont tous les deux bel et bien turcs, mais ils ne sont pas toujours passés directement du turc au français. Ainsi, *caviar* est passé par la forme italienne *caviale*, et la forme française a été *cavial*, puis *caviat* jusqu'à la fin du XVIIe siècle.

D'autres mots d'origine turque, comme *cravache, laiton* ou *savate* n'ont plus rien d'exotique. Enfin *chagrin* (cf. la *peau de chagrin*, rendue célèbre par le roman de Balzac) est aussi un mot d'origine turque, *sagri*, désignant un cuir de chèvre d'aspect grenu.

HONGROIS EST UN MOT TURC

Lors de leur occupation du pays des Magyars au XVIe siècle, les Turcs avaient été frappés (c'est le cas de le dire) par les flèches dont se servaient ces populations et ils les avaient appelées d'un nom formé sur le mot turc ***ogur*** « flèche », qui devint le mot ***hongrois*** en français.

11

LES APPORTS DES SŒURS LATINES

L'italien

À tout seigneur, tout honneur

En ces temps de morosité où l'on regarde avec inquiétude du côté de l'anglais envahissant, il peut être salutaire – pour se consoler – de jeter un coup d'œil rétrospectif sur une autre langue, l'italien, car c'est à cette dernière que le français, jusqu'au milieu du XXe siècle, a le plus emprunté. Et lorsque l'on pense aux apports de l'italien au français, une seule époque vient immédiatement à l'esprit et repousse dans l'ombre toutes les autres, celle de la Renaissance italienne, qui, dès le XVe siècle, a ouvert la voie à la Renaissance française dans le domaine des arts. La langue italienne a alors donné au français un fort contingent de mots qui se sont très vite et très harmonieusement fondus dans la masse lexicale déjà héritée du latin, ce qui peut s'expliquer à la fois par la parenté linguistique et par l'histoire des peuples.

Ces deux langues nées du latin avaient des affinités naturelles dues à leur origine commune, et elles avaient aussi côtoyé au cours de leur histoire les mêmes autres langues (le germanique ancien, l'arabe, etc.). Sur un plan plus général, l'interpénétration des deux peuples avait été facilitée d'une part à l'occasion des guerres d'Italie, d'autre part à la faveur de la présence successive de deux reines italiennes à la cour de France. Il y avait eu, dès 1533, le mariage de Catherine de Médicis, descendante de Laurent le Magnifique, avec le duc d'Orléans, fils de François Ier et futur Henri II et, à la mort de ce dernier, la longue régence de Catherine de Médicis pendant près de vingt ans (1560-1580). Cette influence italienne à la cour de France s'était poursuivie avec le mariage en 1600 de Marie de Médicis avec Henri IV, et une nouvelle période de régence à la mort du roi jusqu'à l'avènement de Louis XIII. De plus, c'est pendant près de vingt ans (1641-1661) que le cardinal italien Mazarin exercera ses fonctions de ministre de la France. Au total, c'est donc pendant plus d'un siècle que la cour de France a subi l'influence directe de grands personnages italiens et de leur entourage.

Des écrivains français ont aussi voyagé et vécu en Italie, ils se sont imprégnés de ce pays, qu'ils ont fait revivre dans leurs œuvres, comme cela a été le cas pour Montaigne et du Bellay au XVIe siècle, ou encore pour Stendhal au XIXe siècle.

STENDHAL VOULAIT
« TO MAKE OF THIS SKETCH A *ROMANZETTO* » *(sic)*

En 1833, Stendhal, alors consul à Civitavecchia, avait acquis des manuscrits relatant en patois romain des chroniques du XVIe et du XVIIe siècle, dont l'une était intitulée *Origini delle grandezze della famiglia Farnese*. Elle allait servir de point de départ à *La Chartreuse de Parme*, comme cela est attesté par ces quelques mots écrits dans ce mélange anglo-italien qu'il affectionnait particulièrement : « to make of this sketch a *romanzetto* » (16 août 1835), que l'on trouve, tracés de la main de Stendhal, à la première page d'un des gros volumes où ont été recopiés les textes d'où ont été tirées ses *Chroniques italiennes*.

(Stendhal, *Romans et nouvelles*, Paris, Gallimard, La Pléiade, 1952, p. 1437-1438.)

Mais c'est bien plus tôt, dès le XIVe siècle, que l'italien avait pénétré dans la langue française, surtout en raison de l'importance des activités commerciales de l'Italie, qui se manifestaient avec succès dans l'ensemble du monde méditerranéen.

En Italie, l'Orient rencontrait l'Occident

Pendant tout le Moyen Âge, les ports de Venise, de Gênes et ceux de Toscane avaient en effet joué un rôle de relais naturel sur la route des épices et de la soie qui, du lointain Orient, aboutissait aux foires de Champagne, rendez-vous périodique d'un commerce déjà international (cf. ch. 9, LE TEMPS DES FOIRES, p. 99).

L'un des avantages que les négociants italiens avaient alors acquis était la création d'établissements portuaires qu'on appelait des *échelles*, dont les plus connues étaient les *Échelles du Levant*, sur les côtes orientales de la Méditerranée, et les *Échelles de Barbarie*, sur les côtes d'Afrique du Nord. C'est par ces ports, où les commerçants italiens avaient obtenu que certains quartiers soient soumis à leur propre administration, que se faisait l'essentiel du commerce entre l'Orient et l'Occident.

DES ÉCHELLES ET DES PORTS

Pourquoi a-t-on donné le nom d'**échelles** à certains ports commerciaux de la Méditerranée ? C'est qu'il s'agissait simplement à l'origine de véritables échelles, qui permettaient de débarquer les marchandises dans ces ports.

Voilà un bon exemple de ce qu'on appelle une *métonymie*, figure de style par laquelle le nom d'un objet en vient à désigner le lieu dans lequel il se trouve.

Ils y avaient leur *arsenal* et leur *douane*, ils y fixaient leurs *tarifs* et y constataient éventuellement les *avaries* de leurs marchandises. Tous ces mots, d'origine arabe, ont d'abord transité par l'italien avant d'aboutir en français. Il en est de même pour le nom de la *nacre* et de quelques tissus de soie, comme celui du *taffetas*, venu du persan en passant par l'arabe, ou encore pour le mot *baldaquin*, qui désignait à l'origine une étoffe en soie de Bagdad (qu'on appelait *Baldacco*, en ancien italien).

La rue des Lombards

Il existe encore à Paris une *rue des Lombards* qui perpétue le souvenir de ces riches commerçants italiens, qui étaient aussi de puissants banquiers, venus s'installer en France depuis l'époque de Philippe Auguste. Curieusement, ces « Lombards » n'étaient pas tous originaires de Lombardie, mais venaient surtout de Venise, de Gênes et de Toscane (Pise, Sienne, Lucques, Florence).

On leur doit la plupart des termes de la finance, à commencer par le mot *banque*, de l'italien *banca*, qui désignait le comptoir où se faisaient les transactions du changeur, ainsi que celui de *banqueroute*, qui correspond à l'italien *banca rotta* « comptoir rompu », car on brisait symboliquement l'instrument de travail d'un changeur lorsqu'il faisait faillite.

BOCCACE EST PEUT-ÊTRE NÉ À PARIS

Selon certains de ses biographes, Boccace serait né à Paris, rue des Lombards [134], en 1313, d'une mère parisienne et d'un « Lombard » de Florence : au Moyen Âge, les marchands, les banquiers et prêteurs sur gages originaires d'Italie étaient tous appelés des **Lombards** [135].

Plus tard, on retrouve Boccace à Naples, à la cour somptueuse de Robert d'Anjou, devenue un centre intellectuel où se rencontraient harmonieusement les civilisations française, italienne, arabe et byzantine.

De la monnaie à la presse écrite

La puissance et l'efficacité des banquiers italiens étaient telles que plusieurs noms de pièces de monnaie d'Italie ont essaimé hors de la Péninsule et ont eu cours dans d'autres pays d'Europe :

- le *ducat*, qui était la monnaie des Doges de Venise,
- le *carlin*, de l'italien *carlino*, ancienne monnaie du royaume de Naples, à l'effigie de Charles d'Anjou,
- le *florin*, qui a également eu cours en France et qui est encore le nom de la monnaie des Pays-Bas (en concurrence avec *gulden*),
- la *piastre*, de l'italien *piastra* « lame de métal ». Le terme s'emploie encore familièrement, au Canada, pour désigner le dollar,
- la *gazette*, du vénitien *gazeta* (italien *gazzetta*) « pie », piécette sur laquelle se trouvait représentée une petite pie.

C'est la *gazette* qui a connu la destinée la plus... « littéraire ». À Venise, cette petite pièce de monnaie permettait d'acheter une feuille d'annonces, chroniques mondaines et cancans, elle-même appelée *gazzetta*. Lorsque cette publication était devenue régulière, son nom avait pris le sens plus général de « journal », sens qui est passé en français avec le mot, et qui s'est imposé dans cette langue en 1631 avec la *Gazette de France* de Théophraste Renaudot, premier périodique français ayant contribué à mieux faire comprendre la langue du roi auprès de la population française, encore majoritairement patoisante à cette époque [136].

Des liens culturels anciens

Le commerce et la finance n'avaient pas été les seuls points de rencontre entre la France et l'Italie. La littérature en avait été un autre, qui avait tissé des liens très étroits entre les langues des deux pays, car des écrivains italiens avaient librement choisi d'écrire en français et des auteurs français avaient été irrésistiblement attirés par l'italien.

Le cas le plus remarquable est peut-être celui de Brunetto Latini, qui, après avoir vécu six ans d'exil en France entre 1260 et 1266, avait tenu à écrire en français, et sous le nom de Brunet Latin, son *Livres dou Tresor*. Cet ouvrage peut être considéré comme la première encyclopédie réunissant toutes les connaissances de l'époque, et s'il l'avait écrit en français, c'était, selon ses propres paroles, parce qu'il considérait cette langue comme « plus delitable [c'est-à-dire plus délicieuse] et plus commune à toutes gens [137] ».

Brunet Latin avait été le maître à penser de Dante, qui lui-même avait peut-être passé deux ans d'exil en France, entre 1309 et 1310 [138]. Mais si son séjour à Paris reste à prouver, bien que, dans *La Divine Comédie*, Dante fasse allusion à la rue du *Fouarre* [139], qui existe toujours dans le Quartier latin et qui rappelle l'époque où les étudiants recevaient autrefois leur enseignement assis sur des bottes de foin – c'est le sens du mot *fouarre* (*feurre*) en vieux français –, on sait en tout cas que Dante connaissait très bien le français et le provençal [140]. Toujours dans *La Divine Comédie*, il va d'ailleurs jusqu'à composer quelques vers en langue d'oc, qu'il met dans la bouche du troubadour Arnaut Daniel, considéré par lui comme le plus grand des poètes ayant chanté l'amour :

« *jeu sui Arnaut, que plor e vau cantan*
cosiros vei la passada folor,
e vei jauzen lo jorn qu'esper, denan. »
« Je suis Arnaut, qui pleure et vais chantant ;
Je contemple avec peine ma folie passée,
et je regarde avec joie devant moi le jour auquel j'aspire [141]. »

Un autre cas célèbre est celui du Vénitien Marco Polo, qui, en 1298, avait dicté en français, dans sa prison, à son compagnon de cellule [142] Rusticien de Pise, le récit de son voyage émerveillé en Orient, où il nomme affectueusement le chef Hassan

As-Sabbah « le vieux de la montagne » et où il décrit pour la première fois la secte des Assassins (cf. ch. 10, § Assassins : fumeurs de haschisch ?, p. 126).

Enfin, si Boccace avait pu baigner pendant un court séjour dans une atmosphère française à la cour angevine de Naples, Pétrarque avait passé près de vingt ans de sa vie en France : il avait fait ses études à Montpellier, et c'est dans une église d'Avignon qu'il avait rencontré Laure, le 6 avril 1327 [143].

Les contacts entre l'italien et le français étaient donc loin d'être une nouveauté quand le XVIe siècle apporta aux Français une vraie passion pour l'Italie, pour son art de vivre et pour son art tout court, avec les mots pour le dire.

Les mots de la guerre

Le XVIe siècle, c'est, dans le domaine de la littérature, l'époque où les œuvres de Boccace et de Pétrarque sont traduites en français, mais c'est aussi celle des guerres d'Italie, et le vocabulaire des armes avait d'abord recouvert celui des artistes et des poètes.

À l'imitation du cri de guerre italien *all'arme !* « aux armes ! », un substantif, *alarme*, prend naissance en français, tandis que le cri d'avertissement *all'erta !* « sur la hauteur ! », que poussaient les sentinelles italiennes pour prévenir d'un danger, devient en français l'adjectif *alerte*. Cet adjectif signifie alors « vigilant » et non pas « vif, agile », comme aujourd'hui (le substantif féminin *une alerte* ne fera son apparition que deux siècles plus tard).

Un autre mot, venu du dialecte piémontais, évoque encore un appel militaire : le mot *chamade*, du piémontais *ciamata* (cf. l'italien *chiamata* « appel »), un mot français que l'on n'emploie plus aujourd'hui que pour exprimer une intense émotion, mais rappelons que c'est toujours le cœur qui *bat la chamade* alors que la *chamade* était à l'origine le roulement de tambour ou la sonnerie de trompette qui annonçait aux assiégeants qu'on était prêt à capituler.

Les armes à la main

Parmi les armes dont les noms viennent de l'italien, certaines ne sont plus aujourd'hui que des souvenirs littéraires :

l'*escopette*, arme à feu dont la forme phonique est peut-être une onomatopée,
le *mousquet*, arme à feu portative mais encombrante, maniée par les mousquetaires,
la *pertuisane*, sorte de hallebarde à longue hampe,
le *tromblon*, arme à feu portative dont le canon est évasé.

D'autres termes, comme le *canon* ou la *bombe*, ne sont, hélas, pas sortis de l'usage, et les noms des métiers de la guerre sont restés bien vivants, à commencer par celui du *soldat*, mot à mot « celui qui touche une solde », qui a détrôné le mot français *soudard* – de même racine que *soldat* – pour le reléguer dans une acception péjorative, tout comme il a fait tomber dans l'oubli le mot *spadassin*, qui, en italien, se référait seulement au tireur d'épée *(spada)*.

En revanche, le terme *sentinelle* (de l'italien *sentire* « entendre ») désigne toujours « celui qui veille » (parce qu'il prête l'oreille) et l'*estafette* (de *staffa* « étrier »), « l'agent de liaison militaire », même s'il ne se déplace plus à cheval.

Enfin, aux deux extrémités de la hiérarchie militaire, il y a le *caporal* d'une part, le *colonel* et le *généralissime* de l'autre. On remarquera aussi le retour du suffixe *-issime*, délaissé jusqu'alors en français et qui, à cette occasion, reprend vie au contact de l'italien.

Une coloration péjorative

Il faut encore ajouter l'arrivée – justifiée par ces temps belliqueux du XVIe siècle – de plusieurs termes pour désigner des disputes plus ou moins brutales, en paroles ou en gestes, comme *bisbille, rebuffade, barouf* ou encore *carnage*.

Ils ont été suivis par une série de termes très péjoratifs, qui sont même souvent devenus des insultes en français :

bandit, de *bandito* « banni, hors la loi ». Ce terme est devenu une insulte sous la Révolution ;
birbe, de *birbo* « coquin », terme familier pour qualifier en français un vieillard ennuyeux ;
barbon, de *barbone* « grande barbe » ;
brigand, qui n'était à l'origine qu'un soldat appartenant à une brigade ;

UN *BRIGAND INGAMBE*

Tous les mots en gras ont été empruntés à l'italien.

Au beau milieu de ***l'autostrade*** qui menait à la ***lagune***, j'aperçus un ***brigand ingambe*** au noir ***dessein***. Ah ! si vous saviez avec quelle ***prestesse j'accaparai*** la ***bombe*** avec laquelle il tentait de m'***estropier*** ! J'avais complètement perdu la ***boussole*** et mon cœur battait la ***chamade***, mais je réussis, dans une ***cavalcade burlesque***, à déjouer cette ***embuscade***. Le ***bilan*** de cet ***intermède*** ? Je dus ***camoufler*** à mes proches mon ***pantalon*** déchiré.

ruffian, de l'italien *ruffiano*, lui-même d'origine germanique ;
canaille : le mot italien était *cane* « chien », avec un suffixe péjoratif. Ce mot a remplacé l'ancien français *chiennaille* ;
faquin, qui avait jusqu'au XVIIe siècle le sens qu'il a gardé en italien : « portefaix » ;
sbire, qui désignait à l'origine en italien un simple agent de police ;
sacripant, nom d'un personnage des romans chevaleresques italiens [144].

Les mots de la mer

La navigation a également gardé de l'italien :

des noms de bateaux

brigantin, ancien navire à deux mâts ;
frégate, qui était autrefois un simple bateau à rames ;
gondole, à Venise.

du vocabulaire maritime

carène, partie inférieure de la coque, qu'il faut *colmater* (ce verbe aussi vient de l'italien) ;
drisse, cordage permettant de hisser les voiles ;
misaine, voile de l'avant du navire, mais qui était autrefois celle du milieu, comme on peut le voir par la forme italienne *mezzana* « située au milieu » ;
coursive, couloir étroit à l'intérieur d'un navire ;
corsaire, capitaine de navire habilité par son gouvernement à capturer des navires de commerce ennemis.

À propos de *coursive* et *corsaire*

Lorsqu'on sait que *coursive* et *corsaire* viennent de mots italiens de la même famille (*corsia* et *corsaro*), on peut s'étonner que le *o* de l'italien ait été rendu par *ou* dans *coursive*, et par *o* dans *corsaire*. Pour faire comprendre cette anomalie, il faudrait rappeler qu'à l'époque où ces mots ont été empruntés (XVIe siècle), les grammairiens et les gens de lettres en France étaient en pleine querelle des « ouistes » et des « non-ouistes ». Les discussions portaient sur la prononciation d'un certain nombre de mots, pour lesquels l'usage hésitait alors effectivement entre les deux voyelles *ou* et *o*. Après avoir balancé entre *arroser* et *arrouser*, entre *fromage* et *froumage*, entre *cossin* et *coussin*, entre *formi* et *fourmi*, la norme a été finalement fixée de façon arbitraire : on a choisi *arroser, fromage* contre *arrouser, froumage*, mais *coussin* et non pas *cossin, fourmi* et non pas *formi* [145], et on a préféré *coursive* d'un côté, et *corsaire* de l'autre.

On aime l'italien, passionnément

Le XVIe siècle français se caractérise vraiment par l'attirance envers tout ce qui venait d'Italie, et par le prestige qui entourait les artistes italiens de la Renaissance, dont certains passeront une partie de leur vie en France : en 1515, François Ier invite Léonard de Vinci à séjourner dans les châteaux de la Loire ; en 1531, il fait venir le Primatice pour décorer le château de Fontainebleau et, en 1540, il appelle auprès de lui le sculpteur Benvenuto Cellini, qui résidera en France pendant cinq ans.

Les voyages en Italie

De leur côté, tous les grands de la littérature française ont été attirés par l'Italie et, pratiquement, tous y ont séjourné : Rabelais a passé un an à Rome, du Bellay y a vécu pendant près de trois ans, et Montaigne, au cours de son long périple hors de France, a séjourné plusieurs mois en Toscane puis à Rome.

LES ITALIANISMES CHEZ RABELAIS

Tout comme Montaigne, Rabelais n'hésitait pas à faire des emprunts à l'italien. Il a été parmi les premiers à employer les mots ***ballon, gondole, soutane*** ou ***citrouille*** et à donner à ***forestier*** le sens de « exilé », qu'il avait en italien.

La langue italienne devient aussi l'objet d'un intérêt, voire d'un engouement qui ne fera que s'intensifier sous la régence de Catherine de Médicis.

MONTAIGNE ET L'ITALIEN

Montaigne, qui avait fait un très long voyage en Italie en 1580, avait même rédigé une partie de son récit en italien. C'est dans ses écrits qu'apparaissent pour la première fois de nombreux mots empruntés à l'italien et qui n'ont jamais cessé d'être employés depuis :

baguette	**ombrelle**	**contraste**	**douche**
posture	**fleuret**	**soldatesque**	**fougue**
villanelle	**travestir**	**fracasser...**	

Mais on y trouve aussi des italianismes sans lendemain, comme :

strette « élancement (de douleur) » (le mot avait aussi le sens militaire de « attaque surprise »), ou encore

longuerie « discours un peu longuet [146] ».

Une véritable italomanie s'empare alors des Français. Cette reine venue de Toscane installera la Comédie italienne à Paris, et le français parlé à la cour va tellement s'italianiser que certains craindront pour sa survie.

RONSARD ET LA BELLE ITALIENNE

Elle s'appelait **Cassandre** Salviati. Elle était la fille d'un banquier florentin – un « Lombard », comme on disait alors – et il l'avait rencontrée à Blois en 1545. Elle avait seize ans et Ronsard vingt et un, et les quelque 230 poèmes qu'elle lui a inspirés sont un témoignage incomparable de l'influence que Pétrarque et sa « complication dans l'élégance » ont pu exercer sur la littérature française.

Des moqueries et des mouvements de résistance

Parce que cet envahissement de l'italien risquait de devenir dangereux pour la langue française, des mouvements de résistance allaient s'organiser, à la fois du côté des écrivains et de la part du pouvoir politique.

DU BELLAY, OU LA NOSTALGIE

Après un séjour de près de trois ans en Italie, l'enthousiasme des premiers temps faisait place à la nostalgie :

« ... Plus me plaît le séjour qu'ont bâty mes aieux
Que des palais romains le front audacieux,
Plus que le marbre dur me plaît l'ardoise fine,
Plus mon Loyre gaulois que le Tibre latin,
Plus mon petit Liré que le mont Palatin,
Et plus que l'air marin la douceur angevine. »

(Du Bellay, *Les Regrets.*)

Tandis que du Bellay critiquait *bravade* ou *soldat*, Ronsard, qui employait sans sourciller *camisole*, ironisait sur *sentinelle, escarmouche* ou *embuscade*. Tous deux regrettaient que *cargue* ait remplacé *charge* (dans *donner la cargue* « attaquer »), et ils rejetaient d'un commun accord la *camisade* (de *camiciata*, formé sur *camicia* « chemise »), qui désignait une attaque armée de nuit au cours de laquelle les soldats portaient, en signe de reconnaissance, leur chemise par-dessus leur armure [147].

Le français italianisé

Pour mesurer l'ampleur de cet engouement pour l'italien au XVIe siècle et les réactions qu'il avait suscitées, il suffit de lire les ouvrages d'Henri Estienne, qui prenait avec passion la défense du français, et dont il montrait avec une insistance un peu naïve la « précellence » évidente au regard de l'espagnol ou de l'italien. Il s'insurgera contre ceux qui employaient l'expression *à l'improviste* (qui est un emprunt à l'italien) alors que le français avait déjà *au dépourvu*. Pourquoi, disait-il, utiliser des italianismes comme *manquer* au lieu de *défaillir, baster* au lieu de *suffire, la première volte* au lieu de *la première fois* ?

Sans craindre de pousser le trait un peu trop loin, Estienne exercera aussi son ironie dans les *Dialogues du nouveau langage françois italianizé et autrement desguizé* (1578), où il se met en scène lui-même, comme le défenseur de la langue française pure et dure, face à un courtisan qui argumente en faveur de cette langue moderne, à la mode, bourrée d'italianismes [148]. « Je m'esbahi, dit l'auteur, comment vous *imbrattez* notre langue d'une telle *spurquesse* de paroles [149]. » On peut reconnaître dans cette phrase deux italianismes aujourd'hui disparus, l'un formé à partir du verbe *imbrattare* « souiller », l'autre à partir du substantif *sporchezza* « saleté ».

Dans ce même ouvrage, il fait dire à l'un de ses personnages qu'il est un peu *straque* (d'un mot italien signifiant « fatigué »), parce qu'il a *battu la strade* (« il a parcouru les rues ») depuis le matin et qu'il ne pourra donc pas se rendre dans *une case un peu discoste* (« une maison un peu éloignée »).

Au fil des pages, on apprend aussi avec surprise que *risque* et *réussir*, ainsi que *parapet* ou *caprice* [150], copiés sur l'italien, sont alors des néologismes insupportables.

Quatre siècles avant la véhémente satire d'Étiemble contre notre goût immodéré pour l'anglais (*Parlez-vous franglais ?*, 1964), nous avons là le témoignage du danger qu'avait pu représenter l'italien aux yeux des puristes au XVIe siècle.

Les modes éphémères

Mais les craintes d'Henri Estienne n'étaient pas justifiées : certains mots, employés alors tout naturellement, sonnent aujourd'hui assez bizarrement, parce que les mots à la mode finissent aussi par se démoder, s'ils ne sont pas vraiment utiles :

escarpe « chaussure »	*burler* « se moquer »
estivallet « bottine »	*discoste* « éloigné »
pianelle « chaussure de daim »	*avoir martel* « être jaloux [151] »

Ceux-là n'ont donc connu qu'une mode passagère, mais beaucoup d'autres ont traversé les siècles :

courtiser	figurine	mascarade	bilan
douche	accaparer	récolte	politesse
travestir	mont-de-piété (« établissement de prêt sur gage »).		

Ces mots ne resteront pas toujours des étrangers

Une fois oubliés les excès de cette mode, la langue française a tout de même jugé bon de garder une grande partie des centaines de mots apportés par l'italien à cette époque, et elle a encore récidivé au XVIIIe siècle. Si bien qu'on considère aujourd'hui comme des mots français « bon teint » des quantités de termes, parmi lesquels on peut détacher :

les mots de la table : *banquet* et *festin, bocal* et *carafon,* ainsi que *gélatine, saucisson* et *vermicelle,* ou encore *biscotte, chou-fleur, citrouille, radis* ou *scarole* ;

ceux des vêtements : *caleçon, costume, escarpin, pantalon, pantoufle* et *veste* ;

ceux de l'architecture, des arts plastiques et de la musique : *balcon, coupole* et *gradin ; appartement* et *bicoque, aquarelle, caricature, dessin* et *esquisse* ; *arpège, solfège, sérénade* et *virtuose.*

> MONTAIGNE DÉCOUVRE LA DOUCHE
>
> Dans les environs de Lucques, Montaigne séjourne aux Bagni della Villa :
>
> « Il y a ici de quoi boire et aussi de quoi se baigner. Un bain couvert voûté et assez obscur, large comme la moitié de ma salle de Montaigne. Il y a aussi certain égout qu'ils nomment la doccia. Ce sont des tuyaux par lesquels on reçoit l'eau chaude en diverses parties du corps et notamment à la tête, par des canaux qui descendent sur vous sans cesse et vous viennent battre la partie, l'échauffent ; et puis l'eau se reçoit par un canal de bois, comme celui des buandières, le long duquel elle s'écoule. »
>
> (Extrait de Montaigne, *Le Voyage en Italie* [152].)

Il faudrait encore ajouter *lavande* et *pommade, colis* et *valise, ombrelle* et *parasol,* ainsi que *bouffon, burlesque, fantasque, jovial* et *polichinelle,* mais également *balourd,* ou au contraire *ingambe,* ou encore les verbes *réussir* et *risquer, caresser* et *batifoler.*

Tous ces mots, et bien d'autres, nous ont été donnés par l'italien à diverses époques, mais ils ont si bien trouvé leur place dans la langue française qu'on ne pense plus à *scarpino* « petite chaussure » sous le mot français *escarpin* et qu'on n'imagine pas que *réussir*, c'est, à l'origine, le verbe italien *riuscire* (étymologiquement « ressortir »). Enfin, on emploierait peut-être l'adjectif *ingambe* sans faire de contresens si on y voyait encore la forme italienne *ingamba*, mot à mot « en jambe ».

La naturalisation française des mots qui nous viennent de l'italien a finalement été une grande réussite, si bien que certains d'entre eux ont même été proposés pour remplacer une partie des anglicismes actuels, notre nouvelle bête noire. En substituant *vol nolisé* à *charter*, on remplace en fait un emprunt à l'anglais par un emprunt à l'italien : l'épouvantail d'autrefois est devenu un remède.

Si l'histoire des emprunts connaît de tels retournements, devons-nous alors être vraiment inquiets aujourd'hui devant le déferlement de tous ces mots qui nous viennent de l'anglais ?

12

LES APPORTS DES SŒURS LATINES
(espagnol et portugais)

L'espagnol

« El camino francés » au XIe siècle

Les premiers contacts entre la langue française et la langue espagnole remontent au début du XIe siècle, à l'époque du roi de Castille Sancho le Grand, et ils se sont développés de façon plus considérable à l'occasion des pèlerinages à Saint-Jacques-de-Compostelle. Jusque-là, le voyage devenait très pénible à partir du col de Roncevaux car les chemins de montagne étaient escarpés et dangereux. Grâce au roi Sancho, qui avait fait tracer une nouvelle route par la plaine, les étrangers pouvaient dès lors affluer en masse. Parmi eux, les Français étaient les plus nombreux, d'où le nom donné à ce nouvel itinéraire : *el camino francés* « le chemin français », le long duquel vont se créer de nombreux petits villages de « francos ».

À la faveur de la reprise de Tolède aux Arabes en 1088, l'implantation française en Espagne s'est consolidée au cours des siècles suivants par l'installation d'abbayes des ordres de Cluny, de Cîteaux et de Clairvaux, puis en quelque sorte officialisée par les mariages de deux des filles d'Alphonse VI de Castille avec deux fils de la noblesse de Bourgogne.

Des mots français traversent les Pyrénées

Toutes ces circonstances expliquent que l'on trouve dès cette époque des mots originaires des provinces de France dans la langue qui allait devenir l'espagnol, des mots dont le sens n'a pas toujours évolué de la même façon de part et d'autre des Pyrénées.

espagnol		**français**
mensaje	<	*message*
homenaje	<	*hommage*
pitanza	<	*pitance*
monje	<	*moine*
mesón « auberge »	<	*maison*
viandas « mets »	<	*viande* [153]

À son tour, le français puise dans l'espagnol

Mais il faudra attendre le milieu du XVIe siècle pour qu'à son tour le français emprunte du vocabulaire à l'espagnol : le mot *camarade*, par exemple, est dérivé de l'espagnol *camarada* « la chambrée », ce qui rappelle qu'à l'origine les camarades étaient ceux qui partagaient la même chambre, et le mot *mousse* « jeune matelot » vient de l'espagnol *mozo* « jeune garçon ».

D'autres termes marins ont déferlé en français, parmi lesquels *flottille, cabotage, embarcation, pinasse, lagon* ou encore *baie*.

Le mot *baie* « petit golfe » pose en fait un problème que l'on retrouve souvent dans des langues à la fois apparentées et voisines dans l'espace, car on peut se demander si ce n'est pas le français qui aurait donné *bahía* à l'espagnol, et non pas l'inverse. En faveur de cette hypothèse, il y a le vieux verbe français *bayer, béer* « être grand ouvert », qui pourrait rendre compte du sémantisme du mot *baie*, puisque ce mot désigne effectivement une grande échancrure du littoral.

Comment identifier les emprunts à l'espagnol

Grâce à leur terminaison en *-o*, en *-or* ou en *-a*, certains des mots empruntés à l'espagnol montrent tout de suite leur origine, comme cela apparaît clairement dans *aficionado, guérillero, matador, picador, conquistador, macho* ou *pasionaria*.

On reconnaît également sans peine les mots *paella, gaspacho, chorizo, gambas* comme ibériques, mais il faut préciser que *gambas* et *paella* ne sont pas des mots castillans, mais des mots catalans. Et *paella* réserve une autre surprise : le mot avait été primitivement emprunté à l'ancien français *paele* « plat métallique peu profond » par le catalan, puis, devenu *paella*, par le castillan, qui à son tour l'a retransmis au français.

UNE PASIONARIA EST UNE FLEUR

En espagnol, ***pasionaria*** est un nom de fleur et désigne la *passiflore* ou *fleur de la Passion.*

C'est aussi le surnom qui avait été donné en 1936 à Dolores Ibarruri, député communiste aux Cortes. Cette femme pleine de fougue avait impressionné par son éloquence et joué un rôle important durant la guerre civile espagnole, et c'est pour cette raison que le mot est passé en français pour qualifier une femme convaincue, passionnée et prête à tout pour faire triompher ses idées [154].

D'autres mots espagnols sont plus difficiles à identifier comme tels, par exemple *bourrique*, qui aurait très bien pu venir directement du bas-latin, ou *sieste*, qui est une forme évoluée du latin *sexta hora* « la sixième heure », ou encore *moustique*, venu de l'espagnol *mosquito*, diminutif de *mosca* « mouche ».

Apparemment plus faciles à reconnaître à cause de leur terminaison, d'autres mots encore peuvent se grouper sous la forme d'un bouquet de rimes en *-ille*. En effet, ce suffixe diminutif d'origine latine, qui existe aussi dans les autres langues romanes, a été particulièrement productif en espagnol :

mot français	**étymologie**	
banderille, formé sur	*bandera*, donc, à l'origine,	« petit drapeau »
jonquille	*junco*	« petit jonc »
peccadille	*pecado*	« petit péché »
vanille	*vaina*	« petite gousse »
mantille	*manta*	« petite couverture »
pastille	*pasta*	« petite pâte »
résille	*rede*	« petit filet »
cédille	*zeda*	« petit z »

LA CÉDILLE

C'est de l'orthographe espagnole que provient la cédille que l'on met en français au-dessous du *c* (***zedilla***, ou ***cedilla*** « petit z) [155] ».

Ce signe diacritique est sorti de l'usage espagnol, mais il est resté indispensable en français, où son omission risque même d'être inconvenante, par exemple dans ***leçon***.

Chaque mot a son histoire

Enfin, il est des mots qui méritent des commentaires spécifiques, tels que : *canari, gitan* ou *casque.*

Le petit serin au plumage jaune vif que l'on nomme *canari* doit son nom à celui des îles Canaries, qui étaient déjà connues dans l'Antiquité. Cependant, ce n'est pas pour leurs oiseaux qu'elles étaient célèbres à cette époque, mais pour leurs grands chiens. Pline l'Ancien y faisait déjà allusion dans son *Histoire naturelle*, et c'est ainsi que s'explique le nom latin de l'île : *insula Canaria* « l'île aux chiens ».

Le mot *gitan* est l'adaptation en français d'une abréviation espagnole.

LES GENS DU VOYAGE

Parties du nord-ouest de l'Inde au Moyen Âge, des populations de langue indo-iranienne (cf. tableau, p. 130) se déplacent vers l'Europe à partir du IXe siècle, date à laquelle leur présence est signalée en Grèce.

Suivant les pays, on les a appelés **Gitans, Tsiganes, Romanichels, Gypsies,** mais ils se désignent eux-mêmes par d'autres noms : **Roms, Manouches, Sinti, Kalé** (ou **Caló** [156])...

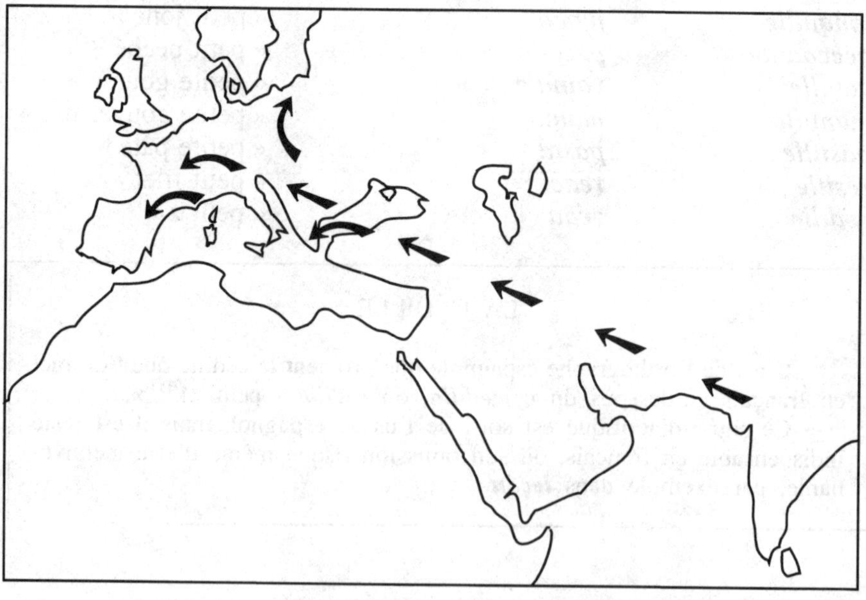

Il s'agit d'un mot dérivé du latin EGYPTANUS « égyptien », et devenu *gitano* en espagnol, par un phénomène que les linguistes appellent une *aphérèse*, comme c'est le cas en français pour *bus* au lieu de *autobus*. Ajoutons que l'espagnol *gitano* et l'anglais *gypsy* ont la même étymologie, un peu trompeuse cependant, car il ne s'agit pas d'un peuple venu d'Égypte mais de populations parties du nord-ouest de l'Inde au Moyen Âge et qui ont déferlé sur toute l'Europe à partir du XIVe siècle. Elles avaient d'abord séjourné en Grèce, et en particulier dans un quartier de la ville de Modon, dans le Péloponnèse, appelé *Petite-Égypte*.

Le mot *casque* apporte à cet ensemble de vocabulaire d'origine espagnole une note plus ludique : le sens premier en espagnol est « tesson (de bouteille) » et c'est par plaisanterie que ce mot a ensuite désigné « le crâne, la tête », pour passer enfin à ce qui recouvre la tête, le casque. On sait que le mot français *tête* a connu le même destin : il vient du latin vulgaire TESTA qui signifiait en effet « tesson de bouteille, vieux pot, vieille marmite » avant de désigner aussi, de façon plaisante, la « tête ». Aujourd'hui on dit bien « il a reçu un coup sur la cafetière » ou « ramène ta fiole ».

C'est que depuis des siècles, sous toutes les latitudes et dans toutes les langues, on ne se lasse pas de faire toujours les mêmes jeux de mots.

L'espagnol entre deux mondes

Avec la découverte de l'Amérique et l'installation des Espagnols dans le Nouveau Monde, leur langue a été le véhicule d'une masse de vocabulaire exotique, devenu aujourd'hui usuel dans la plupart des langues d'Europe, de la *tomate* à la *patate*, du *maïs* au *chocolat* et à la *cacahuète*, ou du *caoutchouc* au *tabac*.

Les seules langues amérindiennes qui aient donné quelques mots à la langue française par l'intermédiaire de l'espagnol, sont :

– le *nahuatl* (Mexique),
– le *quechua* (Pérou, Bolivie, Équateur),
– le *tupi-guarani* (Paraguay),
– le *caraïbe* (Antilles, nord de l'Amérique du Sud),
– l'*arawak* (dont le taïno) (Antilles, nord de l'Amérique du Sud).

QUELQUES LANGUES INDIGÈNES DE L'AMÉRIQUE LATINE

Plusieurs centaines de langues amérindiennes sont encore parlées en Amérique latine. Seules figurent sur cette carte celles qui ont fourni des mots à la langue française.

LA VITALITÉ DE QUELQUES LANGUES AMÉRINDIENNES

À l'arrivée des Européens en Amérique, des centaines de langues indiennes étaient parlées par les indigènes. Sous la pression des envahisseurs, la plupart d'entre elles n'ont pas pu résister. Néanmoins, aujourd'hui, certaines d'entre elles connaissent encore une vitalité exceptionnelle, comme, par exemple :

– l'**aymara**, en Bolivie,
– le **tupi-guarani**, au Paraguay (langue nationale, avec l'espagnol),
– le **quechua**, surtout au Pérou (langue officielle, avec l'espagnol).

D'autres, comme l'**arawak** (taïno) ou le **caraïbe** ont pratiquement disparu des Antilles mais existent encore au Venezuela, en Colombie, en Bolivie et au Brésil [157].

L'espagnol, introducteur de vocabulaire exotique

La *tomate*, qui de nos jours semble indissolublement liée aux rivages ensoleillés de la Méditerranée, est aussi originaire d'Amérique, où les Incas et les Aztèques la cultivaient dans les vallées des Andes bien avant l'arrivée de Christophe Colomb. Le mot vient de la langue des Aztèques, le nahuatl, et aurait dû s'écrire *tomatl*, tout comme *chocolatl* et *cacaotl* auraient dû être les formes de *chocolat* et de *cacao*, car le nahuatl possédait une consonne bien particulière, qui ressemblait un peu à la succession *tl* (comme dans *atlas)*. Les phonéticiens donnent le nom savant « d'affriquée à relâchement latéral » à cette consonne, que les Espagnols ne savaient pas prononcer, surtout en fin de mot, ce qui explique sa simplification ou son élimination totale dans *tomate, cacao, chocolat, avocat* (le fruit), *ocelot, coyote* ou encore *cacahuète*.

CACAHUÈTE

Pourquoi cette bizarre orthographe du mot ***cacahuète*** ?
Tout simplement parce qu'en français on a copié la forme écrite espagnole de ce mot : ***cacahuete***.

Seuls trois mots savants ont gardé cette succession *-tl* : *nahuatl*, qui est le nom même de la langue des Aztèques, *peyotl*, celui d'un gros cactus aux effets hallucinogènes car il contient de la mescaline, et *axolotl*, nom d'un petit batracien du lac de Mexico mais qui s'est facilement acclimaté en Europe.

L'espagnol a aussi servi d'intermédiaire à des mots venus d'autres langues amérindiennes, en particulier dans le domaine de la flore et de la faune :

du **quechua** : *coca, hévéa, maté*
alpaga, condor, lama, puma, vigogne

de l'**arawak** : *goyave, maïs, papaye, patate (douce)*
iguane, curare, ouragan

du **caraïbe** : *caïman, agami* (ou *oiseau trompette*)
pirogue, cannibale.

Le tabac a eu plusieurs noms

Bien que l'origine du terme soit controversée [158], on peut soutenir l'hypothèse que le *tabac* a bien été introduit en Europe par les Espagnols au milieu du XVIe siècle. Ils l'avaient rapporté de Haïti, où le mot d'origine désignait, chez les Arawaks, soit le tuyau de bambou servant à l'inhalation de la fumée, soit une sorte de cigare.

En français, le mot *tabac* a supplanté au XVIIe siècle l'ancien *pétun*, nom tupi du tabac chez les Indiens du Brésil, dont quelques plants avaient été rapportés dès 1550 et cultivés en Angoumois.

Mais le tabac a encore eu d'autres noms : parce que Jean Nicot, ambassadeur de France au Portugal, en avait envoyé un plant à Catherine de Médicis, on l'avait appelé *herbe à Nicot*, *herbe à l'ambassadeur*, *herbe à la reine*, *catherinaire* et même *médicée*, car Catherine de Médicis l'avait alors adopté comme remède à toutes sortes de maux.

Finalement, tous les anciens noms sont tombés en désuétude à l'exception de celui qui avait été introduit par les Espagnols : *tabac*.

La patate et la pomme de terre

Patate est en français un mot dont il faut se méfier car il peut renvoyer à deux légumes complètement différents. Venu de l'espagnol *batata* (avec un *b)*, attesté dans cette langue dès 1519 et emprunté au taïno, langue indienne des Antilles de la famille arawak, il a d'abord désigné la patate douce, une convolvulacée rapportée de Haïti par les Espagnols.

Mais ces derniers avaient aussi rapporté d'Amérique, et plus précisément du Chili, un autre légume, un tubercule de la famille des solanacées, qu'ils appelaient *patata* (avec un *p*), mot formé à partir du quechua *pápa*, qui lui-même est encore le seul mot employé pour désigner ce tubercule dans tous les pays hispanophones d'Amérique.

À son arrivée en Europe, ce tubercule de la famille des solanacées a d'abord été cultivé avec succès en Allemagne, aux Pays-Bas et en Grande-Bretagne bien avant de l'être en France, ce qui explique les deux noms qu'il a en français : le terme familier *patate*, venu d'Amérique par l'espagnol, a dû transiter par l'anglais *potato* avant d'être adopté par le français, tandis que *pomme de terre* est sans doute un calque du néerlandais *aardappel* (de *aard* « terre » et *appel* « pomme »).

C'est ce que confirme Parmentier, ce pharmacien savant qui avait eu tant de mal à implanter la culture de la pomme de terre en France à l'époque de la Révolution, lorsqu'il précise dans ses écrits qu'on l'appelait alors *patate* dans quelques-unes des provinces françaises, « la confondant journellement avec la *patate* (douce) et même avec le *topinambour* [159] ».

Malgré les obstacles qu'elle avait rencontrés à ses débuts [160] parce qu'elle avait la réputation d'être toxique, la pomme de terre a néanmoins fini par si bien s'imposer en France qu'elle y est aujourd'hui le légume le plus consommé, très loin devant la *tomate* [161].

Une « démarcation » historique

Enfin, et pour revenir à des termes moins exotiques, il faut s'arrêter plus longuement sur le mot *démarcation*, qui aurait pu voir le jour en français puisqu'il est d'origine latine, mais qui provient de l'espagnol *demarcación*. Il désignait très exactement, à partir de 1493, la ligne théorique qui, selon la bulle du pape Alexandre VI, répartissait les terres à découvrir entre les royaumes de Castille et du Portugal. Passant en plein milieu de l'Atlantique, cette ligne de démarcation reconnaissait comme possession du Portugal tout ce qui trouvait à l'est de cette ligne et accordait à l'Espagne tout ce qui se trouvait à l'ouest.

UNE LIGNE DE DÉMARCATION QUI SE DÉPLACE

À l'époque des grandes explorations, les terres découvertes ou à découvrir avaient fait l'objet de deux bulles du pape Alexandre VI (1493) qui avaient d'abord déterminé une ligne de démarcation (*en trait discontinu*) passant au milieu de l'Atlantique et séparant les domaines d'expansion de la Castille et du Portugal. Ces deux pays, un an plus tard, s'accordent, par le traité de Tordesillas (1494) pour repousser cette ligne plus à l'ouest (*en trait continu*), ce qui attribue au Portugal une grande partie de ce qui est aujourd'hui le Brésil. (Carte établie d'après l'*Atlas historique Larousse*, G. Duby, Paris, 1978, p. 57 et 74.)

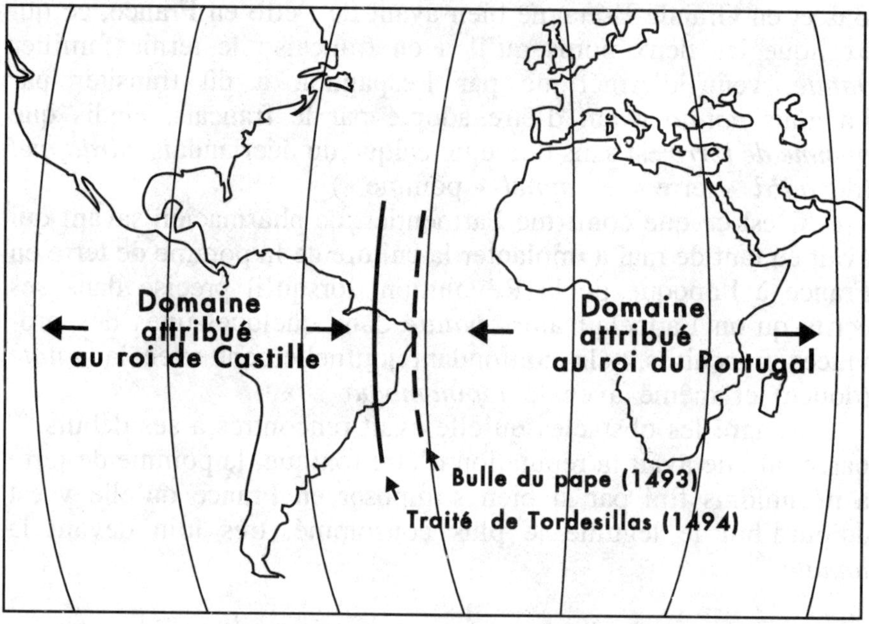

L'année suivante, cette ligne, qui correspondait à 35° de longitude ouest, a pu être déplacée d'une quinzaine de degrés vers l'ouest, selon un accord rectificatif des deux parties, connu sous le nom de traité de Tordesillas (1494). Elle entamait cette fois très profondément la pointe nord-est du continent, plus précisément la région qu'Álvares Cabral allait très officiellement découvrir au nom du roi du Portugal en 1500. Voilà pourquoi on parle aujourd'hui le portugais au Brésil. Et voilà aussi pourquoi toute une partie du vocabulaire indien d'Amérique latine n'a pas transité par l'espagnol mais par le portugais pour parvenir dans la langue française.

MOTS VENUS PAR L'ESPAGNOL ET PAR LE PORTUGAIS

D'abord empruntés par les colons espagnols (flèches noires ➡) ou portugais (flèche blanche ⇨) des mots indigènes venus d'Amérique centrale et d'Amérique du Sud ont ensuite pénétré dans la langue française.

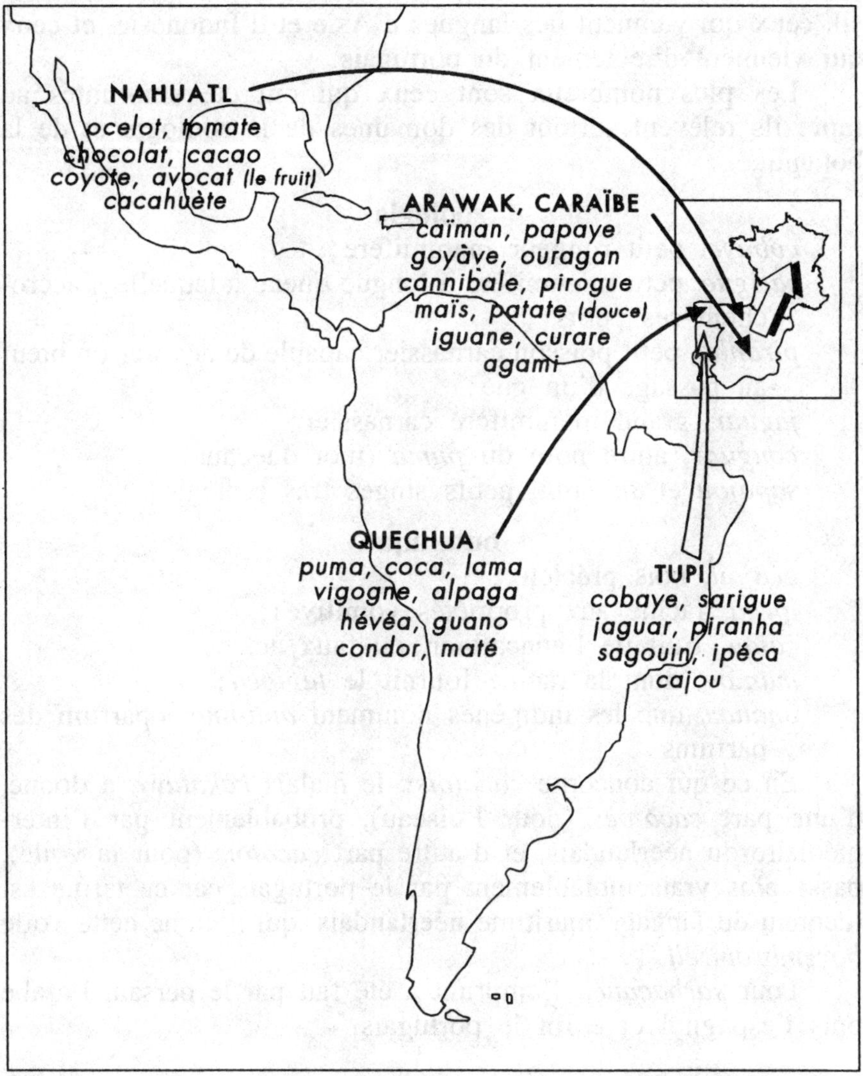

Le portugais

Le triple apport du portugais

Les apports du portugais sont de trois sortes : les mots qui viennent de l'Amérique latine par le tupi, langue indienne du Brésil, ceux qui viennent des langues d'Asie et d'Indonésie, et ceux qui viennent directement du portugais.

Les plus nombreux sont ceux qui ont été empruntés au tupi : ils relèvent surtout des domaines de la zoologie et de la botanique.

zoologie

cobaye, petit rongeur mammifère ;
sarigue, petit mammifère à longue queue à laquelle s'accrochent ses petits ;
piranha, petit poisson carnassier capable de dévorer un bœuf au passage d'un gué ;
jaguar, grand mammifère carnassier ;
couguar, autre nom du *puma* (mot quechua) ;
sapajou et *sagouin*, petits singes très espiègles.

botanique

acajou, bois précieux ;
ipéca, racine aux propriétés vomitives ;
cajou, fruit de l'anacardier, ou faux acajou ;
manioc, dont la racine fournit le *tapioca* ;
ananas, que les indigènes nomment *ana-ana* « parfum des parfums ».

En ce qui concerne *cacatois* : le malais *kakatuwa* a donné, d'une part *cacatoès* (pour l'oiseau), probablement par l'intermédiaire du néerlandais, et d'autre part *cacatois* (pour la voile), passé plus vraisemblablement par le portugais car ce terme est inconnu du langage maritime néerlandais, qui nomme cette voile *bovembramzell*[162].

Pour *sarbacane* : l'emprunt a été fait par le persan, l'arabe puis l'espagnol et enfin le portugais.

MOTS VENUS D'ASIE PAR LE PORTUGAIS

Les mots de la lointaine Asie passés en Europe par l'intermédiaire du portugais ont été replacés dans leur lieu d'origine sur la carte ci-dessous. Le **malayalam** au sud-ouest de l'Inde, le **tamoul** au sud-est de l'Inde et au nord de Ceylan, sont toutes deux des langues dravidiennes ; le **cinghalais**, au sud de Ceylan, est une langue indo-européenne, et le **malais**, une langue indonésienne.

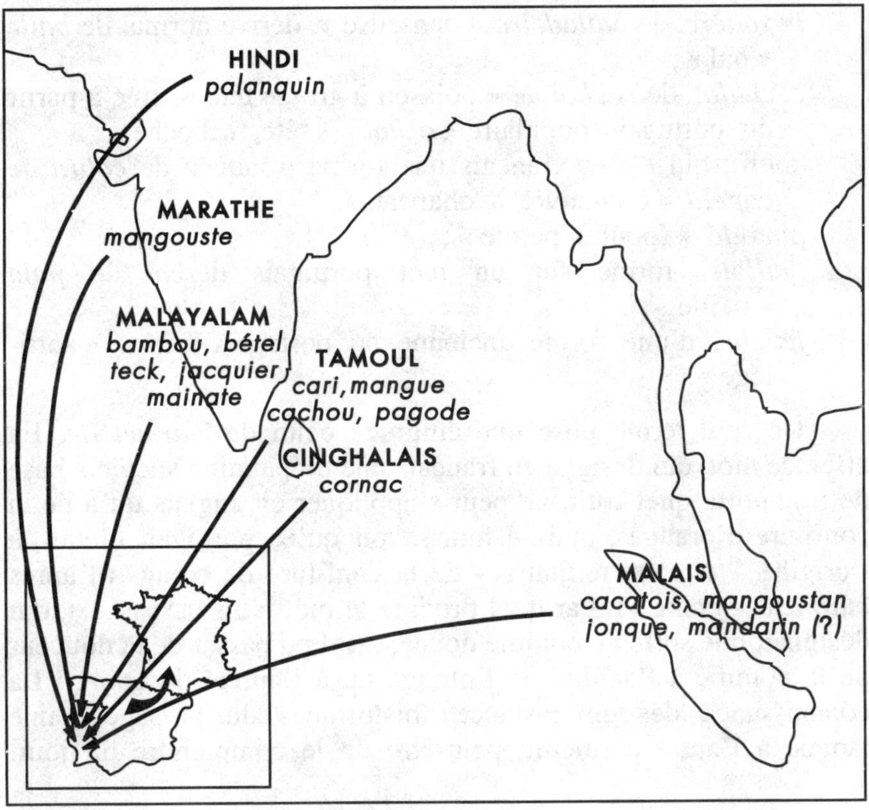

Le malais, langue de passage

Un parallèle peut être établi entre le malais en Extrême-Orient et l'arabe dans la Méditerranée médiévale : les Malais, à la fois habiles marins et commerçants actifs, se chargeaient de transporter des marchandises entre les divers pays d'Asie, et c'est souvent par leur intermédiaire que sont passés les mots venus des régions lointaines [163].

Les mots africains et portugais

Enfin, les rares mots français venus de langues africaines par le portugais appartiennent au domaine bantou : *banane, igname, macaque.*

Parmi les mots venus du portugais d'Europe, certains sont tout à fait descriptifs, imagés et sans mystère :

bayadère, de *bailadeira* « danseuse », dérivé normal de *baile* « bal » ;
cachalot, de *cachalote* « poisson à grosse tête », créé à partir du portugais populaire *cachalo* « tête, caboche » ;
cobra, qui est en français une forme tronquée de *cobra de capelo* « couleuvre à chapeau » ;
pintade « (poule) peinte » ;
paillote, formé sur un mot portugais dérivé de *paja* « paille » ;
fétiche, d'une forme ancienne du portugais *feitiço* « sortilège ».

Un seul terme pose une énigme : celui de *marmelade*. En effet, ce mot, qui désigne en français une préparation sucrée à base de n'importe quel fruit, ne peut s'appliquer en anglais qu'à de la confiture d'oranges, mais il faut savoir qu'en portugais c'était, à l'origine – et c'est toujours – de la confiture de coings (d'après *marmelo* « coing »). Par quel prodige le mot latin MELIMELUM, qui désignait une sorte de pomme douce, a-t-il pu passer de la douceur de la pomme à l'acidité de l'orange ou à l'âpreté du coing ? La connaissance des circonstances historiques du passage d'une langue à l'autre permettra peut-être de le comprendre un jour.

Les créoles

Que sont les créoles ?

Après l'arrivée des Européens, les habitants des Antilles, qui parlaient l'arawak ou le caraïbe, avaient rapidement disparu, du fait des massacres systématiques ou de l'épuisement dû au travail forcé. Les colonisateurs avaient alors eu recours à une main-d'œuvre constituée d'esclaves enlevés sur les terres d'Afrique.

Transplantés en Amérique et répartis dans diverses plantations, ces Africains ont progressivement appris des rudiments de la langue de leurs maîtres, et les créoles sont nés de l'amalgame de leurs langues africaines avec les langues européennes. C'est ainsi qu'on peut parler de créoles à base lexicale française, anglaise, néerlandaise, portugaise.

L'espagnol toutefois pose un véritable problème, jusqu'ici resté insoluble : pourquoi n'y a-t-il pas eu de création de créole à base espagnole en République dominicaine ? Elle constitue pourtant la partie orientale de l'ancienne *Hispaniola*, découverte dès 1492 par Christophe Colomb et qui a constitué le premier élément de l'empire colonial espagnol, alors qu'il existe un créole à base française très vivant dans la partie occidentale, en Haïti [164].

Récréation

DES MOTS VENUS DE LOIN

Composé à partir d'une fable que vous avez tous en mémoire, voici un pastiche avec, en ***gras***, des mots empruntés à une famille de langues lointaines. De quelle région du monde viennent-ils ?

Maître ***jaguar*** en ***pirogue*** monté
Tenait en sa gueule un ***lama***.
Maître ***coyote***, par l'***ouragan*** chassé
Lui tint à peu près ce charabia :
« Hé, bonjour, Monsieur du ***canot*** !
Que vous êtes ***sagouin*** avec vos ***mocassins*** !
Sans mentir, si vous me donnez
Un bout de ***chocolat***
Vous serez le ***cacique*** des bois de ***séquoias***. »

Réponse : des langues amérindiennes (par l'anglais, le portugais ou l'espagnol).

L'apport des créoles

Il reste généralement peu de mots des langues africaines dans les créoles, mais tous les créoles en ont conservé une petite partie, presque toujours dans le domaine des croyances religieuses : témoin *zombie* « revenant », par exemple, qui a été emprunté au créole de Haïti. Mais les mots que le français a pris aux différents créoles sont rares : *biguine* (danse des Antilles), *zouk* « fête », *ouassou* (sorte de grosse crevette) ou *béké* (Blanc des îles depuis plusieurs générations) font seulement de timides apparitions dans le français. Signalons aussi que c'est l'espagnol qui a fourni au français le mot *marron* (de *cimarrón*) dans le sens de « fugitif » en parlant d'un esclave qui s'est enfui et se cache dans les fourrés (*cimarra*).

Enfin, venu d'un créole de l'océan Indien, le mot *tam-tam* a d'abord désigné un tambour, puis une plaque de métal sur laquelle on frappait avec un maillet, ce qu'on a ensuite appelé un *gong*, mot d'origine malaise (cf. ch. 14, *carte* MOTS VENUS D'ASIE PAR L'ANGLAIS, p. 189).

LES CRÉOLES DANS LE MONDE

à base française	Haïti Guyane Martinique, Guadeloupe, Dominique Louisiane : *Negro-French*, à distinguer du *Louisiana French*, qui est une variété de français La Réunion, Maurice, Seychelles
anglaise	Jamaïque, Guyane (*taki-taki*, avec une forte proportion de vocabulaire néerlandais et de langues romanes) Honduras britannique Colombie *(bendê)* Virginie (États-Unis)
portugaise	Curaçao (*papiamento*, avec de nombreux éléments néerlandais) Guinée Cap-Vert Casamance [165]
néerlandaise	îles Vierges (*negerhollands*, aujourd'hui probablement disparu)
espagnole	Colombie (*palenquero*, parlé par des descendants d'esclaves marrons [166])

13
LES AUTRES APPORTS EUROPÉENS
(germains, scandinaves, slaves, finno-ougriens)

L'allemand

Les emprunts les plus récents

On a déjà vu l'importance de l'héritage germanique à date ancienne (cf. ch. 8, L'HÉRITAGE GERMANIQUE, p. 83) et la modicité des apports scandinaves des Vikings (cf. ch. 8, § Venus de Scandinavie, d'autres Germains, p. 94) ainsi que l'apport substantiel du néerlandais au Moyen Âge (cf. ch. 9, § Des mots venus du néerlandais, p. 100).

À nouveau, les emprunts aux langues germaniques se sont manifestés à partir du XVe siècle, en apportant au français d'une part du vocabulaire familier, parfois même argotique, d'autre part du vocabulaire d'usage général, et qui allait plus tard bien souvent s'imposer à toute l'Europe, presque au monde entier, dans les domaines de la philosophie et de la science.

Le vocabulaire des mercenaires

Il faut accorder toute l'importance qui lui revient à ce vocabulaire légué par les mercenaires suisses et allemands qui, jusqu'au XVIIe siècle, vont combattre dans les armées du roi ou des princes.

Le mot *bivouac,* par exemple, qui désigne à l'origine une patrouille supplémentaire de nuit, est probablement venu d'un dialecte de Suisse. On peut y reconnaître une forme germanique où *bi* est une particule signifiant « auprès de » et *wacht* « la garde, la veillée ». De même, il faut savoir que sous *chenapan* il y a l'allemand *Schnapphahn* « maraudeur », sous *reître*, l'allemand *Reiter*

« cavalier », sous *rosse*, l'allemand *Ross* « cheval » et sous *trinquer*, le verbe *trinken* « boire ».

D'autres mots et expressions sont plus nettement argotiques :

mouise, d'une forme dialectale *mues* qui, de « bouillie pour les pauvres », a pris, en passant en français, le sens plus dramatique de « misère » ;

loustic, forme presque phonétique de l'adjectif *lustig* « joyeux » ;

faire la bringue, adaptation d'une formule dialectale de Suisse alémanique, utilisée à l'origine pour porter un toast.

Toutes ces expressions semblent s'être propagées au cours de conversations détendues, entre soldats en veine de plaisanteries.

Des mots savants et des mots guerriers

Au XVIIIe siècle, c'est un lexique beaucoup plus savant qui pénètre en français, et c'est surtout la minéralogie qui s'enrichit de termes empruntés à l'allemand, par exemple, *gangue*, de l'allemand *Gang* « chemin, filon », ou encore *cobalt* et *nickel* (cf. ci-dessous, *encadré* DES LUTINS DANS LES MINES).

DES LUTINS DANS LES MINES

Avec le **cobalt** et le **nickel**, nous nous trouvons plongés dans le monde un peu surnaturel des légendes germaniques.

Cobalt est la forme française de l'allemand **Kobalt**, lui-même variante de **Kobold**, nom d'un petit lutin espiègle des mines, qui avait pour mission de voler le minerai d'argent pour le remplacer par du minerai de cobalt.

Nickel représente l'abréviation de **Nicolaus**, qui est le nom donné à un autre lutin malicieux de la mythologie germanique. À l'origine, les mineurs allemands avaient nommé ce minerai **kupfernickel** « lutin du cuivre » car ils l'avaient pris pour un minerai de cuivre. Le terme **nickel** a été créé en 1751 par le minéralogiste von Cronstadt pour le minerai qu'il venait de découvrir [167].

La médecine et la chimie sont aussi redevables à l'allemand d'une partie de leur lexique. Le mot *aspirine*, par exemple, qui date du XIXe siècle, a été créé par un savant allemand à partir du préfixe grec *a-* privatif « sans » et *spirin* « spirée » : il s'agissait en effet de donner un nom à un nouveau produit fabriqué par synthèse alors que jusque-là c'était un produit naturel, extrait des plantes de la famille des spirées. À la même époque prend naissance le nom de la *fuchsine*, pour désigner une matière colorante rouge-violet. Cette fois, c'est le mot allemand *Fuchs* « renard » qui est adopté, pour une raison inattendue mais qui trouve sa justification lorsqu'on sait que l'entreprise française des frères Renard, qui fabriquait ce produit, a voulu ainsi honorer le chimiste allemand Hofmann qui l'avait inventé [168].

Avec le xxe siècle affluent en grand nombre des éléments d'un tout autre domaine, celui du vocabulaire de la guerre (*bunker, ersatz, parabellum, putsch*), mais aussi des termes de biologie, (*gène, plasma*), de chimie (*propergol*) ou de physique (*quanta*).

Certains termes sont arrivés sous une forme abrégée : *nazi* et *stalag* sont des abréviations, respectivement de *National Sozialist* et de *Sta(mm)lag(er),* mot à mot « camp de base », tandis que *LSD* est un sigle représentant *Lyserg Säure Diäthylamid* « di-éthyl-amide de l'acide lysergique ».

Des mots inventés

Il faut insister sur le fait qu'une grande partie de ce vocabulaire emprunté à l'allemand n'appartient pas au vocabulaire traditionnel d'origine germanique, mais qu'il a été, en allemand, l'objet de créations modernes sur des bases gréco-latines, et qui ont été le plus souvent adoptées par la plupart des langues européennes :

à partir du latin	**à partir du grec**
album	*aspirine*
culturel	*écologie*
déterminisme	*entropie*
diktat	*gène*
harmonica	*leucémie*
introversion	*noumène* (Kant)
kaiser	*paranoïa*
lanoline	*plancton*
libido (Freud)	*plasma* (Dr Schultz)
mutant	*politologie*
parabellum	*pragmatisme*
primat (en philo)	*proclitique*
quanta	*propergol*
quartier-maître	*protoplasme*
statistique	*taximètre*

autres origines

ester, créé par le chimiste Gmelin vers 1850 en combinant la forme *Essig* « vinaigre » et le mot latin, d'origine grecque, *æther* « air ».

zinc, de l'allemand *Zinke(n)* « fourche, excroissance », mot inspiré par la forme dentelée des cristaux de zinc laminé.

croissant, traduction de l'allemand *Hörnchen* « petite corne », nom d'une pâtisserie fabriquée d'abord à Vienne, en 1689, pour fêter la victoire des Autrichiens sur les Turcs, dont l'emblème était un croissant.

Créations particulières

L'évolution des formes latines et des acceptions nouvelles qui se sont imposées sont en général assez faciles à suivre, mais des explications complémentaires sont parfois nécessaires. Par exemple, *album*, qui signifiait « blanc » en latin, ne peut se comprendre dans son nouveau sens que si l'on sait qu'il s'agit d'un raccourci de *album amicorum* « (le livre) blanc des amis », dont les pages blanches sont prêtes à accueillir leurs messages de sympathie à certaines occasions. Pour *parabellum*, première « mitraillette », l'explication se trouve dans le proverbe latin *si vis pacem, para bellum* « si tu veux la paix, prépare la guerre », tandis que pour *statistique* l'étymologie renvoie directement à « ce qui a rapport à l'État », du latin *status* « État ». Quant à *Kaiser*, c'est une adaptation du latin *Caesar*, mot emprunté très tôt par les mercenaires germaniques engagés par Rome, ce qui justifie le *K* de l'allemand *Kaiser*, qui reproduit fidèlement la prononciation du *C* latin (cf. *encadré* TSAR = KAISER = CAESAR, p. 174).

Altérations et interprétations erronées

Le mot *ballon*, dans le sens de « sommet arrondi, montagne érodée », est le résultat d'une méprise : le mot allemand d'origine était *Belchen* « (petite) montagne », qui a été confondu avec *Bällchen* « petite balle », d'où la forme française *ballon* (*ballon de Guebwiller*).

Un autre mot, *bock,* résulte, de son côté, d'erreurs en cascade : les Allemands eux-mêmes s'étaient d'abord trompés sur

Einbeckbier, à l'origine « bière (de la ville) de Einbeck », prononcé parfois *Einbockbier* d'où, avec un découpage erroné, *ein Bock Bier*. C'est ainsi que le français a adopté le *bock* de bière, qui en fait n'aurait jamais dû exister.

L'allemand, langue de passage

Situé au centre de l'Europe, à la croisée des grands chemins commerciaux, au contact avec les langues slaves, finno-ougriennes et romanes, l'allemand a souvent servi d'intermédiaire pour transporter du vocabulaire venu, par exemple :

du hongrois : *sabre, goulache, hussard* ;

du tchèque : *calèche* (du tchèque *kolesa*, par l'allemand *Kalesche*) ;

et peut-être du serbe : *vampire*.

> À LA HUSSARDE
>
> Cette expression, qui indique des manières un peu « cavalières », a pour origine un mot hongrois désignant la « vingtième personne » qui est passé en français sous la forme ***hussard*** avec le sens de « cavalier de l'armée hongroise ».
>
> Pourquoi ce passage de « 20 » à « cavalier » ? Parce que, en 1458, pour lutter contre l'invasion turque, les Hongrois avaient levé une cavalerie légère en enrôlant dans cette troupe un homme sur vingt.

Les langues scandinaves modernes

On a déjà vu que la langue des Vikings avait laissé peu de traces dans le vocabulaire français (cf. ch. 8, *encadré* MOTS VENUS DU VIEUX SCANDINAVE, p. 95), qui a intégré l'essentiel de ces emprunts anciens sous la forme de mots aujourd'hui parfaitement fondus dans le reste du lexique. Tel est le cas de *banquise, édredon, narval* ou *renne*.

On ne peut pas en dire autant des emprunts plus récents, qui, eux, ont pratiquement tous gardé des allures étrangères, comme on peut le constater dans les quelques mots suivants, d'origine norvégienne : *christiania, fart, fjord, iceberg, rorqual, ski* ou *slalom,* ainsi que dans *geyser*, qui est à l'origine le nom d'une source d'eau chaude située dans le sud de l'Islande, ou dans (papier) *kraft* « fort », d'origine suédoise. Tous ces emprunts sont assez récents (XVIIIe ou XIXe siècle), à l'exception d'*édredon,* qui est déjà attesté sous la forme *ederdon* en ancien français, mais qui ne reparaît dans les textes écrits, sous sa nouvelle forme, qu'au XVIIIe siècle.

Les langues slaves

En dehors du russe, qui a donné au français une bonne cinquantaine de mots, l'apport des langues slaves n'est pas considérable.

LA BRANCHE BALTO-SLAVE

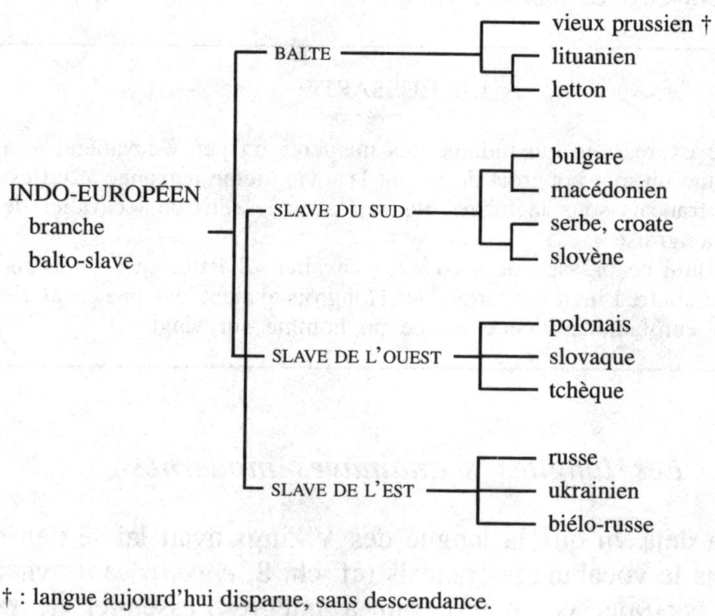

† : langue aujourd'hui disparue, sans descendance.

Un peu de russe en français

Les premiers emprunts au russe semblent avoir été les mots *boyard* (XVe siècle) et *cosaque* (en 1609). Mais il faut attendre le XIXe siècle pour voir du vocabulaire russe entrer dans la littérature

LA VERSTE ET LE VERS

Aussi étonnant que cela puisse paraître, la **verste** russe et le **vers** (poétique) français ont la même étymologie. Le mot russe **verste** désigne en effet d'abord le tournant que la charrue effectue au bout du champ et, à partir de là, la distance que parcourt une charrue avant de faire demi-tour à l'extrémité du sillon. Le mot français **vers** vient du latin **VERSUS** qui désignait également le tournant que le laboureur fait exécuter à sa charrue au bout du champ (du verbe latin **VERTERE** « tourner »).

Rapprocher ces deux mots, c'est donc confirmer, par-delà les siècles, la parenté génétique des langues slaves et des langues issues du latin, qui constituent deux branches importantes de la famille indo-européenne [169].

française : chez Madame de Staël on lit, par exemple, *moujik, ukase* ou *verste.*

Chez Alexandre Dumas père, on peut trouver des attestations fréquentes de *tzar, tzarévitch, tzarine* (avec cette graphie), *rouble, kopeck, troïka, samovar, vodka, isba* ou *knout* et, chez Prosper Mérimée, *kourgane* (qui désigne en russe un tumulus) et *zibeline* (ce dernier mot est d'abord passé par l'italien). De plus, à partir de 1917, les mots *soviet* et *bolchevik* commencent une carrière qui sera longue [170].

C'est d'une langue de Sibérie que vient le mot *mammouth,* qui désigne un gigantesque éléphant fossile. D'abord passé par le russe, il semble avoir transité par l'anglais *mammuth* avant de devenir un mot français.

Manger et boire à la mode russe

Zakouskis, koulibiac, blinis et *belouga* sont arrivés sur les tables françaises, souvent accompagnés de *vodka*, et la forme de leurs noms russes devenus français mérite quelques commentaires, et tout d'abord une remarque grammaticale : quand le mot est passé en français, on n'a pas vu que *blini* était déjà un pluriel en russe (dont le singulier est *blin)* et la même méprise s'est produite pour *zakouski* (singulier *zakouska).* Autre précision intéressante, qui rapproche *vodka* du mot d'origine celtique *whisky* (de *uisgebeatha* « eau-de-vie »), la *vodka*, c'est la « petite eau », diminutif de *voda* « eau ». Le mot *belouga*, que l'on découvre sur certaines boîtes de caviar, est un mot russe désignant une espèce de marsouin blanc (mot de la même racine que *biélo-russe* « russe blanc »).

TSAR = KAISER = CAESAR

Le mot **tsar**, qui désigne le monarque en russe, est lui-même un très ancien emprunt au latin **Caesar**, qui a aussi été emprunté par les langues germaniques sous la forme **Kaiser** (cf. ch. 13, § Créations particulières, p. 170).

Le polonais : une danse, une pâtisserie, une graphie

Le polonais n'a transmis au français que peu de mots, mais ils accompagnent des événements agréables : par exemple, le nom d'une danse populaire, la *mazurka*, introduite en France au XIXe siècle, et celui d'un gâteau, le *baba*. On pense que ce dernier a fait son entrée en français vers le milieu du XVIIIe siècle, à l'occasion du mariage de Marie Leczinska, fille du roi de Pologne, avec Louis XV.

Par ailleurs, on a des doutes sur l'origine (polonaise ou russe ?) de la *chapka* (ou *chapska*) « bonnet de fourrure », et également de la *meringue*, qui pourrait venir tout simplemment du latin MERENDA « petit repas [171] ».

En revanche, il est sûr que la graphie *czar* pour désigner le *tsar* est polonaise, mais seule la graphie est différente car le mot se prononce également [tsar] en polonais.

Le tchèque

Contrairement à l'incertitude qu'on peut avoir sur l'origine polonaise de certains mots français, on a l'assurance de l'origine tchèque de *calèche, obus, pistolet* et *robot. Calèche* et *obus* ont probablement été introduits en français par l'intermédiaire de l'allemand. On sait d'autre part que *robot*, qui vient d'un mot tchèque désignant le travail forcé, a été créé par le dramaturge Kariel Čapek pour sa pièce *Les Robots universels de Rossum* (1924) [172].

Les autres langues de l'Europe

On ne peut pas terminer ce chapitre sans dire quelques mots de ces langues de l'Europe qui ne font pas partie de la famille indo-européenne et qu'on nomme **finno-ougriennes** : le **hongrois**, le **lapon** et le **finnois**, bien que leurs apports aient été bien modestes. Pourtant, *sabre, soutache* et *shako* ont été empruntés au hongrois ainsi que *goulache* et *paprika.*

En outre, le nom du mammifère marin qu'on nomme le *morse* doit son nom au lapon, tandis que c'est du finnois que vient la mode du *sauna* et tout naturellement le mot pour le dire.

Enfin, le mot *coche* (pour désigner une voiture couverte) a une origine contestée, mais il pourrait venir du nom d'un relais de poste situé entre Vienne (Autriche) et Pest, la ville basse de Budapest, sur la rive gauche du Danube.

14

L'ANGLAIS

L'anglais, vieux compagnon de route

Comme on l'a vu, tout au long de son histoire la langue française a côtoyé de nombreuses autres langues, auxquelles elle a le plus souvent beaucoup donné, et auxquelles elle n'a pas hésité à emprunter, parfois seulement quelques mots correspondant à des produits, des fruits ou des fleurs venus d'ailleurs, parfois des masses considérables de mots usuels ou recherchés, comme cela a été le cas pour l'italien.

Récréation

LE CLOWN ET LE BOUFFON

1. Les mots en ***gras*** proviennent des deux langues auxquelles le français a le plus emprunté. Quelles sont ces deux langues ?
2. Rendez à chacune les mots qui lui reviennent.
3. De très loin, ces quelques lignes rappellent les premiers vers d'une fable de La Fontaine. Laquelle ?

Le ***clown*** un jour dit au ***bouffon*** :
« Vous avez bien sujet d'accuser la ***diva***.
Un ***partenaire*** pour vous est un lourd ***parangon***,
La moindre ***vamp*** qui vous charma
En roucoulant des ***trémolos***
Vous fait perdre vos airs de parfait ***maestro***,
Cependant que mon nez de ***paillasse en carton***
M'apporte des ***oscars*** et des tas de ***bravos***. »

Réponses : 1. l'italien et l'anglais – 2. italien : *bouffon, bravo, carton, diva, maestro, parangon, paillasse, trémolo* ; anglais : *clown, oscar, partenaire, vamp*. 3. « Le chêne et le roseau » : « Le chêne un jour dit au roseau / Vous avez bien sujet d'accuser la nature / Un roitelet pour vous est un pesant fardeau / Le moindre vent qui d'aventure / Fait rider la face de l'eau / Vous oblige à baisser la tête / Cependant que mon front, au Caucase pareil / Brave l'effort de la tempête. »

Avec l'anglais, depuis neuf siècles, les rapports ont toujours été très intimes, mais l'échange entre les deux langues n'a jamais cessé d'être déséquilibré : entre le milieu du XIe siècle et le XVIIe siècle, le français a fourni à l'anglais des milliers de mots nés en son giron, mais ce n'est qu'à partir du milieu du XVIIIe siècle que le processus s'est inversé et que les mots anglais ont traversé la Manche pour nourrir la langue française. Depuis le milieu du XXe siècle, le phénomène s'est considérablement accéléré – certains disent : dangereusement – tout en changeant d'itinéraire, car c'est aujourd'hui d'outre-Atlantique que viennent les emprunts les plus spectaculaires.

D'abord du français vers l'anglais...

Les débuts de ces échanges remontent à la conquête de l'Angleterre par Guillaume de Normandie avec, pour conséquence, du XIIIe au XVe siècle, une présence constante de la culture française et de la langue qui la véhiculait. Des mots appartenant à des domaines aussi divers que *tower* (du français *tour*), *butler* (de *bouteiller* « échanson »), *table, lamp*, *gentle* (d'abord « bien né », puis « généreux », enfin « de bonne famille », d'où *gentleman*), *pilgrim* (de l'ancien français *pelegrin*) ou *forest* (français moderne *forêt*) sont entrés dans le vocabulaire anglais avant le XIVe siècle. Le verbe si typiquement anglais *to wait* a pour origine un verbe de l'ancien français, *guaitier* « guetter », et c'est ce sens que *to wait* avait aussi en anglais au XIIe siècle. L'évolution sémantique vers « attendre » s'explique aisément et, au XIVe siècle, un sens dérivé, plus inattendu, mais compréhensible, est apparu en anglais, celui de « servir à table », d'où *waiter* « garçon, serviteur [173] ».

C'est surtout pendant ce XIVe siècle que s'est produite une véritable invasion de mots français. On compte, par exemple, chez Chaucer (1340-1400) près de 250 mots français qu'il est le premier à utiliser. À cette époque se multiplient en particulier les emprunts de termes abstraits (*influence*, *variation, virtue,* etc.) qui se poursuivront jusqu'à nos jours, et qui s'ajoutent à des termes de la vie quotidienne, comme *library* « bibliothèque » (ce mot avait encore ce sens en français chez Montaigne), *army*, *ticket* (du moyen français *estiquet*, qui désignait une marque fixée à un pieu), *sauce*, *toast* (de l'ancien français *toster* « rôtir ») ou *marmalade*. Ce dernier est un mot que le français avait lui-même auparavant emprunté au portugais (cf. ch. 12 § Les mots africains et portugais, p. 164).

Ce qui est le plus remarquable lorsqu'on examine les milliers de mots passés au cours des siècles du français à l'anglais [174], c'est qu'ils s'y sont si bien intégrés qu'ils ont la plupart du temps l'allure de mots nés en Angleterre. Si bien que, lorsqu'ils sont revenus en français plusieurs siècles plus tard sous leur nouvelle forme, on ne les reconnaissait plus. Il est banal de citer « l'aller et retour » de *flirter,* qui n'est autre que *fleureter* « conter fleurette », ou celui de *tennis*, de *tenetz* « tenez ! », exclamation entendue au jeu de paume au moment de lancer la balle.

QUELQUES MOTS ANGLAIS VENUS DU FRANÇAIS

apron « tablier », ancien français ***naperon***, d'abord ***a napron***, devenu ensuite, par fausse segmentation, ***an apron.***
bacon, ancien français ***bacon*** « pièce de porc salé ». Le mot est d'origine germanique, mais passé en anglais par l'intermédiaire du français.
bargain « marché, affaire », ancien français ***bargaignier*** « commercer » (cf. le français moderne ***barguigner***).
cabbage « chou ». Il s'agit d'une métaphore à partir de ***caboche*** « tête », mot d'origine normande.
cattle « bétail », sur une forme normande de ***cheptel***.
country « campagne », puis « pays natal », de l'ancien français ***cuntree*** « parcelle de terre, pays natal » (cf. le français moderne ***contrée***).
curtain « rideau », ancien français ***cortine*** « rideau de lit ».
journey « voyage ». C'était, à l'origine, un voyage d'une journée.
match « allumette », ancien français ***meiche***, français moderne ***mèche***.
mushroom « champignon », du français ***mousseron***.
noise « bruit », ancien français ***noise*** « querelle » (bruyante). Le mot n'a survécu en français que dans l'expression ***chercher noise***.
plenty « beaucoup », ancien français ***plentee*** « grande quantité ».
porridge « bouillie », altération de l'ancien français ***potage*** « ce qui est cuit dans un pot ».
to purchase « acheter », ancien français ***pourchasier*** « tenter d'obtenir ».
to toast « faire griller », ancien français ***toster*** « rôtir ».

Mais qui se douterait que l'adjectif anglais *nice* est d'origine française ? C'est pourtant bien un mot français, qui signifiait « stupide, simple d'esprit », du latin NESCIUS « ignorant [175] ». Passé en anglais au XIIIe siècle, avec le sens de « sot », l'adjectif a ensuite pris le sens peu prévisible de « précis » au XVIe siècle, pour finalement signifier « agréable » à partir du XVIIIe siècle. De même, l'adjectif anglais *very*, dans le sens de « véritable » (*this very person* « cette personne même ») a pour origine l'adjectif français *vrai*.

La liste de l'encadré ci-dessus, p. 179, réserve quelques autres surprises.

... puis de l'anglais vers le français

Le processus d'emprunt en sens inverse a mis du temps à se mettre en place, mais, depuis deux siècles, quelle profusion !

C'est approximativement de l'époque de la Révolution française que l'on peut dater les premiers emprunts massifs du français à l'anglais. Les Français venaient de découvrir le système parlementaire britannique et ils en avaient conçu une telle admiration que la plus grande partie du vocabulaire de la vie politique en avait été envahie. Voltaire avait passé trois ans en Grande-Bretagne et il avait fait connaître en France à la fois les philosophes d'outre-Manche et les jardins à l'anglaise. C'est alors que tout un vocabulaire institutionnel venu d'Angleterre a déferlé dans les milieux révolutionnaires.

L'anglais avait puisé dans le latin

Mais il ne faudrait pas croire que le français se soit alors dangereusement anglicisé, car tout ce vocabulaire de la vie politique est tellement imprégné de latin qu'il aurait aussi bien pu prendre naissance en français, comme le montrent, parmi des centaines d'autres, les quelques exemples ci-dessous :

amendement	*inconstitutionnel*
pétition [176]	*officiel*
convention	*respectabilité*
législature	*sélection*
majorité	*vote*
minorité	*impopulaire*
session	*verdict* (du latin VERE DICTUM)

Outre la vie politique, il y avait aussi les arts et les lettres : le terme *romantique*, par exemple, a d'abord vu le jour dans des écrits anglais pour qualifier un paysage, un jardin, puis un tableau. Il a ensuite été étendu au domaine littéraire.

VOYAGE SENTIMENTAL

Le mot ***sentimental*** n'existe en français qu'à partir du milieu du XVIIIe siècle.

Il a été forgé d'abord en anglais à partir de ***sentiment*** (mot emprunté au français dès le XIVe siècle) et s'est répandu en France à la suite de la traduction parue en 1769 du roman de Laurence Sterne ***The Sentimental Journey*** (1768). Le traducteur de cet ouvrage, Fresnais, confirme ainsi la nouveauté du mot en français au milieu du XVIIIe siècle :

« Le mot anglais ***sentimental*** n'a pu se rendre en français par aucune expression qui pût y répondre et on l'a laissé subsister. Peut-être trouvera-t-on en lisant qu'il méritait de passer dans notre langue [177]. »

C'est aussi en anglais qu'a été créé l'adjectif français *confortable* (mais l'adjectif anglais *comfortable* avait été formé à partir du français *confort*). Signalons aussi l'adjectif *populaire*, qui prend le nouveau sens de « qui plaît au peuple », alors que précédemment il signifiait seulement : « relatif au peuple ».

De nouveaux verbes commencent aussi à s'employer, malgré des réticences, comme, par exemple, *disqualifier, libéraliser, influencer* ou *utiliser* [178].

Les « allers et retours »

Ces quelques rappels ne font que confirmer le retour au pays natal de quantités de mots français, parfois sous une nouvelle forme, souvent avec un nouveau sens, comme on peut le constater dans les quelques exemples suivants, empruntés à différentes époques :

auburn, de l'ancien français *alborne* « blond », où l'adjectif latin ALBUS « blanc » était plus facilement identifiable

cash, de *caisse,* ce qui suggère l'idée qu'à l'époque de l'emprunt la prononciation de la consonne *s* en français était assez proche de celle du *s* castillan (un peu comme dans *cache*)

LES « CHUINTEMENTS » DE L'ANGLAIS

Si l'on compare certains mots anglais aux mots français dont ils sont issus, comme

mushroom	du français	*mousseron*
cash	– –	*caisse*
push	– –	*poussent*
finish	– –	*finissent*
perish	– –	*périssent*
nourish	– –	*nourrissent,*

on peut faire l'hypothèse qu'à l'époque où ces mots ont été empruntés les *s* de *mousseron, caisse, poussent*, etc. ne se prononçaient pas comme aujourd'hui, mais avec un léger chuintement, c'est-à-dire qu'ils se rapprochaient de *ch.*

comité, du participe passé de *commettre* « désigner »
computer : ce substantif est issu de la même racine que *compter*, du latin COMPUTARE. En français, il a été assez vite remplacé par *ordinateur*
interview, de *entrevue.* Mais l'*interview* est destinée à être rendue publique, tandis que l'*entrevue* désigne n'importe quel entretien et peut même être confidentielle
mess (des officiers), de même origine que *mets*
nurse, de *nourrice.* Le mot *nurse* a ensuite pris en anglais le sens de « infirmière », mais, revenu en français, il a gardé le sens de « gouvernante d'enfants »
pedigree, du français *pied de grue,* par allusion à la disposition des arbres généalogiques, en forme d'empreinte de patte d'oiseau
rail « barre », de l'ancien français *rail* « barre de fer »
redingote, où *-gote* représente l'ancien français *cotte* (devenu l'anglais *coat*)
rosbif, où l'on reconnaît l'ancien français *rostir*, plus tard *rôtir,* et l'ancien français *buef* « bœuf », sous une forme graphique altérée. La première attestation en français l'a été sous la forme *rôt de bif* (1740)
rush (to) « se ruer, se précipiter », de l'ancien français *reüser* « mettre en fuite, faire reculer », du latin RECUSARE « refuser »

sport, de l'ancien français *deport* « amusement ». En anglais, ce terme a signifié « plaisanterie », puis « jeu en plein air »
test « essai », de l'ancien français *test* « pot servant à l'essai de l'or ».

Après plusieurs siècles d'adaptation à l'anglais, ces vieux mots français se sont fait une nouvelle jeunesse. Quelquefois ils ont acquis une signification particulière, comme c'est le cas pour *interview*, et d'autres fois ils ont miraculeusement retrouvé, comme dans *rosbif*, la forme et le sens qu'ils avaient en ancien français.

Des formes nouvelles

D'autres mots, cette fois vraiment d'origine anglaise, pénètrent en masse en français au cours du XVIIIe, puis du XIXe siècle. Tel est le cas de *club, jockey* ou *pickpocket,* qui ont conservé leur forme graphique d'origine.

Mais, avec le temps, certains mots se sont progressivement conformés aux habitudes de l'orthographe française :

bowl, encore graphié ainsi chez Brillat-Savarin [179] en 1826 ; ce mot est devenu plus tard *bol*
partner, encore graphié ainsi par Balzac en 1836 (aujourd'hui *partenaire*)
névrose, mot forgé par le médecin écossais William Cullen *(neurosis)* et traduit en *névrose* par le docteur Philippe Pinel.

Des significations nouvelles

En suivant chronologiquement la progression de certains mots venus d'Angleterre, on perçoit mieux le cheminement des emprunts lexicaux : dans un premier temps, une grande partie de ce vocabulaire n'a été utilisée qu'en référence à la vie parlementaire anglaise. Et ce n'est le plus souvent que quelques décennies plus tard que ces mots ont pu être appliqués à des réalités françaises.

	en référence à la Grande-Bretagne	*en référence à la France*
club	1702	1774
vote	1702	1789
pétition	1704	1789
majorité	1735	1760
opposition	1745	1772
motion	1775	1789
respectabilité	1784	1862
jury	1790	1793
verdict	1790	1796

Il faut en outre insister sur le fait que, à l'exception de *club*, tous ces mots existaient déjà en français, mais :

vote, uniquement avec le sens de « vœu », depuis le XVIe siècle

pétition, employé jusque-là dans l'expression *pétition de principe* « lorsqu'on allègue pour preuve la chose même qui est en question » et non pas dans le sens restrictif, nouveau, de « demande adressée à une autorité supérieure [180] »

majorité, seulement en rapport avec l'âge auquel on devient majeur, et non pas dans le sens nouveau de « nombre excédant la moitié des votes [181] »

motion, depuis le XIIIe siècle, dans le sens de « mise en mouvement ». La nouvelle acception désigne « l'action d'un orateur qui meut une assemblée par une proposition [182] »

jury, sous la forme *jurée*, et dans le sens ancien de « serment juré ». L'emprunt du mot *jury* à l'anglais correspond au sens actuel, pour désigner l'ensemble des personnes appelées à juger. Ce terme se distingue désormais de *juré*, qui désigne chacun des membres d'un *jury*

verdict : le mot avait été emprunté à l'ancien français *veir dit* « jugement », du latin VERE DICTUM.

Des calques encore en usage

C'est aussi à partir de la Révolution que pénètrent, pour s'installer définitivement dans la langue française, des calques de l'anglais, c'est-à-dire des expressions traduites mot à mot de l'anglais, comme celles-ci :

lune de miel	*liberté de la presse*
juge de paix	*ordre du jour*
machine à vapeur	*libre-penseur*
question préalable	*hors-la-loi*

ou encore *sélection naturelle.* Cette dernière expression figure dans la 7e édition (1878) du *Dictionnaire de l'Académie.*

Les anglicismes et l'Académie française

Le rythme d'entrée des anglicismes dans le *Dictionnaire de l'Académie* permet de mesurer les progrès de ce vocabulaire dans la norme. La première édition, en 1694, contenait seulement les 11 mots suivants :

boulingrin, de *bowling green*, supprimé en 1933
dériver, de *drive*
dogue
doguin « jeune dogue »
falot, de *fellow*
gigue
haquenée « petite jument »
moire, prononciation à la française de *mohair*
ramberge « embarcation », de l'anglais *rowbarge*
parlement, en référence au parlement anglais
puritain, de l'anglais *puritan*.

Parmi les 7 anglicismes entrés à l'occasion de la 2e édition (1718), on trouve *contredanse* (de *country-dance)* et *paquet-bot*, qui ne deviendra *paquebot* que dans la 5e édition (1798). Mais il serait fastidieux d'énumérer

les	8	anglicismes	de la	3e	édition	(1740)
les	54	–	–	4e	–	(1762)
les	60	–	–	5e	–	(1798)
les	97	–	–	6e	–	(1835)
les	25	–	–	des compléments de 1836 et 1866		
les	114	–	–	7e	–	(1878)
les	164	–	–	8e	–	(1932-1935)

soit au total quelque 540 anglicismes (jusqu'en 1935).

La 9e édition étant en cours, on ne peut pas donner de chiffres, mais on peut aisément constater une progression constante depuis la première édition de 1694.

L'examen de ces listes montre aussi qu'auprès de mots encore parfaitement compris et utilisés comme :

punch, héler, yacht (4e éd. 1762)
interlope, stock (5e éd. 1798)
partenaire, plaid (6e éd. 1835)
reporter (n. m.), *confortable, meeting* (7e éd. 1878)
docker, vaseline, poker, raid (8e éd. 1932-1935)

on trouve, dans ces anciennes éditions du *Dictionnaire de l'Académie*, bon nombre d'anglicismes aujourd'hui complètement sortis de l'usage, comme :

sloop, quarter (nom de mesure), *squire, puddlage, truck, brushel, teddy,*

ou devenus très rares, comme :

fashionable, spleen, raout, cottage, steamer ou *turf*[183].

L'anglais, transporteur de mots

De même que l'espagnol avait été une langue de passage entre l'arabe et le français, puis entre les langues amérindiennes et le français, de même que le portugais avait été un passage obligé des langues indigènes du Brésil et de certains pays d'Asie (cf. ch. 12, *carte* MOTS VENUS D'ASIE PAR LE PORTUGAIS, p. 163), l'anglais a joué un rôle d'intermédiaire pour les mots exotiques nés dans les langues indigènes d'Amérique ou dans celles d'Asie (cf. ci-contre, *carte* MOTS VENUS D'AMÉRIQUE DU NORD).

Des mots amérindiens

C'est surtout par l'intermédiaire de l'anglais, mais aussi par le français du Canada, qu'a pénétré en français la plus grande partie du vocabulaire venu des populations indigènes d'Amérique et tout particulièrement de l'**algonquin**, langue amérindienne du Canada et des États-Unis :

caribou, ou *renne du Canada*
manitou, d'un mot signifiant « grand Esprit »
mocassin, d'abord emprunté directement par le français du Canada, puis répandu en France par l'intermédiaire de l'anglais
opossum, sorte de sarigue, au pelage noir et gris

pacane, ou *noix de pécan*
skunks, ou *sconse*, autre nom de la mouffette, animal renommé pour sa fourrure et sa forte odeur
squaw « femme indienne »
toboggan « traîneau », puis « piste glissante »
tomahawk, d'un mot signifiant « il coupe », d'où « hache de guerre »
totem, d'abord « animal protecteur d'un clan », puis « fétiche ».

MOTS VENUS D'AMÉRIQUE DU NORD

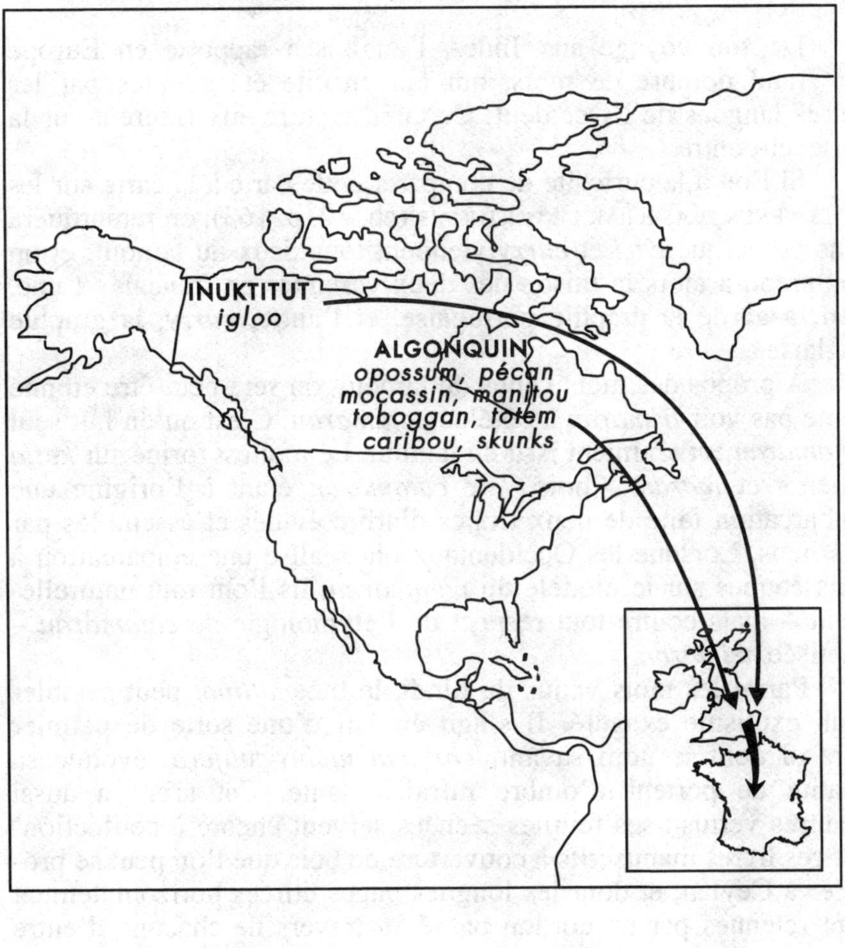

Récréation

LE SÉQUOIA, VIEUX, GÉANT ET SAVANT

Cet arbre de Californie mérite une mention toute particulière, car :
1. Il peut atteindre jusqu'à 145 mètres de hauteur. Vrai ou faux ?
2. Il peut vivre plus de 3 000 ans. Vrai ou faux ?
3. Il tient son nom de celui d'un grand chef sioux **See-Quayah** [184], célèbre pour avoir inventé une écriture pour sa langue. Vrai ou faux ?

Réponses : 1. Vrai – 2. Vrai – 3. Vrai.

Des mots venus d'Asie

De son voyage aux Indes, l'anglais a rapporté en Europe un grand nombre de mots, qui ont ensuite été adoptés par les autres langues de l'Occident. Certains d'entre eux figurent sur la carte ci-contre.

Si l'on a la curiosité de comparer cette carte à la carte sur les MOTS VENUS D'ASIE PAR LE PORTUGAIS (ch. 12, p. 163), on remarquera sans doute que *cari* et *curry* viennent tous deux du tamoul, et on comprendra alors la raison des deux variantes en français : l'une, *cari*, a gardé la graphie portugaise, et l'autre, *curry*, la graphie anglaise.

À propos des mots venus du tamoul, on sera peut-être étonné de ne pas voir *trimaran* à côté de *catamaran*. C'est qu'en fait seul *catamaran* est vraiment issu du tamoul. Le mot est formé sur *katta* « lien » et *maram* « bois », le *catamaran* étant à l'origine une embarcation faite de deux troncs d'arbre évidés et assemblés par des liens. Lorsque les Occidentaux ont réalisé une embarcation à trois coques sur le modèle du *catamaran*, ils l'ont tout naturellement – mais contre tout respect de l'étymologie de *catamaran* – baptisée *trimaran*.

Parmi les mots venus du hindi, le mot *tallipot* peut sembler d'un exotisme exagéré. Il s'agit en fait d'une sorte de palmier parasol dont le nom savant, *corypha umbraculifera*, évoque sa qualité de porteur d'ombre rafraîchissante. Cet arbre a aussi d'autres vertus : ses feuilles séchées servent encore à confectionner ces livres manuscrits à couverture de bois que l'on peut se procurer à Ceylan, et dont les longues pages étirées horizontalement sont retenues par un cordon passé au travers de chacune d'entre elles.

MOTS VENUS D'ASIE PAR L'ANGLAIS

C'est par l'intermédiaire de l'anglais que le français a connu, puis adopté un grand nombre de mots venus d'Asie (cf. aussi ch. 12, *carte* DES MOTS VENUS D'ASIE PAR LE PORTUGAIS, p. 163).

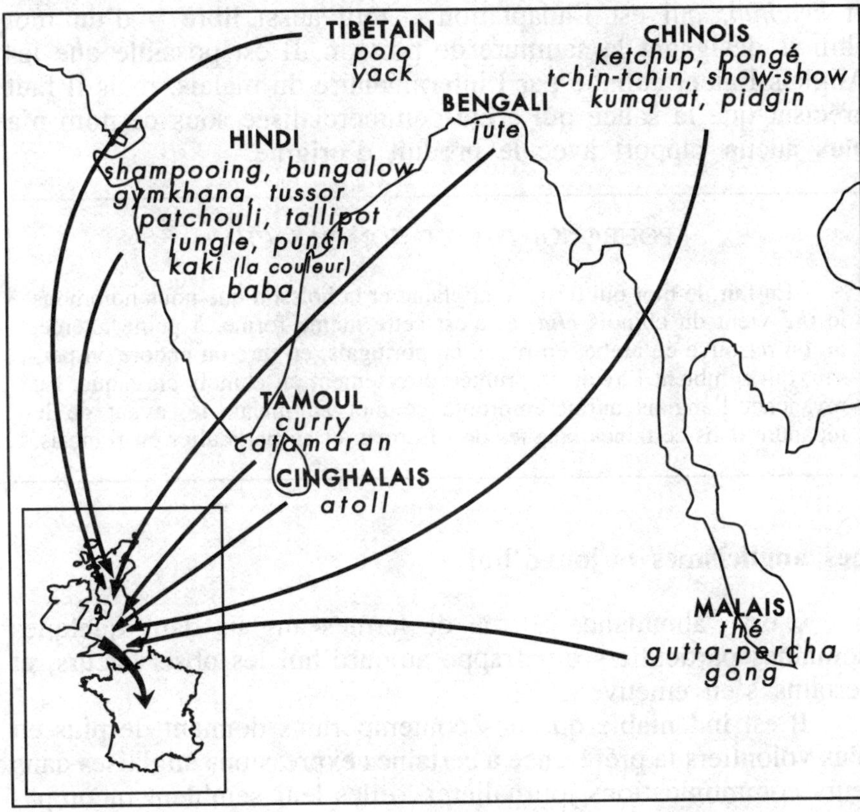

Le nom du *shampooing* affiche clairement son passage par l'anglais par sa terminaison en *-ing*, ajoutée à *shampoo*, dont le sens premier, emprunté au hindi, était « masser ». La prononciation en français de *shampooing*, qui rime avec *poing*, montre en même temps que c'est certainement sous sa forme écrite que le mot est passé en français et qu'il a été lu comme un mot français (cf. aussi l'ancienne graphie française *chelin* de l'anglais *shilling*).

Toujours sur le plan de la prononciation, signalons celle de *punch* (avec la même voyelle que dans le français *tronche*), du hindi *panch* « cinq ». Sur le plan de la signification, ajoutons qu'il faut y voir l'évocation des cinq éléments entrant à l'origine dans la composition de cette boisson. Au XVIIe siècle, on disait *bolle-ponche*, mot formé à partir de l'anglais *bowl of punch.*

Enfin, deux mots venus du chinois par l'intermédiaire de l'anglais méritent d'être commentés : *pidgin*, qui correspond à la prononciation – tout approximative – du mot *business* en chinois, et *ketchup,* qui est l'adaptation – tout aussi libre – d'un mot chinois désignant la saumure de poisson. Il est possible que les Anglais l'aient connue par l'intermédiaire du malais, mais il faut préciser que la sauce qui a été commercialisée sous ce nom n'a plus aucun rapport avec le produit d'origine.

POURQUOI *THÉ* ET NON PAS *CHA* ?

En fait, le mot qui désigne la plante et la boisson que nous nommons le ***thé*** vient du chinois ***cha***, et c'est cette même forme, à peine altérée, qu'on retrouve en arabe, en russe, en portugais, en turc ou encore en persan, qui semblent l'avoir empruntée directement au chinois classique. En revanche, l'anglais aurait emprunté ce mot au malais ***te***, avant de le répandre dans certaines langues de l'Europe, et en particulier en français.

Les anglicismes aujourd'hui

C'est l'abondance accrue de termes anglais dans quelques domaines particuliers qui frappe aujourd'hui les observateurs, et certains s'en émeuvent.

Il est indéniable que nos contemporains donnent de plus en plus volontiers la préférence à certaines expressions anglaises dans leurs communications journalières : elles leur semblent incomparablement plus expressives, et en tout cas plus « dans le vent » que leurs équivalents français. C'est une mode qui touche surtout quelques domaines privilégiés :

• **le monde du spectacle**, où bon nombre de formes anglaises sont devenues familières. Par exemple :

casting pour *distribution* (cinéma, théâtre)
live *en public* (mais *live*, pour un spectacle, n'est pas le synonyme de *direct*, car il peut s'agir d'un enregistrement précédemment réalisé en *public*, mais dont la diffusion a été différée, tandis que pour le *direct*, le spectacle est concomitant avec la diffusion)

clip	*bande vidéo promotionnelle, bande promo*
remake	*nouvelle version* (d'un film, d'un spectacle)
non stop	*permanent, continu*
(press)-book	*album de presse* (où l'artiste rassemble les articles de presse le concernant)

• **le monde des affaires et de la publicité**, où l'on préfère :

sit-in	à *occupation des locaux*
mailing	*publi-postage*
pack	*lot d'articles vendus ensemble*
package	*forfait, tout compris.* Ce terme est aussi utilisé par les voyagistes (encore désignés par l'anglicisme *tour operators*) qui proposent un prix global pour le transport et le séjour
packaging	*conditionnement* (d'un produit). Le terme anglais ne recouvre pas seulement l'emballage protecteur mais l'ensemble de la présentation et se réfère souvent à son esthétique
showroom	*salle d'exposition,* où les produits sont seulement présentés mais ne sont pas vendus sur place
designer	*styliste.* Le terme anglais s'applique à toutes sortes d'objets de consommation courante, et non pas à la seule mode vestimentaire
rough	*prémaquette, maquette d'essai.* Le terme s'emploie surtout dans la publicité et l'audiovisuel

• **le monde des médias**, où l'on entend souvent :

au feeling	plutôt que *au sentiment, à l'intuition*
free-lance	plutôt que *travailleur indépendant, pigiste*
private joke	qui désigne une plaisanterie ou une allusion compréhensible uniquement par les personnes qui sont de connivence

• **le domaine des sports**, étendu métaphoriquement à d'autres domaines, où l'on préfère :

pole position	à position de tête
top niveau	*du plus haut niveau*
le top (de)	*le summum (de)*
badge	*insigne* (carte d'identification portée sur le vêtement).

LE COCA-COLA,
UNE BOISSON AFRO-AMÉRICAINE CENTENAIRE

Cette boisson, dont le nom est une marque déposée depuis 1886, contient à la fois des extraits de feuilles de **coca**, arbrisseau d'**Amérique** tropicale (Mexique, Pérou) dont a été soigneusement retiré le principal composé, la cocaïne, et des extraits de noix de **cola**, fruit d'**Afrique** tropicale riche en caféine [185].

Emprunts visibles et emprunts dissimulés

Tous les emprunts ne disent pas leur nom. Si les usagers identifient sans peine immédiatement comme des anglicismes les formes en *-ing (jogging, parking, mailing)* ou les substantifs du type *skipper* « barreur » (d'un voilier), ou encore des expressions comme *top model* « mannequin vedette » ou *desk* « bureau des dépêches » (dans une agence de presse), c'est surtout parce que la graphie ou la phonie de ces mots ne suivent pas les règles traditionnelles du français. Mais devant des expressions comme *donner le feu vert* ou *prendre en compte,* qui nous viennent d'outre-Manche, il faut vraiment faire un effort pour se rappeler que les formes françaises traditionnelles correspondantes étaient naguère respectivement *donner l'autorisation* et *tenir compte (de).* De nos jours, de tels calques de l'anglais s'infiltrent sans attirer l'attention, comme c'est le cas pour *ce n'est pas ma tasse de thé*, qui remplace de façon plus imagée l'ancienne formule *très peu pour moi.* L'expression *être en charge (de)* devient plus fréquente que *être responsable (de)*, et on parle de plus en plus du *futur* plutôt que de l'*avenir*. Mais qui prend conscience de ces anglicismes ?

Beaucoup plus anciens, certains autres anglicismes sont encore plus difficiles à déceler aujourd'hui parce qu'ils datent de plus de deux cents ans : *prendre en considération, hors-la-loi, lune de miel, libre-penseur, non-sens,* tout comme le substantif *patient* et les adjectifs *romantique* et *sentimental* n'ont gardé aucune trace de leur origine britannique, de même que le vocabulaire de la vie politique emprunté à l'anglais au moment de la Révolution (cf. ci-dessus, § ... puis de l'anglais vers le français, p. 180).

Les anglicismes pernicieux

Récemment, certains anglicismes se sont révélés plus dangereux, car les formes adoptées coexistent avec des formes françaises identiques, mais pour exprimer un sens assez différent, parfois même très différent. Tel commentateur sportif, par exemple, décrit l'arrivée d'une étape du Tour de France en employant le verbe *contrôler* avec le sens de « diriger, être maître de la situation » ; tel présentateur du journal télévisé parle d'*armes non conventionnelles* pour désigner des armes chimiques, et personne ne se rend compte qu'en employant le terme *interférence* on fait aussi un anglicisme si on l'emploie comme un synonyme d'*ingérence*. Le verbe *supporter* peut aussi prêter à confusion, car il est parfois employé de nos jours avec le sens que le verbe *to support* a en anglais (« soutenir »). Enfin, *versatile* est une forme particulièrement trompeuse, car cet adjectif, péjoratif en français (« qui change souvent d'avis, girouette »), ne l'est pas du tout en anglais, où il signifie « qui a plusieurs talents, plusieurs possibilités » et où il représente au contraire une qualité.

Ces exemples sont évidemment des cas extrêmes, et les emprunts susceptibles de créer des difficultés dans la communication restent en fait l'exception.

Les grands résistants

En revanche, sont entrés dans nos discours quotidiens des anglicismes pour lesquels on aurait du mal à trouver un équivalent français, à moins d'avoir recours à une longue périphrase. Tel est le cas des *boots* et du *hold-up*, du *cutter* et du *flash*, du *dealer* et de l'*overdose*, du *brushing* et du *lifting*.

Le petit dictionnaire franglais-français ci-après montre qu'il existe aussi des anglicismes utiles.

DICTIONNAIRE FRANGLAIS-FRANÇAIS

boots Ce ne sont pas des bottes, mais des sortes de bottines basses avec une empeigne très lisse et sans lacets.

bulldozer « Engin très puissant, monté sur chenilles et utilisé pour les travaux de terrassement. » Une circulaire du 15 septembre 1977 avait proposé *bouteur* pour remplacer cet anglicisme, mais *bulldozer* était déjà trop bien implanté pour que *bouteur* puisse avoir une chance d'être adopté par les usagers.

cutter « Petit instrument muni d'une lame permettant de couper du papier. » Les mots *tranchet* ou *tranchoir*, proposés en remplacement, auront sans doute aussi du mal à s'imposer, parce qu'ils arrivent probablement un peu tard.

dealer « Revendeur de drogue », et non pas n'importe quel revendeur.

desk Ce terme désigne aussi bien le bureau des dépêches dans les agences de presse ou dans l'audiovisuel que le personnel qui reçoit et élabore les correspondances venues de l'extérieur. La dernière édition du *Dictionnaire des termes officiels de la langue française* propose quatre équivalents : *bureau*, *bureau des dépêches*, *rédaction* et *rédaction sédentaire* [186], dont aucun ne correspond parfaitement au sens de *desk*.

doping « Absorption d'excitants. » Il est intéressant de constater à l'heure actuelle un recul de la forme anglaise en *-ing*, le mot étant de plus en plus souvent remplacé par *dopage*, avec un suffixe français.

fax Le mot français *télécopie*, c'est-à-dire « reproduction à distance », est évidemment beaucoup plus explicite que la forme *fax*, mais il présente l'inconvénient de correspondre aussi à la fonction du *télex*. En faveur du terme *fax*, en dehors de sa brièveté, il faut aussi rappeler qu'il n'est après tout que l'abréviation d'un latinisme depuis longtemps entré en français : *fac-similé* « fait à l'identique ».

flash Ce terme s'applique aussi bien aux nouvelles prioritaires dans les informations télévisées qu'à la photographie. Le verbe *flasher*, plus récent, dérivé de ce substantif, signifie « avoir le coup de foudre ».

freezer Ce terme permet de distinguer entre la partie supérieure d'un réfrigérateur et le congélateur, dont la température est beaucoup plus basse et qui est souvent un meuble à part.

hold-up « Attaque à main armée. »

jogging En français, c'est à la fois le fait de faire une course à petites foulées dans la nature, le survêtement que l'on porte pour ce sport et, au pluriel, les chaussures qui permettent de le pratiquer.

kitchenette Une *kitchenette* n'est pas simplement une petite cuisine, autrement dit une cuisinette, mais une sorte de petite installation permettant de faire la cuisine au bout d'une salle de séjour.

mailing « Envoi de lettres groupées. »

mixer (n.m.) Comme pour beaucoup de mots d'origine anglaise de ce type, la prononciation hésite entre *-er* (comme si la graphie était *-aire*) et *-eur*. La graphie reste toutefois celle de l'anglais.

nominer Ce verbe n'est pas l'équivalent de *nommer*, mais celui de sélectionner avant la compétition définitive. Il pourrait donc être remplacé par *présélectionner*, pourtant moins bon que *nominer*, qui est aussi d'origine latine et qui n'a pas plus l'air étranger que *dominer, laminer* ou *ruminer*.

obsolète ou ***obsolescent*** sont deux exemples de mots qui existent de longue date dans la langue française pour désigner ce qui est « démodé, dépassé », et qui ont repris une nouvelle vigueur depuis leur réintroduction en français par l'intermédiaire de l'anglais.

off Une voix *off* est la voix de quelqu'un qui n'est pas visible à l'écran. Dans le jargon audiovisuel, dire quelque chose *off*, ou *off the record*, c'est tenir des propos dont le journaliste ne pourra pas faire état dans son reportage en les attribuant à son auteur.

panel Ce n'est pas le synonyme de *échantillon*, car il s'agit d'un même groupe de personnes qui a été choisi par un organisme de sondage pour être consulté périodiquement, et non pas d'un échantillon quelconque.

reality show Émission où les participants racontent leur vie intime.

rewriting et le verbe ***rewriter*** ne sont pas des synonymes de *réécriture* et de *réécrire*. Il est vrai qu'un même auteur peut réécrire son propre texte, mais si l'opération est faite par quelqu'un d'autre, le verbe *rewriter* permet de faire une distinction utile.

talk-show On a proposé le terme *émission de plateau* pour désigner ces émissions télévisées où les personnes présentes ne sont là que pour parler. Cette expression parviendra-t-elle à prendre la place du terme anglais, déjà bien implanté ?

week-end Ce terme ne désigne pas vraiment la fin de la semaine, mais plus exactement la période de repos ou de loisir de la fin de la semaine.

Les anglicismes « ringards »

Mais tout anglicisme n'est pas forcément un indice de modernité. En effet, si *look* garde son prestige en face de *apparence*, trop neutre, ou *coach* en face de *entraîneur*, trop banal, il n'est plus question d'employer le terme *fashionable* (« élégant »), ou encore *surprise-party* pour désigner ce que les jeunes d'aujourd'hui appellent tout simplement une *fête*. Le pseudo-anglicisme, ou faux anglicisme, *footing* n'est plus à la mode. On ne parle plus de *babies* ni de *kids*, comme au temps où Étiemble partait en guerre contre le franglais [187], mais de *bébés* ou d'*enfants* et si, ces dernières années, les adolescents étaient souvent des *teenagers*, aujourd'hui ce sont plutôt des *ados* (abréviation d'un mot bien français). Dire qu'on va prendre un *drink* (une « boisson ») *on the rocks* (« avec des glaçons »), ou un *ice-cream* (une « glace ») dans un *milk-bar* ou un *snack-bar* fait immédiatement penser à une époque révolue, et l'adjectif *smart* (« élégant ») n'a plus cours du tout. Il est encore plus désuet de dire *darling* (« chéri(e) »), *shake-hand* (« poignée de main ») ou *highlife* (« élégant »). Quant à *spleen* et à *dandy*, ils renvoient immanquablement au siècle dernier, à Baudelaire et à Stendhal.

Les mouvements de la mode ont donc balayé hors du discours quotidien une quantité de mots anglais naguère en vogue, signe que la langue se débarrasse de ce qui s'est révélé inutile après une période d'engouement.

15

L'AUTRE BOUT DU MONDE

L'exotisme africain

En raison des relations étroites de la France avec les pays de l'Afrique centrale et occidentale depuis deux siècles – dans 18 pays africains, la langue française est une langue officielle [188] –, on aurait

LE FRANÇAIS,
LANGUE OFFICIELLE DANS 18 PAYS D'AFRIQUE

Bénin	Guinée
Burkina Faso	Mali
Burundi (avec le kirundi)	Mauritanie (avec l'arabe)
Cameroun (avec l'anglais)	Niger
République centrafricaine	Rwanda (avec le kinyarwanda)
Congo	Sénégal
Côte-d'Ivoire	Tchad (avec l'arabe)
Djibouti (avec l'arabe)	Togo
Gabon	Zaïre [189]

pu s'attendre à trouver un nombre très important de mots venus des langues africaines. Or il se réduit à seulement quelques dizaines, dont une partie figure sur la carte ci-après.

Les seules langues africaines auxquelles le français a fait des emprunts sont :

– le bantou, parlé dans toute la moitié sud de l'Afrique
– le malinké, parlé au Sénégal et en Gambie
– l'ewé-fon, parlé au Ghana, au sud du Togo et au Bénin
– le hottentot, parlé en Namibie et au Botswana.

QUELQUES MOTS VENUS DES LANGUES D'AFRIQUE

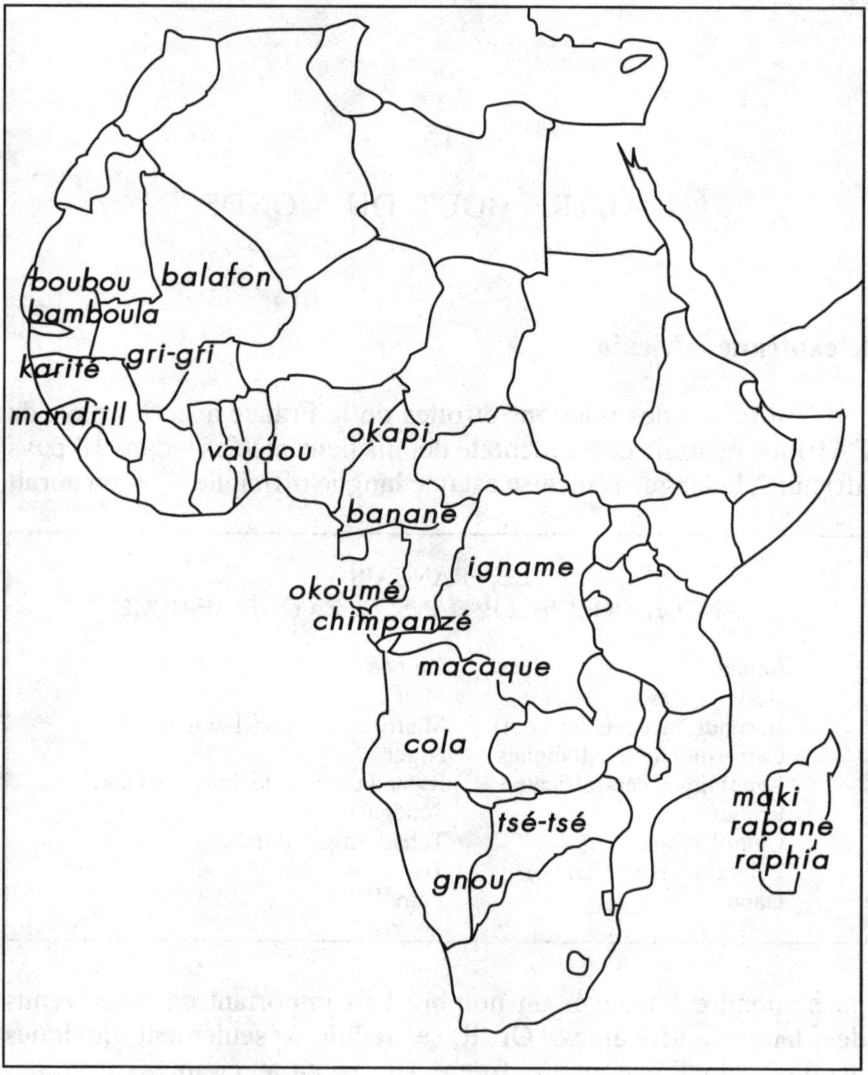

Les mots venus du malgache (ou merina) appartiennent à une autre famille de langues, les langues malayo-polynésiennes.

Les mots empruntés à ces langues et figurant sur la carte ci-contre correspondent la plupart du temps à des réalités spécifiquement africaines, et qui gardent souvent une partie de leur mystère : animaux, végétaux, coutumes.

Quelques précisions zoologiques

Voici tout d'abord trois singes, qu'il convient de distinguer :

le *chimpanzé*, grand singe vivant dans les arbres et se nourrissant de fruits

le *macaque*, singe de taille moyenne et dont la face, de couleur chair, se rapproche de celle de l'homme

le *mandrill*, singe féroce habitant de préférence dans les rochers et dont les colères sont redoutables.

Citons aussi l'*okapi*, petit mammifère mi-zèbre, mi-girafe, ainsi que le *gnou*, dont le nom vient du hottentot, mammifère mi-cheval, mi-taureau, qui fait partie de la famille des antilopes, mais avec la grâce en moins.

Parmi les insectes peu recommandables, il faudrait citer la redoutable mouche *tsé-tsé*, grosse mouche dont certaines espèces transmettent la maladie du sommeil, qui peut être mortelle.

Un peu de botanique

Rafraîchissons maintenant notre mémoire en rappelant que l'*okoumé* est un arbre du Gabon dont le bois est utilisé en ébénisterie, que les graines du *karité* ou *arbre à beurre* renferment une substance grasse comestible, que la *cola* (ou *kola*), fruit du colatier, contient de la caféine, tandis que l'*igname* est une plante grimpante dont on consomme le tubercule. Plus familière, la *banane* a tellement de qualités que les botanistes de la Renaissance l'avaient appelée *musa paradisiaca,* comme si elle ne pouvait venir que de lieux paradisiaques. Bernardin de Saint-Pierre, au XVIIIe siècle, chantait ainsi ses louanges : « La banane donne à l'homme de quoi le nourrir, le loger, l'habiller et même l'ensevelir [190]. »

Rites et croyances

La spiritualité se doit d'occuper une place particulière parmi les apports africains dans d'autres continents car le *vaudou*, dont le nom vient de l'ewé-fon, et qui est un culte animiste né dans la région appelée autrefois *Côte de Guinée* (Ghana, Bénin, Togo), s'est ensuite beaucoup développé et considérablement enrichi dans les communautés noires des Antilles et du Brésil.

Avec le *gri-gri,* qui a désigné à l'origine un esprit malfaisant. on reprend pied dans la vie quotidienne puisqu'on le considère auourd'hui plus matériellement comme un objet fétiche destiné à éloigner les maladies et le mauvais sort.

Plus terre à terre encore, *bamboula* vient d'un mot de Guinée désignant un tambour qui est une sorte de *tam-tam.* Le mot a ensuite désigné une danse, d'où l'expression maintenant un peu désuète : *faire la bamboula* « faire la fête ».

Citons aussi le *balafon*, qui est un instrument de musique à percussion utilisant des calebasses comme caisses de résonance.

Parmi les vêtements, le *boubou* est en fait un nom d'animal. En malinké, ce dernier mot désigne un singe, et il évoque ainsi l'époque où les habitants d'Afrique occidentale se vêtaient de peaux de singe. Il désigne aujourd'hui une sorte de vêtement léger et flottant que portent les hommes et les femmes en Afrique.

Récréation

BOIS EXOTIQUES

Sur ces 8 mots d'origine exotique, seul l'un d'entre eux ne désigne pas le bois d'un arbre. Lequel ?

1. **acajou** (tupi)	5. **okoumé** (bantou)
2. **baobab** (arabe)	6. **palissandre** (arawak)
3. **bambou** (malais)	7. **séquoia** (iroquois)
4. **okapi** (bantou)	8. **tallipot** (malais)

Réponse : okapi (mammifère).

Le malgache (merina) a aussi fourni quelques mots à la langue française : on connaît bien le *raphia*, un palmier aux longues feuilles pouvant atteindre 20 mètres de long, et dont les fibres servent à confectionner un tissu, la *rabane*, alors qu'il faut peut-être prendre un dictionnaire pour apprendre que le *maki* est un petit mammifère appelé aussi *chat de Madagascar.*

Autour du Pacifique

Ce sont encore des mots évoquant des réalités lointaines, rapportées par les grands voyageurs, qui constituent l'essentiel du vocabulaire venu des pays bordant l'océan Pacifique.

On a déjà vu qu'une partie des mots venant du malais sont parvenus en français par l'intermédiaire du portugais (cf. ch. 12, *carte* MOTS VENUS D'ASIE PAR LE PORTUGAIS, p. 163), du néerlandais (cf. ch. 9, *encadré* QUELQUES MOTS VENUS DES COLONIES NÉERLANDAISES, p. 102) et de l'anglais (cf. ch. 14, *carte* MOTS VENUS D'ASIE PAR L'ANGLAIS, p. 189).

D'autres mots semblent être arrivés directement du malais ou d'une langue indonésienne, comme :

orang-outang : ce mot désignait en malais des tribus vivant dans les forêts, mais c'est probablement par erreur (ou serait-ce par plaisanterie ?) que les Occidentaux l'ont attribué à un grand singe anthropoïde

pangolin, nom d'un curieux petit mammifère couvert d'écailles qui se redressent quand l'animal s'enroule sur lui-même (sens que le mot a en malais [191])

calao, oiseau à l'apparence inoubliable car son bec énorme, plus gros que sa tête, est surmonté en outre d'une excroissance cornée [192]

émeu (ou *émou*), oiseau coureur, de la même famille que les autruches

pagaie, rame à double pelle.

Enfin, *sarbacane* est sans doute le mot malais qui a parcouru le plus de chemin : d'abord emprunté par le persan, il est ensuite passé par l'arabe, qui l'a introduit en Espagne sous la forme *cerbatana.* Adopté par le français, le mot a d'abord pris une forme proche de celle de l'espagnol *(sarbatane)*, avant de devenir *sarbacane*, sans doute par croisement avec *canne.*

Des mots d'Australie et de Nouvelle-Zélande

Tous les mots d'origine australienne sont parvenus en français par l'intermédiaire de l'anglais :

kangourou, animal de la famille des marsupiaux sauteurs et dont la femelle possède une poche ventrale extérieure où l'embryon termine son développement pendant huit mois. Il est essentellement herbivore

koala, petit animal de la famille du kangourou, mais qui se nourrit exclusivement de fruits

dingo, chien sauvage, dont le nom a été donné à un personnage de Walt Disney

boomerang, arme formée d'une pièce de bois recourbée et revenant à son point de départ s'il n'a pas touché sa cible.

C'est aussi par l'intermédiaire de l'anglais que sont arrivés les mots venus du maori, langue de Nouvelle-Zélande, dont le plus connu est *kiwi*, un mot qui désigne à la fois un oiseau coureur et un fruit à la peau velue et au goût acidulé. Il est d'origine chinoise et n'a été cultivé en Nouvelle-Zélande qu'en 1910. Il est aujourd'hui bien acclimaté en France. Ce fruit, très riche en vitamines et en potassium, est recommandé aux personnes âgées pour réduire les risques d'attaques cardiaques [193].

Des mots venus de Polynésie

Certains d'entre eux sont venus directement, comme :

vahiné, mot désignant à Tahiti une jeune fille ou une femme

paréo, vêtement traditionnel tahitien fait d'une seule pièce d'étoffe, nouée au-dessus de la poitrine pour les femmes et à la ceinture pour les hommes.

D'autres sont d'abord passés par l'anglais :

tatouer, du polynésien des îles Marquises

tabou, du polynésien de l'île Tonga.

Des mots chinois

En dehors des mots chinois venus par le portugais *(cangue, typhon)*, par le malais *(sampang, thé)* et par l'anglais *(ketchup, kumquat et pongé)*, il y a encore :

kaolin, d'un mot chinois signifiant « haute colline » car c'est, semble-t-il, de lieux élevés que l'on extrayait l'argile blanche destinée à la porcelaine de qualité

kung-fu, art martial se pratiquant à mains nues, ce qui l'apparente au *karaté* japonais
litchi, fruit exotique, dont le nom a été emprunté par l'intermédiaire de l'espagnol
mah-jong, jeu de société chinois, qui serait la plus ancienne forme du jeu de dominos
shantung, étoffe de soie dont le nom est aussi celui d'une province chinoise
youyou, embarcation légère, dont l'usage était plus fréquent au XIXe siècle.

Des mots tibétains

En dehors des mots dont on sait qu'ils sont venus par l'intermédiaire de l'anglais, tels que *polo,* de *pulu* « balle » et *yack*, nom d'un mammifère encore appelé *bœuf grognant*, il faut signaler le *zébu*, dont l'origine est cependant plus incertaine, alors que le mot *lama*, qui désigne un prêtre bouddhiste au Tibet et en Mongolie, vient d'une forme tibétaine signifiant « homme supérieur », *dalaï lama* correspondant à « grand lama ».

Le japonais, dernière escale

C'est avec le japonais que s'achève ce tour du monde des mots venus d'ailleurs.

MOTS D'ORIGINE JAPONAISE

aïkido	*bonsaï*	*bonze*	*bushido* (code d'honneur)
dan	*geisha*	*hara-kiri*	*ikébana* (arrangement floral)
jiu-jitsu	*judo*	*judoka*	*kakémono* (tableau)
kaki (fruit)	*kamikaze*	*karaoké*	*karaté*
kimono	*mikado*	*mousmé*	*nippon*
nô	*saké*	*samouraï*	*shogoun* (dictateur)
soja	*sumo*	*tatami*	*yen*

Les emprunts au japonais apportent des suggestions inédites :
– ils donnent l'occasion de faire une brève incursion dans l'univers culturel nippon si particulier ;

– ils intriguent les phonéticiens, qui se demandent la raison de la prononciation inattendue de quelques éléments de ce vocabulaire en français ;

– ils invitent aussi à se familiariser un peu avec l'écriture japonaise.

Des arts martiaux très élégants

Il est assez paradoxal de constater que plusieurs arts martiaux ont des dénominations étrangement pacifiques : *jiu-jitsu* ou « art de la souplesse », *judo* ou « art de la délicatesse, de la conciliation », *karaté* ou « combat à mains nues » et *aïkido* ou « voie de la paix ». Tous ces noms évoquent plutôt des mouvements de danse que des combats sans merci.

Les difficultés de la prononciation

Les mots *kamikaze* « pilote volontaire pour une mission suicide consistant à s'écraser avec son avion sur une cible ennemie » et *bonsaï* « arbre nain » attirent plus particulièrement l'attention des phonéticiens. En effet, la vraie prononciation en français devrait être *kamikazé* car la voyelle finale se prononce en japonais. Pour *bonsaï*, on peut légitimement se demander pourquoi la prononciation de ce mot devient *bonzaï* en français alors que le s devrait rester s, comme dans le verbe *danser*. Le rapprochement avec le mot *bonze*, qui pourtant appartient à un tout autre domaine sémantique, a pu jouer en faveur de la prononciation avec *z*.

Se faire *hara-kiri*

Enfin, c'est grâce à quelques indications sur les principes de l'écriture japonaise qu'on peut voir comment les Français – et avec eux, tous les Occidentaux – ont eu le choix entre deux mots pour désigner le mode de suicide par éventration connu en Europe sous le nom de *hara-kiri*, les Japonais ayant deux formes à leur disposition, *hara-kiri* et *sep poukou*, cette dernière étant un peu plus officielle.

Les idéogrammes chinois et la langue japonaise

La base de l'écriture japonaise est l'écriture idéographique, qu'ils tiennent des Chinois, et où chaque signe représente un sens, contrairement aux alphabets, où les signes représentent des sons.

En japonais, le signe représentant la montagne est constitué d'une barre horizontale surmontée de trois barres verticales dont celle du milieu est plus haute 山 . Cet idéogramme peut se prononcer, soit à la chinoise (quelque chose comme *san*), soit à la japonaise (quelque chose comme *yama)*. Les Européens ont choisi la lecture « à la japonaise » pour désigner la montagne sacrée du Japon, le *Fuji-Yama*, contrairement aux habitudes du pays, où la forme officielle de ce nom est *Fujisan* [194].

Le mot japonais *hara-kiri* constitue un autre exemple typique de la double lecture possible des idéogrammes chinois en japonais.

HARA-KIRI = SEP POUKOU

Pour désigner par écrit le mode de suicide par éventration particulier aux Japonais, connu en Europe sous le nom de hara-kiri, il existe deux idéogrammes, qui peuvent être lus, soit « à la chinoise », soit « à la japonaise ».

Dans la lecture « à la chinoise », on est en présence de deux éléments graphiques :

切腹

Le premier caractère signifie « couper » et se prononce [sɛʔ].
Le deuxième caractère signifie « ventre » et se prononce [puku].
La forme complète se lit approximativement **sep poukou**.

Dans la lecture « à la japonaise », les mêmes éléments se trouvent inversés :

腹切

Le premier caractère, signifiant « ventre », se prononce [hara].
Le deuxième, signifiant « couper », se prononce [kiri].
Cette dernière forme se lit donc **hara kiri.**

C'est celle qui a été adoptée par les Occidentaux. Pour les Japonais, les deux termes ont la même valeur, mais **sep poukou** est plutôt un terme officiel [195].

On comprendra mieux comment fonctionne l'écriture idéographique en prenant un exemple analogue dans les langues européennes, où le signe **5** signifie toujours « cinq » mais peut aussi se lire *five, fünf, cinque, cinco*... selon qu'on le trouve dans un texte en anglais, en allemand, en italien, en espagnol.

16

ON A SOUVENT BESOIN D'UN ÉTRANGER CHEZ SOI

Emprunter, c'est s'enrichir

À la fin de ce sinueux voyage parmi les mots venus de langues aussi voisines que l'italien, l'espagnol ou l'anglais, aussi insolites que le hottentot, le malais ou le tupi, il apparaît comme une évidence que la langue française, malgré son goût séculaire pour un purisme sans concessions, ne s'est jamais complètement repliée sur elle-même et qu'elle n'a au contraire jamais cessé de s'enrichir au contact de plusieurs dizaines de langues différentes, nées sur les cinq continents.

Les milliers d'emprunts qui ont grossi son dictionnaire sont eux-mêmes de diverses sortes et, après les avoir suivis sur leurs lieux de naissance autour du monde, il convient maintenant d'en esquisser la typologie, ce qui revient à les regrouper en quatre grandes catégories.

Les emprunts tels quels

Le premier groupe, qui est aussi le plus facile à identifier, correspond au passage total d'un mot d'une langue à une autre, sous ses deux aspects : à la fois sa forme phonique ou graphique, plus ou moins bien adaptée au français, et sa signification. Tel est le cas de *talk-show*, emprunté à l'anglais, de *blinis*, au russe, de *jaguar*, au tupi. Il faut aussi observer que :

ananas renvoie au même fruit en tupi (langue du Brésil) qu'en français

moustique désigne en français le même insecte que le mot espagnol *mosquito* dont il est issu *aquarelle* se réfère en français à une peinture à l'eau, comme en italien.

Mais il ne faudrait pas croire à une identité parfaite entre le mot passé en français et le mot d'origine, car les mots n'ont jamais vraiment le même pouvoir d'évocation dans la langue qui a emprunté et dans la langue qui a donné.

En effet, pour un habitant du Brésil connaissant le tupi, le mot *ananas* lui rappelle que ce fruit est très parfumé (*ana ana* signifie « parfum des parfums » en tupi). Pour un hispanophone, la relation entre un moustique et une mouche est évidente (*mosquito* « moustique » est un diminutif de *mosca* « mouche »), alors qu'elle est absolument indécelable en français. Enfin, la présence de l'eau dans la peinture à l'aquarelle se manifeste avec insistance dans la forme italienne *acquarella*, où *acqua* est le mot italien pour « eau », alors qu'un léger temps de réflexion peut être nécessaire pour le mot français.

Ces trois exemples montrent qu'en passant d'une langue dans une autre les mots ne gardent pas toujours les mêmes extensions de sens.

Les nouvelles dérivations

Il peut arriver – et cela constitue un deuxième type d'emprunt – que seule la forme dérivée soit un emprunt, alors que la forme simple ne l'est pas. On a déjà vu que *confortable* est un emprunt à l'anglais, tout comme *sentimental* ou *romantique* (cf. ch. 14, p. 177). Mais le cas le plus étonnant est peut-être celui des verbes *influencer* et *utiliser*, qui étaient ressentis comme barbares par Necker en 1792, alors que *influence* et *utilisation* lui semblaient de bon aloi. Il écrivait : « On introduit chaque jour de nouveaux verbes complètement barbares, et on les substitue à l'usage des substantifs : ainsi l'on dit *influencer, utiliser* [196]. »

Un nouveau sens pour un mot déjà existant

Souvent, c'est sur l'extension du sens que porte l'emprunt, comme on l'a vu dans le cas des *Échelles du Levant* et des *Échelles de Barbarie* (cf. ch. 11, *encadré* DES ÉCHELLES ET DES PORTS, p. 139). Il s'agit cette fois d'un emprunt à l'italien, mais uniquement pour le sens de « comptoir commercial » au XVIe siècle, car le mot *échelle* existait en français avec son sens premier depuis des siècles.

Ce troisième type d'emprunts est abondamment représenté parmi ceux qui ont été faits à l'anglais. On y trouve d'innombrables exemples de mots français de vieille souche qui, après avoir été adoptés en Angleterre, ont à nouveau refait surface en français, mais cette fois enrichis d'un sens qu'il n'avaient pas à l'origine. Les mots *désappointé, patate* et *populaire* sont significatifs à cet égard :

désappointé avait en français, jusqu'au milieu du XVIIIe siècle, uniquement le sens de « destitué » (« non appointé »). À son retour en France, il a pris le nouveau sens (« désappointé, déçu ») qu'il avait acquis en anglais

patate, dans le sens de « pomme de terre », a sans doute été aussi emprunté à l'anglais, mais le mot *patate* existait déjà en français depuis le XVIe siècle pour désigner un autre légume, la patate douce

populaire : cet adjectif, qui servait seulement à qualifier ce qui avait un rapport avec le peuple (*émeute populaire*), a acquis, sous l'influence de l'anglais, à la fin du XVIIIe siècle, le sens de « qui plaît au peuple » (*un ministre très populaire*).

Ces trois emprunts à l'anglais n'ont pas connu les mêmes évolutions au cours du temps : pour le premier (*désappointé*), seul le nouveau sens (« déçu ») emprunté à l'anglais s'est maintenu ; pour *patate*, l'ancienne signification a survécu auprès de la nouvelle, mais on prend soin le plus souvent d'ajouter *douce* à *patate* quand il ne s'agit pas de la pomme de terre. Quant à l'adjectif *populaire* dans le sens de « qui plaît à tous », il apparaît encore à certains comme un anglicisme à éviter.

Traductions et calques

Il existe enfin des emprunts sémantiques beaucoup plus souterrains, et qui passent parfaitement inaperçus sauf pour ceux qui connaissent vraiment bien les deux langues concernées. Ils constituent le quatrième groupe de ce classement, celui des traductions et des calques (cf. ch. 10, *encadré* UN CALQUE N'EST QU'UNE TRADUCTION, p. 118). Ainsi, l'expression *prendre en considération*, pourtant si évidemment française, a bien été empruntée à l'anglais, tout comme *libre-penseur, machine à vapeur, lune de miel* ou *gratte-ciel*.

Il faudrait d'ailleurs distinguer entre les vrais calques (*prendre en considération* ou *libre-penseur*) et les simples traductions (*machine à vapeur, lune de miel* ou *gratte-ciel*).

On a en effet une réplique pure et simple de l'anglais *to take into consideration* dans *prendre en considération*, et cela se voit encore plus clairement dans *libre-penseur*, où l'adjectif précède le nom, comme en anglais (*free-thinker*) : ce sont de vrais calques. Mais, pour *lune de miel, machine à vapeur* et *gratte-ciel,* les vrais calques de *honeymoon,* de *steam engine* et de *sky-scraper* seraient **miel lune*, **vapeur machine* et **ciel gratteur*. (L'astérisque marque que ces formes ne sont pas attestées.)

La langue française a donc bien adopté la forme empruntée, mais en l'adaptant à ses propres structures. Les calques réussis et les formes traduites, en se conformant aux modes de formation de la langue emprunteuse, perdent très rapidement toute coloration étrangère et ont alors des chances de perdurer.

Pour terminer en s'amusant...

... puisqu'on a souvent besoin d'un étranger chez soi, voici une dernière récréation.

Récréation

DES VÊTEMENTS VENUS DE PARTOUT

Sur les 12 mots de ce texte concernant l'habillement, 3 sont empruntés à l'italien, 2 à l'anglais, 2 au persan, 1 à l'espagnol, 1 à l'allemand, 1 au germanique ancien, 1 au turc et 1 à l'arabe. Lesquels ?

Elle avait ouvert l'armoire aux merveilles : son choix s'était tout de suite porté sur une *jupe* longue et une *guimpe* sur laquelle elle se promettait d'enfiler un *gilet* ou de poser négligemment un *châle* avant de recouvrir le tout d'une *veste* brodée.

Sur la tête, elle voulait mettre un *turban*, mais aussi une *mantille* et peut-être même une *capeline*. Elle savait qu'ainsi elle aurait bien trop chaud et qu'elle serait obligée de se déshabiller pour enlever le *body* et le *tee-shirt* qu'elle avait l'habitude de porter à même la peau.

Mais elle n'en eut pas le loisir car l'homme en *loden*, qui était en face d'elle, venait subitement d'enlever son *pantalon*, ce qui la fit s'enfuir à toutes jambes.

Réponse : à l'italien : *veste, capeline, pantalon* – à l'anglais : *body, tee-shirt* – au persan : *châle, turban* – à l'espagnol : *mantille* – à l'allemand : *loden* – au germanique ancien : *guimpe* – au turc : *gilet* – à l'arabe : *jupe.*

NOTES ET RÉFÉRENCES

1. WALTER, Henriette et WALTER, Gérard, *Dictionnaire des mots d'origine étrangère*, Paris, Larousse, 1991, 413 p.
2. ÉTIEMBLE, *Parlez-vous franglais ?* Paris, Gallimard, 1964, 376 p.
3. WALTER, Henriette et WALTER, Gérard, *Dictionnaire des mots d'origine étrangère*, Paris, Larousse, 1991, 413 p., en particulier, p. 115. Les résultats alors indiqués dans cet ouvrage ont, depuis, été légèrement modifiés, grâce à une recherche complémentaire effectuée par Gérard Walter. Ce sont les nouveaux résultats qui ont été consignés dans le présent ouvrage.
4. GUIRAUD, Pierre, *Les Mots étrangers*, Paris, PUF, « Que sais-je ? », n° 1166, 1965, 123 p., p. 64-82.
5. Rappelons que la première étude, faite par un érudit, non argotier lui-même, Francisque MICHEL, date de 1856 : *Études de philosophie sur l'argot et sur les idiomes analogues parlés en Europe et en Asie*.
6. HUGO, Victor, *Les Misérables*, 4e partie, livre VII, ch. 2, Paris, Flammarion, éd. 1925, p. 193.
7. GUIRAUD, Pierre, *L'Argot*, Paris, PUF, « Que sais-je ? », n° 700, 1958, 126 p., p. 87-88.
8. WALTER, Henriette, « Lexique argotique et emprunts », Colloque « Les argots : noyau ou marges de la langue ? », Cerisy-la-Salle, 11-17 août 1994, à paraître dans les *Actes*.
   Le corpus qui est à la base de cette étude sur le vocabulaire argotique a été établi à partir du *Dictionnaire d'argot* de Jean-Paul Colin et Jean-Pierre Mével, paru aux éditions Larousse en 1990, qui a fourni l'essentiel des données. Celles-ci ont été complétées par les formes lexicales relevées dans :
   DAUZAT, Albert, *Les Argots*, Paris, Delagrave, 1956 (1re éd. 1929), 189 p. Signalons que Dauzat considère que les mots étrangers ont toujours joué un rôle capital en argot et qu'il consacre environ trente pages à ce procédé de renouvellement.
   GUIRAUD, Pierre, *L'Argot*, Paris, PUF, « Que sais-je ? », n° 700 (*sic*), 1958, 126 p.
   CALVET, Louis-Jean, *L'Argot en 20 leçons*, Paris, Payot, 1993, 213 p.
   CALVET, Louis-Jean, *L'Argot*, Paris, PUF, « Que sais-je ? », n° 700 (*sic*), 1994, 128 p.
9. DAUZAT, Albert, *Les Argots*, Paris, Delagrave, 1956 (1re éd. 1929), 189 p., p. 56.
10. DAUZAT, Albert, *Les Argots*, Paris, Delagrave, 1956 (1re éd. 1929), 189 p., p. 34.
11. ALLIÈRES, Jacques, *Manuel pratique de basque*, Paris, Picard, 1979, 262 p., p. 8-21.
12. LAMBERT, Pierre-Yves, *La Langue gauloise*, Paris, Errance, 1994, 239 p., p. 191.
13. ERNOUT, A. et MEILLET, Antoine, *Dictionnaire étymologique de la langue latine. Histoire des mots*, Paris, Klincksieck 1967 (1re éd. 1932), 827 p., p. 577.

14. Cf. la carte de l'hydronomie préceltique, dans WALTER, Henriette, *L'Aventure des langues en Occident. Leur origine, leur histoire, leur géographie*, Paris, Robert Laffont, 1994, 498 p., p. 228.
15. IGLESIAS PONCE DE LEÓN, Moisés, « À la recherche du sens perdu des mots : l'apport de la toponymie à la sémantique, via les sciences de la terre. Le cas de la pierre plate, *lousa, laxe*, en galicien », à paraître dans les *Actes* du Colloque international de linguistique fonctionnelle (Iași, Roumanie, 26 juin-2 juillet 1996).
16. ROUSSET, Paul-Louis, *Les Alpes et leurs noms de lieux, 6 000 ans d'histoire*, éd. par l'auteur, Meylan, 1988, 444 p., p. 235-236 (diffusion Didier et Richard, Grenoble).
17. NÈGRE, Ernest, *Toponymie générale de la France*, Genève, Droz, 1990, tome 1, p. 7-704, 1991, tome 2, p. 713-1381 et tome 3, p. 1399-1852, p. 19-20 et 50-51.
18. WALTER, Henriette, *L'Aventure des langues en Occident. Leur origine, leur histoire, leur géographie*, Paris, Robert Laffont, 1994, 498 p. (préface d'André Martinet), carte de l'Europe celtique, p. 66.
19. LE QUELLEC, Jean-Loïc, *Dictionnaire des noms de lieux de la Vendée*, La Mothe-Achard, Geste éditions, 1995, 319 p., p. 223.
20. MILLS, A.D., *A Dictionary of English Place-Names*, Oxford-New York, Oxford University Press, 1991, 388 p., p. 74.
21. Le texte est reproduit in extenso dans SAVIGNAC, Jean-Paul, *Les Gaulois. Leurs écrits retrouvés « Merde à César / Cecos ac Caesar »*, Paris, La Différence, 1994, 186 p., p. 177.
22. LAMBERT, Pierre-Yves, *La Langue gauloise*, Paris, Errance, 1994, 239 p., p. 39.
23. FLOBERT, Pierre, « L'apport lexical du gaulois au français : questions de méthode », *Nomina Rerum*, Hommage à Jacqueline Manessy-Guitton, LAMA (Centre de recherches comparatives sur les langues de la Méditerranée ancienne), 13, 1994, p. 201-208, notamment p. 205.
24. WALTER, Henriette, *Des mots sans-culottes*, Paris, Robert Laffont, 1989, 244 p., p. 186.
25. Cité par SAVIGNAC, Jean-Paul, *Les Gaulois. Leurs écrits retrouvés « Merde à César / Cecos ac Caesar »*, Paris, La Différence, 1994, 186 p., d'après Guyonvac'h, dans Ogam, 1962.
26. BALZAC, Honoré de, *La Rabouilleuse*, ou *Le Ménage de garçon*, Scènes de la vie de province : Les Célibataires, Paris, 1842.
27. Mais une autre étymologie a été proposée par GUIRAUD, Pierre, *Dictionnaire des étymologies obscures*, Paris, Payot, 1982, 522 p., p. 113.
28. DAUZAT, Albert, *La Toponymie française*, Paris, Payot (1re éd. 1960), 1971, 335 p., p. 41 note 1.
    JULLIAN, Camille, *Histoire de la Gaule*, Paris, Robert Laffont, 1971 (édition abrégée), tome I, p. 89-97, 101, tome II, p. 261.
29. JULLIAN, Camille, *Histoire de la Gaule*, Paris, Robert Laffont, 1971 (édition abrégée), tome I, p. 131.
30. Cf. la carte publiée dans WALTER, Henriette, *Le Français dans tous les sens*, Paris, Robert Laffont, 1988, 384 p. (préface d'André Martinet). Grand Prix de l'Académie française pour 1988, p. 138.
31. Les 221 toponymes évoquant le chêne ont été recensés dans le *Dictionnaire national des communes de France*, Paris, Albin Michel et Berger-Levrault, 1984. Ils ont été vérifiés dans NÈGRE, Ernest, *Toponymie générale de la France*, Genève, Droz, 1990, tome 1, p. 266-271.
32. Le terme est attesté dans les dictionnaires suivants :
    BOISGONTIER, Jacques, *Dictionnaire du français régional du Midi toulousain et pyrénéen*, Paris, Bonneton, 1992, 157 p.
    DUBUISSON, Pierrette et BONIN, Marcel, *Dictionnaire du français régional de Berry-Bourbonnais*, Paris, Bonneton, 1993, 142 p.

DUCHET-SUCHAUX, Monique et Gaston, *Dictionnaire du français régional de Franche-Comté*, Paris, Bonneton, 1993, 159 p.

FRECHET, Claudine et MARTIN, Jean-Baptiste, *Dictionnaire du français régional du Velay*, Paris, Bonneton, 1993, 159 p.

GAGNY, Anita, *Dictionnaire du français régional de Savoie*, Paris, Bonneton, 1993, 159 p.

MARTIN, Jean-Baptiste, *Dictionnaire du français régional du Pilat*, Paris, Bonneton, 1989, 173 p.

RÉZEAU, Pierre, *Dictionnaire du français régional de Poitou-Charente et de Vendée*, Paris, Bonneton, 1990, 159 p.

TAMINE, Michel, *Dictionnaire du français régional des Ardennes*, Paris, Bonneton, 1992, 157 p.

TAMINE, Michel, *Dictionnaire du français régional de Champagne*, Paris, Bonneton, 1993, 157 p.

TAVERDET, Gérard et NAVETTE-TAVERDET, Danièle, *Dictionnaire du français régional de Bourgogne*, Paris, Bonneton, 1991, 159 p.

VURPAS, Anne-Marie et MICHEL, Claude, *Dictionnaire du français régional du Beaujolais*, Paris, Bonneton, 1992, 191 p.

VURPAS, Anne-Marie, *Le Parler lyonnais, Lexique*, Paris, Rivages, 1993, 287 p., ainsi que

TUAILLON, Gaston, *Les Régionalismes du français parlé à Vourey, village dauphinois*, Paris, Klincksieck, « Matériaux pour l'étude des régionalismes du français », n° 1, 1983, 383 p.

33. TAMINE, Michel, *Dictionnaire du français régional de Champagne*, Paris, Bonneton, 1993, 157 p., p. 16.
    TAVERDET, Gérard et NAVETTE-TAVERDET, Danièle, *Dictionnaire du français régional de Bourgogne*, Paris, Bonneton, 1991, 159 p.
34. TAMINE, Michel, *Dictionnaire du français régional des Ardennes*, Paris, Bonneton, 1992, 157 p., p. 150.
35. DUBUISSON, Pierrette et BONIN, Marcel, *Dictionnaire du français régional de Berry-Bourbonnais*, Paris, Bonneton, 1993, 142 p.
36. VURPAS, Anne-Marie et MICHEL, Claude, *Dictionnaire du français régional du Beaujolais*, Paris, Bonneton, 1992, 191 p.
37. MARTIN, Jean-Baptiste, *Dictionnaire du français régional du Pilat*, Paris, Bonneton, 1989, 173 p.
38. TUAILLON, Gaston, *Les régionalismes du français parlé à Vourey, village dauphinois*, Paris, Klincksieck, « Matériaux pour l'étude des régionalismes du français », n° 1, 1983, 383 p.
39. WALTER, Henriette, *Le Français dans tous les sens*, Paris, Robert Laffont, 1988, 384 p. (préface d'André Martinet). Grand Prix de l'Académie française pour 1988, particulièrement le tableau des langues indo-européennes, p. 30-31.
40. ROSTAING, Charles, *Les Langues romanes*, Paris, PUF, « Que sais-je ? », n° 1562 (1re éd. 1974), 1979, 128 p.
41. ROLAND, Henri et BOYER, Laurent, *Locutions latines du droit français*, Paris, Litec, 1993, 513 p.
42. CLAUSE, L., *Guide Clause, Traité pratique du jardinage*, Brétigny-sur-Orge, 1984, 608 p., p. 93-171.
43. La plus grande partie de ces informations provient de HALE, Harrison, « The elements » dans HODGMAN, Charles (sous la dir.), *Handbook of Chemistry and Physics*, Cleveland (USA), Chemical Rubber Publishing, 1956, 3 206 p., p. 357-388.
44. GUIRAUD, Pierre, *Les Mots savants*, PUF, « Que sais-je ? », n° 1325, 1968, 115 p., p. 27.
45. BOUFFARTIGUE, Jean et DELRIEU, Anne-Marie, *Trésors des racines latines*, Paris, Belin, 1981, 335 p., p. 128.

46. Walter, Henriette, *Des mots sans-culottes*, Paris, Robert Laffont, 1989, 224 p., p. 87-88.
47. Brandy, Daniel *Motamorphoses*, Paris, Casterman, 1986, 338 p., p. 28-30.
48. Sauf indication contraire, toutes ces informations proviennent de Bloch, Oscar et Wartburg, Walther von, *Dictionnaire étymologique de la langue française*, Paris, PUF, 1950, 651 p.
49. Walter, Henriette et Walter, Gérard, *Dictionnaire des mots d'origine étrangère*, Paris, Larousse, 1991, 413 p., p. 192.
50. Guyot, Lucien et Gibassier, Pierre, *Les noms des animaux terrestres*, Paris, PUF, « Que sais-je ? », n° 1250, 1967, 126 p., p. 77.
51. Rey, Alain (sous la dir.), *Dictionnaire historique de la langue française*, Paris, Le Robert, 1992, 2 tomes, 2383 p.
52. Bréal, Michel, « Les lois intellectuelles du langage », *Annuaire de l'Association pour l'enseignement des études grecques en France*, 1883, 17, cité par Guiraud, Pierre, *La sémantique*, Paris, PUF, « Que sais-je ? », n° 655 (1re éd. 1955), 1969, 126 p., p. 7.
53. Guiraud, Pierre, *Les Mots savants*, Paris, PUF, « Que sais-je ? », n° 1325, 1968, 115 p., p. 87-88.
54. Proust, Marcel, *À la recherche du temps perdu*, Paris, Gallimard, coll. La Pléiade, 1954, tome I, p. 234 (*Du côté de chez Swann*, 1re éd. 1919).
55. Germa, Pierre, *Du nom propre au nom commun, dictionnaire des éponymes*, Paris, Bonneton, 1993, 255 p.
56. Walter, Henriette, *Le Français dans tous les sens*, Paris, Robert Laffont, 1988, 384 p. (préface d'André Martinet). Grand Prix de l'Académie française pour 1988, p. 52.
57. Walter, Henriette, *L'Aventure des langues en Occident. Leur origine, leur histoire, leur géographie*, Paris, Robert Laffont, 1994, 498 p. (préface d'André Martinet), p. 282.
58. Musset, Lucien, *Les Invasions. Les vagues germaniques*, Paris, PUF, 1965, 323 p., p. 198.
59. Musset, Lucien, *Les Invasions. Les vagues germaniques*, Paris, PUF, 1965, 323 p., p. 52.
60. Musset, Lucien, *Les Invasions. Les vagues germaniques*, Paris, PUF, 1965, 323 p., p. 112.
61. Taverdet, Gérard, *Noms de lieux de Bourgogne. Introduction à la toponymie*, Paris, Bonneton, 1994, 231 p., p. 60.
62. Walter, Henriette, *Le Français dans tous les sens*, Paris, Robert Laffont, 1988, 384 p. (préface d'André Martinet). Grand Prix de l'Académie française pour 1988.
63. Musset, Lucien, *Les Invasions. Les vagues germaniques*, Paris, PUF, 1965, 323 p., p. 54.
64. Martinet, André, *Des steppes aux océans. L'indo-européen et les « Indo-Européens »*, Paris, Payot, 1986, 274 p., p. 38 et 78.
65. Guinet, Louis, *Les Emprunts gallo-romans au germanique* (du Ier à la fin du Ve siècle), Paris, Klincksieck, 1982, 212 p., p. 37-38.
66. Matoré, Georges, *Le Vocabulaire et la société médiévale*, Paris, PUF, 1985, 336 p., p. 142, 150 et 296.
67. Walter, Henriette, *L'Aventure des langues en Occident. Leur origine, leur histoire, leur géographie*, Paris, Robert Laffont, 1994, 498 p. (préface d'André Martinet), p. 109-110.
68. Musset, Lucien, *Les Invasions. Les vagues germaniques*, Paris, PUF, 1965, 323 p., p. 194-195.
69. Guinet, Louis, *Les Emprunts gallo-romans au germanique* (du Ier à la fin du Ve siècle), Paris, Klincksieck, 1982, 212 p.

70. WALTER, Henriette, *Le Français dans tous les sens,* Paris, Robert Laffont, 1988, 384 p. (préface d'André Martinet). Grand Prix de l'Académie française pour 1988, p. 57-59.
71. VIAL, Éric, *Les Noms de villes et de villages,* Paris, Belin, 1983.
72. NÈGRE, Ernest, *Toponymie générale de la France,* Genève, Droz, 1991, tome 2, p. 715.
73. CHERPILLOD, André, *Dictionnaire étymologique des noms géographiques,* Paris, Masson, 1988, 527 p., p. 275. BN [4° X 5331].
74. FELLOWS-JENSEN, Gillian, « Les noms de lieux d'origine scandinave et la colonisation viking en Normandie », *Proxima Thulé, Revue d'études nordiques,* Paris, vol. 1, automne 1994, p. 67, où la carte montre près de 40 toponymes de ce nom.
75. FELLOWS-JENSEN, Gillian, « Les noms de lieux d'origine scandinave et la colonisation viking en Normandie », *Proxima Thulé, Revue d'études nordiques,* Paris, vol. 1, automne 1994, p. 37 et 74.
76. LEPELLEY, René, *Dictionnaire étymologique des noms de communes de Normandie,* Caen, Presses universitaires, 1995, 278 p., p. 104.
77. FELLOWS-JENSEN, Gillian, « Les noms de lieux d'origine scandinave et la colonisation viking en Normandie », *Proxima Thulé, Revue d'études nordiques,* Paris, vol. 1, automne 1994, p. 77-78.
78. LEPELLEY, René, *Dictionnaire du français régional de Basse-Normandie,* Paris, Bonneton, 1989, 159 p., remplacé par le *Dictionnaire du français régional de Normandie*, Paris, Bonneton, 1993, 157 p., voir notamment p. 151-154 où se trouve en annexe une liste de mots attestant des traces scandinaves dans le français régional de Normandie.
79. CRUBELLIER, Maurice et JUILLARD, Charles, *Histoire de la Champagne*, Paris, PUF, « Que sais-je ? », n° 507 (1re éd. 1952), 1969, 126 p., p. 21.
80. CHÉDEVILLE, André, *La France au Moyen Âge,* Paris, PUF, « Que sais-je ? », n° 69 (1re éd. 1965), 1988, 127 p., p. 52-53.
81. HORNBY, A.S., (sous la dir.), *Oxford Advanced Learner's Dictionary of Current English*, Londres, Oxford University Press, 1974, 1 055 p.
82. CRUBELLIER, Maurice et JUILLARD, Charles, *Histoire de la Champagne*, Paris, PUF, « Que sais-je ? », n° 507 (1re éd. 1952), 1969, 126 p., p. 34-35.
83. BLOCH, Oscar et WARTBURG, Walther von, *Dictionnaire étymologique de la langue française,* Paris, PUF, 1950, 651 p.
84. GUIRAUD, Pierre, *Dictionnaire des étymologies obscures,* Paris, Payot, 1982, 522 p., p. 386.
85. VALKHOFF, Marius, *Étude sur les mots français d'origine néerlandaise,* Amersfoort, Valkhoff and Co., 1931, p. 187.
86. VALKHOFF, Marius, *Étude sur les mots français d'origine néerlandaise,* Amersfoort, Valkhoff and Co., 1931, p. 177.
87. JOUSSE, Jean, *Du français au patois,* dactylographié, s.d., p. 87.
88. SCHOGT, Henry, « Les mots d'emprunt en néerlandais : une étude sociolinguistique », *La Linguistique,* 25, 1989/2, p. 63-80 et plus particulièrement p. 69-73.
89. CERQUIGLINI, Bernard, *La Naissance du français,* Paris, PUF, « Que sais-je ? », n° 2 576, 1991, 127 p., notamment p. 117-119.
90. CHAURAND, Jacques, *Histoire de la langue française,* Paris, PUF, « Que sais-je ? », n° 167 (1re éd. 1969), 1977, 126 p., notamment p. 31.
91. MARCHELLO-NIZIA, Christiane, *Histoire de la langue française aux* XIVe *et* XVe *siècles,* Paris, Bordas, 1979, 378 p., p. 25-26.
92. CAMPROUX, Charles, *Les Langues romanes,* Paris, PUF, « Que sais-je ? », n° 1 562 (1re éd. 1974), 1979, 128 p., p. 94.
93. MARCHELLO-NIZIA, Christiane, *Histoire de la langue française aux* XIVe *et* XVe *siècles,* Paris, Bordas, 1979, 378 p., p. 31.
94. BOURCIEZ, Édouard et BOURCIEZ, Jean, *Phonétique française. Étude historique,* Paris, Klincksieck, 1967, 243 p., p. 89, Remarque III.

95. LINDON, Raymond, *Le Livre de l'amateur de fromages,* Paris, Robert Laffont, 1961, 127 p., p. 27-28.
96. WALTER, Henriette, *Des mots sans-culottes,* Paris, Robert Laffont, 1989, 244 p., p. 150.
97. MAALOUF, Amin, *Les Croisades vues par les Arabes,* Paris, Jean-Claude Lattès, 1983, p. 101.
98. TÉNÉ, David, « L'hébreu contemporain », *Le Langage*, Encyclopédie de la Pléiade, sous la dir. d'André Martinet, Paris, Gallimard, 1968, p. 975-1001.
99. MEILLET, Antoine et COHEN, Marcel (sous la dir.), *Les Langues du monde*, Paris, CNRS-Champion, 1952, 2 tomes, 1 294 p. et 21 cartes, p. 81-181, notamment p. 98-142.
    CARATINI, Roger (sous la dir.), *Linguistique,* Encyclopédie Bordas, Paris, Bordas, 1972, 160 p., p. 137-138.
100. BARREAU, Jean-Claude, *Biographie de Jésus*, Paris, Plon, 1993, 168 p., p. 29-30.
    DUQUESNE, Jacques, *Jésus,* Paris, Flammarion et Desclée de Brouwer, 1994, 356 p., p. 77.
101. MEILLET, Antoine et COHEN, Marcel (sous la dir.), *Les Langues du monde*, Paris, CNRS-Champion, 1952, 2 tomes, 1 294 p. et 21 cartes, p. 114.
102. CRÉPIN, André, *Histoire de la langue anglaise*, Paris, PUF, « Que sais-je ? », n° 1265 (1re éd. 1967), 1982, 127 p., p. 115-116.
103. CRÉPIN, André, *Deux mille ans de langue anglaise,* Paris, Nathan, 1994, 191 p., p. 65-66.
104. AGUILLOU, Pascal et SAIKI, Nasser, *La Téci à Panam, Parler le langage des banlieues,* Paris, Michel Lafon, 1996, 216 p., p. 21.
105. ROUSSEAU, Pierre, *Histoire de la science,* Paris, Fayard, 1945, 823 p., p. 134.
106. THUILLIER, Pierre, *D'Archimède à Einstein, Les faces cachées de l'invention scientifique,* Paris, Fayard, 1988, 395 p., p. 43.
107. Un fac-similé du manuscrit latin ainsi que sa traduction en français et en allemand ont été publiés à Paris en 1992 par le Club du Livre (sous la responsabilité de Hector Obalk, 26 rue de Clichy, 75009 Paris). Il s'agit de la traduction latine, intitulée *Chirurgia Albucasis,* rédigée au XIIe siècle, à partir du texte arabe d'Abu'l Qasim Halaf Ibn 'Abbas al-Zahrawi, dit Albucasis. Ce manuscrit en latin se trouve à la Bibliothèque nationale autrichienne de Vienne (Codex Vindobonensis, Series Nova 2 641), et comprend 68 miniatures et 200 schémas d'instruments.
108. COULON, Alain, Introduction à *La Chirurgie* d'Abulcasis (voir réf. note ci-dessus).
109. ROUSSEAU, Pierre, *Histoire de la science,* Paris, Fayard, 1945, 823 p., p. 125-129.
110. IFRAH, Georges, *Histoire universelle des chiffres,* Paris, Seghers, 1981, 567 p. réédition Robert Laffont, coll. « Bouquins », 1994, 2 tomes, 1 042 p. et 1 010 p., tome 2, p. 344.
111. IFRAH, Georges, *Histoire universelle des chiffres* (cf. note 110), tome 2, p. 367 et suiv.
112. WALTER, Henriette, *Des mots sans-culottes,* Paris, Robert Laffont, 1989, 244 p., p. 82-85.
113. GUYOT, Lucien et GIBASSIER, Pierre, *Les Noms des animaux terrestres,* Paris, PUF, « Que sais-je ? », n° 1250, 1967, 126 p., p. 59.
114. BLOCH, Oscar et WARTBURG, Walther von, *Dictionnaire étymologique de la langue française*, Paris, PUF, 1950, 651 p., p. 3.
115. CANTINEAU, Jean, *Études de linguistique arabe,* Paris, Klincksieck, 1960, 299 p., p. 166.
116. WALTER, Henriette, *Le Français dans tous les sens,* Paris, Robert Laffont, 1988, 384 p. (préface d'André Martinet). Grand Prix de l'Académie française pour 1988, p. 96.
117. MAALOUF, Amin, *Les Croisades vues par les Arabes,* Paris, Jean-Claude Lattès, 1983, p. 117.

118. MAALOUF, Amin, *Samarcande,* Paris, Jean-Claude Lattès, 1988, 376 p., p. 150.
119. GUIRAUD, Pierre, *Les Mots étrangers,* Paris, PUF, « Que sais-je ? », n° 1166, 1965, 123 p., p. 44.
120. SOURDEL, Dominique, *Histoire des Arabes,* Paris, PUF, « Que sais-je ? », n° 1627 (1re éd. 1976), 1985, p. 32.
121. REY, Alain (sous la dir.), *Dictionnaire historique de la langue française,* Paris, Le Robert, 1992, 2 tomes 2 383 p., sous l'entrée *babouche.*
122. MEILLET, Antoine et COHEN, Marcel (sous la dir.), *Les Langues du monde,* Paris, CNRS-Champion, 1952, 2 tomes, 1 294 p. et 21 cartes, p. 30-31.
123. DEYHIME, Guiti, « Les emprunts du persan au français (Étude phonétique) », *Luqmân, Annales des Presses universitaires d'Iran,* IV, n° 1, 1987-1988, p. 87-103.
MOVASSAGHI, A.M. et GHAVIMI, M., « Vrais amis et faux amis de la langue française et du persan », *Luqmân, Annales des presses universitaires d'Iran,* III, n° 2, printemps 1987, p. 76-96, notamment p. 82-87.
124. DEYHIME, Guiti, « Les emprunts du français au persan », *Luqmân, Annales des Presses universitaires d'Iran,* V, n° 1, 1988-1989, p. 39-58, notamment p. 54.
125. BLOCH, Oscar et WARTBURG, Walther von, *Dictionnaire étymologique de la langue française,* Paris, PUF, 1950, 651 p., sous l'entrée *divan.*
126. DEYHIME, Guiti, « Les emprunts du français au persan », *Luqmân, Annales des Presses universitaires d'Iran,* V, n° 1, 1988-1989, p. 39-58, notamment p. 54.
127. VARENNE, Jean, *Grammaire du sanskrit,* Paris, PUF, « Que sais-je ? », n° 1116, 1971, 127 p., p. 9.
128. GREIMAS, Algirdas Julien et KEANE, Teresa May, *Dictionnaire du moyen français. La Renaissance,* Paris, Larousse, 1992, 668 p., sous l'entrée *escarlate.*
129. REY, Alain, *Dictionnaire historique de la langue française,* Paris, Le Robert, 1992, 2 tomes, 2 383 p., sous l'entrée *cramoisi.*
130. HADIDI, Djavad, « Les origines persanes de Zadig, roman philosophique de Voltaire », *Luqmân, Annales des Presses universitaires de l'Iran,* IV, n° 1, 1987-1988, p. 51-68, notamment p. 52.
131. VARDAR, Berke, article Turc, Turquie, *Grand Dictionnaire encyclopédique Larousse,* Paris, 10 vol., 1984.
132. MEILLET, Antoine et COHEN, Marcel (sous la dir.), *Les Langues du monde,* Paris, CNRS-Champion, 1952, 2 tomes, 1 294 p. et 21 cartes, ainsi que
VARDAR, Berke, article Turc, Turquie, *Grand Dictionnaire encyclopédique Larousse,* Paris, 10 vol., 1984.
133. WALTER, Henriette, *Le Français dans tous les sens,* Paris, Robert Laffont, 1988, 384 p. (préface d'André Martinet). Grand Prix de l'Académie française pour 1988, p. 216.
134. HILLAIRET, Jacques, *Dictionnaire historique des rues de Paris,* Paris, Éd. de Minuit, 1964 (1re éd. 1961), 2 tomes, sous l'entrée *Lombards.*
135. MICHELET, Jules, *Histoire de France,* tome IV, p. 52 (cité par Littré, sous l'entrée *lombard*).
136. CONDEESCU, N.N., *Traité d'histoire de la langue française,* Bucarest, Editura didactica si pedagogica, 1975, 454 p., p. 239.
137. *Dictionnaire des auteurs,* Paris, Robert Laffont, 1994, 3 tomes, tome 2, p. 1815.
138. RISSET, Jacqueline, *Dante, une vie,* Paris, Flammarion, 1995, 223 p., notamment p. 161-166.
139. DANTE, *La Divine Comédie,* traduction d'Alexandre Masseron, Paris, Albin Michel et Club français du livre, 1964, 3 tomes, *Paradis,* X, v. 137.
140. GILLET, Louis, *Dante,* Paris, Flammarion, 1941, 379 p., p. 179.
141. DANTE, *La Divine Comédie,* traduction d'Alexandre Masseron, Paris, Albin Michel et Club français du livre, 1964, 3 tomes, *Purgatoire,* XXVI, v. 140-147 et notamment v. 142.

142. *Dictionnaire des auteurs,* Paris, Robert Laffont, 1994, 3 tomes, tome 3, p. 2547 ainsi que
Dictionnaire des œuvres, Paris, Robert Laffont, 1994, tome 4, p. 4154.
143. *Dictionnaire des auteurs*, Paris, Robert Laffont, 1994, 3 tomes, tome 3, p. 2489.
144. Dans Boiardo, Matteo Maria, *Roland amoureux* (1486) et dans L'Arioste, *Roland furieux* (1532).
145. Brunot, Ferdinand, *Histoire de la langue française des origines à nos jours,* Paris, Armand Colin, 1905-1937, rééd. 1966-1967, tome IV, p. 177.
146. Hope, T.E., *Lexical Borrowing in the Romance Languages. A Critical Study of Italianisms in French and Gallicisms in Italian from 1100 to 1900.* Oxford, Basil Blackwell, 1971, p. 236-237, note 6.
147. Greimas, Algirdas Julien et Keane, Teresa Mary, *Dictionnaire du moyen français. La Renaissance,* Paris, Larousse, 1992, 668 p., sous l'entrée *camisade.*
148. Estienne, Henri, *Deux dialogues du nouveau langage françois italianizé et autrement desguizé, principalement entre les courtisans de ce temps,* Genève, Slatkine, 1980 (1re édition anonyme, 1578), 476 p., p. 81.
149. Estienne, Henri, *Deux dialogues du nouveau langage françois italianizé et autrement desguizé, principalement entre les courtisans de ce temps,* Genève, Slatkine, 1980 (1re édition anonyme, 1578), 476 p., p. 140-143.
150. Estienne, Henri, *Deux dialogues du nouveau langage françois italianizé et autrement desguizé, principalement entre les courtisans de ce temps,* Genève, Slatkine, 1980 (1re édition anonyme, 1578), 476 p., p. 140-145.
151. Hope, T.E., *Lexical Borrowing in the Romance Languages. A Critical Study of Italianisms in French and Gallicisms in Italian from 1100 to 1900.* Oxford, Basil Blackwell, 1971, p. 235.
152. Montaigne, *Journal de voyage en Italie,* Paris, Librairie générale française, Livre de poche, 1974, p. 374.
153. Lapesa, Rafael, *Historia de la lengua española,* Madrid, Gredos, 9e éd., 1986, 690 p., p. 168-170.
154. *Le Petit Robert 2, Dictionnaire universel des noms propres,* Paris, Le Robert, 1975, 1992 p., article « Ibarruri ».
155. Lapesa, Rafael, *Historia de la lengua española,* Madrid, Gredos, 9e éd., 1986, 690 p., p. 295.
156. Martinez, Nicole, 1986, *Les Tsiganes*, Paris, PUF, « Que sais-je ? », n° 580, 1986, 126 p., notamment ch. 2, p. 20-30, ainsi que
Malherbe, Michel, *Les Langages de l'humanité,* Paris, Seghers, 1983, 441 p. et Paris, Robert Laffont, « Bouquins », 1995, 1 734 p., p. 197.
Asséo, Henriette, *Les Tsiganes, une destinée européenne,* Paris, Gallimard, 1994, 160 p.
Williams, Patrick, *Terre d'asile, terre d'exil*, Paris, Peuples autochtones.
Liégeois, Jean-Pierre, *Mutation tsigane,* la révolution bohémienne, Paris, Complexe, distr. par PUF, 1976, 225 p., notamment p. 13-22.
Liégeois, Jean-Pierre, *Roma, tsiganes, voyageurs*, Strasbourg, Conseil de l'Europe, 1994, 315 p., notamment p. 43-59.
157. Meillet, Antoine et Cohen, Marcel (sous la dir.), *Les Langues du monde*, Paris, CNRS-Champion, 1952, 2 tomes, 1 294 p. et 21 cartes, p. 947-948, ainsi que
Malherbe, Michel, *Les Langages de l'humanité,* Paris, Seghers, 1983, 441 p. et Paris, Robert Laffont, « Bouquins », 1995, 1 734 p., p. 254.
Selon le *Mémo-Larousse* 1989, p. 372, il y aurait 600 000 locuteurs d'aymara en Bolivie, 1 million de locuteurs de tupi-guarani au Paraguay et 6 millions de locuteurs de quechua au Pérou.
158. Corominas, Joan, *Breve diccionario etimológico de la lengua castellana,* Madrid, Grados (1re éd. 1961), 3e éd., 1987, 627 p., p. 123.
Rey, Alain (sous la dir.), *Dictionnaire historique de la langue française,* Paris, Le Robert, 1992, 2 tomes, 2 383 p.

159. Rey-Debove, Josette et Gagnon, Gilberte, *Dictionnaire des anglicismes,* Paris, Robert, 1980, p. 698-699.
160. Muratori-Philip, Anne, *Parmentier,* Paris, Plon, 1994, 398 p., ch. « La bataille de la pomme de terre », p. 105-140.
161. Pelt, Jean-Marie, *Des légumes,* Paris, Fayard, 1993, 231 p., p. 60. QUID 1995 donne une production annuelle de 60 000 t de pommes de terre contre 8 000 t de tomates.
162. Valkhoff, Marius, *Étude sur les mots français d'origine néerlandaise,* Amersfoort, Valkhoff and Co., 1931, p. 82.
163. Guiraud, Pierre, *Les Mots étrangers,* Paris, PUF, « Que sais-je ? », n° 1166, 1965, 123 p., p. 59.
164. Chaudenson, Robert, *Les Créoles,* Paris, PUF, « Que sais-je ? », n° 2970, 1995, 127 p., p. 71-73.
165. Perego, « Les créoles », dans Martinet, André (sous la dir.), *Le Langage,* Paris, Gallimard, « La Pléiade », 1968, 1 525 p.
166. Chaudenson, Robert, *Les Créoles,* Paris, PUF, « Que sais-je ? », n° 2970, 1995, 127 p., p. 21-23.
167. Rey, Alain (sous la dir.), *Dictionnaire historique de la langue française,* Paris, Le Robert, 1992, 2 tomes 2 383 p., article *nickel.*
168. Germa, Pierre, *Du nom propre au nom commun, dictionnaire des éponymes,* Paris, Bonneton, 1993, 255 p.
169. Walter, Henriette, *L'Aventure des langues en Occident. Leur origine, leur histoire, leur géographie,* Paris, Robert Laffont, 1994, 498 p. (préface d'André Martinet), notamment p. 107.
170. Šabršula, Jan, « L'élément russe dans les langues européennes », *Philologica Pragensia,* Prague, 1987, 4, p. 208-220.
171. Rey, Alain (sous la dir.), *Dictionnaire historique de la langue française,* Paris, Le Robert, 1992, 2 tomes, 2 383 p., article *meringue.*
172. Dauzat, Albert, Dubois, Jean et Mitterand, Henri, *Dictionnaire étymologique et historique du français,* Paris, Larousse (1re éd. 1964), 1993, 822 p., sous l'entrée *robot.*
173. Bacquet, Paul, *Le Vocabulaire anglais,* Paris, PUF, « Que sais-je ? », n° 1574, (1re éd. 1974) 1982, 127 p., p. 52-53.
174. Bacquet, Paul, *L'Étymologie anglaise,* Paris, PUF, « Que sais-je ? », n° 1652, 1976, 125 p., p. 31-32.
175. Bacquet, Paul, *Le Vocabulaire anglais,* Paris, PUF, « Que sais-je ? », n° 1574, (1re éd. 1974) 1982, 127 p., p. 12.
176. Cellard, Jacques, *Ah ! ça ira, ça ira... Ces mots que nous devons à la Révolution,* Paris, Balland, 1989, 351 p., p. 116.
177. Rey, Alain (sous la dir.), *Dictionnaire historique de la langue française,* Paris, Le Robert, 1992, 2 tomes, 2 383 p., sous l'entrée *sentimental.*
178. Walter, Henriette, *Des mots sans-culottes,* Paris, Robert Laffont, 1989, 244 p., p. 183-190.
179. Brillat-Savarin (J.A.), *Physiologie du goût, ou Méditations de gastronomie transcendante,* Paris, 1826, cité par Höfler, Manfred, *Dictionnaire des anglicismes,* Paris, Larousse, 1982, 308 p.
180. Frey, Max, *Les Transformations du vocabulaire français à l'époque de la Révolution (1789-1800),* Paris, PUF, 1925, p. 51.
181. Frey, Max, *Les Transformations du vocabulaire français à l'époque de la Révolution (1789-1800),* Paris, PUF, 1925, p. 59.
182. Frey, Max, *Les Transformations du vocabulaire français à l'époque de la Révolution (1789-1800),* Paris, PUF, 1925, p. 50.
183. Mackensie, Fraser, *Les Relations de l'Angleterre et de la France d'après le vocabulaire,* 1re partie, *Les Infiltrations de la langue et de l'esprit anglais. Angli-*

cismes français, 2e partie, *Gallicismes anglais*, Paris, Droz, 1939, qui donne, dans l'appendice A, les listes complètes des nouveaux anglicismes figurant dans les éditions successives du *Dictionnaire de l'Académie française* (1694-1935).
184. GUYOT, Lucien et GIBASSIER, Pierre, *Les Noms des arbres*, Paris, PUF, « Que sais-je ? » n° 861, (1re éd. 1960) 1966, 127 p., p. 127.
185. SOUCCAR, Thierry, « Tout savoir sur les sodas », *Sciences et Avenir*, Paris, juin 1996, p. 45.
186. *Dictionnaire des termes officiels de la langue française,* Délégation générale à la langue française, Paris, *Journal officiel* éditeur, 1994, 462 p., p. 235.
187. ÉTIEMBLE, *Parlez-vous franglais ?*, Paris, Gallimard, 1964, 376 p.
188. WALTER, Henriette, *Le Français dans tous les sens*, Paris, Robert Laffont, 1988, 384 p. (préface d'André Martinet). Grand Prix de l'Académie française pour 1988, p. 182-183 et carte du français en Afrique p. 211.
189. ROSSILLON, Philippe (sous la dir.), *Atlas de la langue française*, Paris, Bordas, 1985, 127 p., p. 81-89.
190. PELT, Jean-Marie, *Des fruits*, Paris, Fayard, 1994, 283 p., p. 159-168.
191. POIRÉ, Paul et coll., *Nouveau Dictionnaire des sciences et de leurs applications*, Paris, Delagrave, 1903 (?), 3 362 p., p. 2228.
192. POIRÉ, Paul et coll., *Nouveau Dictionnaire des sciences et de leurs applications*, Paris, Delagrave, 1903 (?), 3 362 p., p. 494.
193. PELT, Jean-Marie, *Des fruits*, Paris, Fayard, 1994, 283 p., p. 172-173.
194. MARTINET, André, « alfonic et l'écriture japonaise », *Liaison alfonic*, 1984/1, p. 7-10.
195. Je remercie Tomoko ICHIKAWA de son aide pour la rédaction de cet encadré.
196. Cité par FREY, Max, *Les Transformations...* (cf. note 180), p. 46.
197. Le corpus qui a été réuni dans le *Lexique* présenté en annexe a été constitué, en plus du *Dictionnaire des mots d'origine étrangère* de Henriette et Gérard WALTER (Paris, Larousse, 1991, 413 p.), grâce au dépouillement, par les soins de Gérard WALTER, des ouvrages suivants :

Larousse, Dictionnaire de français, 35 000 mots, Paris, 1987, 1 095 p.

Le Nouveau Petit Robert, Dictionnaire alphabétique et analogique de la langue française, ROBERT, Paul, sous la dir. d'Alain REY et de Josette REY-DEBOVE, Paris, éd. Le Robert (1re éd. 1967), 1993, 2 467 p.

Le Petit Larousse compact 1996, Paris, Larousse, 1995, 1 776 p.

Micro Robert Plus, Paris, Le Robert, 1988, 1 091 p. + 306 p. + atlas + chronologie (env. 35 000 mots).

ALLEN, R.E. (sous la dir.), *The Concise Oxford Dictionary of Current English*, Oxford, Clarendon Press, 1990, 1 454 p.

BLOCH, Oscar et WARTBURG, Walther von, *Dictionnaire étymologique de la langue française*, Paris, PUF, 1950, 651 p.

BOLOGNE, Jean-Claude, *Les Allusions bibliques.* Dictionnaire commenté des expressions d'origine biblique, Paris, Larousse, 1991, 288 p.

BOUFFARTIGUE, Jean et DELRIEU, Anne-Marie, *Trésors des racines latines*, Paris, Belin, 1981, 335 p.

BOUFFARTIGUE, Jean et DELRIEU, Anne-Marie, *Trésors des racines grecques*, Paris, Belin, 1981, 285 p.

COLIN, Jean-Paul, *Trésor des mots exotiques*, Paris, Belin, 1986, 307 p.

COROMINAS, Joan, *Breve diccionario etimológico de la lengua castellana*, Madrid, Grados (1re éd. 1961), 3e éd. 1987, 627 p.

CORTELAZZO, Manlio et ZOLLI, Paolo, *Dizionario etimologico della lingua italiana*, Bologna, Zanichelli, 1979, 5 tomes, 1 470 p.

CUNHA, Antônio Geraldo da, *Dicionário etimológico da língua portuguesa*, Botafogo (Brésil), Editora Nova frontera (1re éd. 1982), 2e éd. augmentée 1987, 832 p. + XX p. + 101 p.

DAUZAT, Albert, DUBOIS, Jean et MITTERAND, Henri, *Dictionnaire étymologique et historique du français*, Paris, Larousse (1re éd. 1964), 1993, 822 p.
GERMA, Pierre, *Du nom propre au nom commun, dictionnaire des éponymes*, Paris, Bonneton, 1993, 255 p.
GUIRAUD, Pierre, *Les Mots étrangers*, Paris, PUF, « Que sais-je ? », n° 1166, 1965.
GUIRAUD, Pierre, *Patois et dialectes français*, Paris, PUF « Que sais-je ? », n° 1285, 1968, où l'auteur consacre tout un chapitre aux mots dialectaux (ch. IV, p. 95-113).
HOAD, T.F., (sous la dir.), *The Concise Oxford Dictionary of English Etymology*, Oxford, Clarendon Press, 1986, 552 p.
HÖFLER, Manfred, *Dictionnaire des anglicismes*, Paris, Larousse, 1982, 308 p.
LA STELLA T., Enzo, *Dizionario storico di deonomastica*, Firenze, Olschki, 1984, 233 p.
LA STELLA T., Enzo, *Santi e fanti, dizionario dei nomi di persona*, Bologna, Zanichelli, 1996, 385 p.
MILLS, A.D., *A Dictionary of English Place-names*, Oxford-New York, Oxford University Press, 1991, 388 p.
NÈGRE, Ernest, *Toponymie générale de la France*, Genève, Droz, 1990, tome 1, p. 7-704, 1991, tome 2, p. 713-1381 et tome 3, p. 1 399-1 852.
ONIONS, C.T. (sous la dir.), *The Oxford Dictionary of English Etymology*, avec la collaboration de FRIEDERICHSEN, G.W.S. et BURCHFIELD, R.W., Oxford, Clarendon Press (1e éd. 1966), 1985, 1 024 p.
PERGNIER, Maurice, *Les Anglicismes. Danger ou enrichissement pour la langue française ?*, Paris, PUF, 1989, 214 p.
PFEIFER, Wolfgang, *Etymologisches Wörterbuch des Deutschen*, Berlin, Akademie Verlag, 1989, 3 tomes, 2 093 p.
PICOCHE, Jacqueline, *Nouveau Dictionnaire étymologique du français*, Paris, Hachette-Tchou, 1971, 827 p.
PICONE, Michael David, *De l'anglicisme et de la dynamique de la langue française*, Lille, Atelier national de reproduction des thèses, Univ. de Lille, 1981, 405 p.
REY, Alain (sous la dir.), *Dictionnaire historique de la langue française*, Paris, Le Robert, 1992, 2 tomes, 2 383 p.
REY-DEBOVE, Josette et GAGNON, Gilberte, *Dictionnaire des anglicismes*, Paris, Robert, 1980, 1 152 p. (2 626 formes).
ZINGARELLI, Nicola, *Vocabolario della lingua italiana*, Bologna, Zanichelli, 1970, 2 064 p.

LES INDEX ET LE LEXIQUE

INDEX DES NOMS PROPRES

INDEX DES NOMS DE LIEUX

INDEX DES LANGUES
ET DES PEUPLES CITÉS

Cet index permet de retrouver les noms des langues et des peuples cités, soit dans le texte (ils sont alors suivis d'une indication de pages), soit dans le lexique (sans indication de pages).

On trouvera entre parenthèses le nom de la famille ou du sous-groupe linguistique auquel ces langues appartiennent, par ex. **malayalam** (dravidien) et quelquefois une indication des lieux où ces langues sont parlées, par ex. **neger-hollands** (îles Vierges).

Les noms des langues ont été composés en **romain gras**, les noms des peuples en PETITES CAPITALES.

INDEX DES NOTIONS

Cette section est seulement destinée à permettre de retrouver à partir d'un très petit nombre de notions et de catégories générales une partie des formes lexicales empruntées par le français à d'autres langues.

LEXIQUE DES MOTS FRANÇAIS VENUS D'AILLEURS
ET
INDEX DES FORMES CITÉES

Ce lexique a été conçu à la fois comme
– un **index des formes citées** dans l'ouvrage, qu'il s'agisse de mots français ou de mots étrangers (avec indication des pages où l'on pourra les retrouver) et
– un **lexique complémentaire des mots français venus d'autres langues** (sans indication de pages puisqu'ils n'ont pas été cités dans l'ouvrage).

En effet, il n'était pas possible de commenter en détail dans cet ouvrage les quelque 10 000 mots français d'origine étrangère. Ils ont néanmoins été regroupés ici et comportent, en plus des langues d'origine, quelques brèves indications sur leur signification (entre guillemets ou entre parenthèses selon qu'on a donné le sens précis [ex. **estoc** « pointe de l'épée », venu du francique] ou simplement le domaine d'emploi [ex. **action** (en Bourse), emprunté au néerlandais]).

On y trouvera trois sortes d'entrées, imprimées en **romain gras**, en ***italique gras*** ou en romain maigre :

1. En **romain gras** : tous les mots d'origine étrangère, résultat d'une longue recherche effectuée avec l'aide de mon mari [197], ainsi que tous les mots français ou étrangers commentés dans l'ouvrage. Seule leur origine est indiquée (et parfois leur signification).

Exemples : **soldat** ital 143, 147
braguette prov < gaul 14, 38, 39
sarbacane esp < ar < persan < malais 162, 201
apothêkê « entrepôt » mot grec 57

2. En ***italique gras*** : mots formés à partir d'un nom propre ou d'un nom de lieu. Dans ce cas, c'est le nom du lieu d'origine, et non pas le nom d'une langue qui est indiqué.

Exemples : ***dahlia*** (bot.) *Dahl* (Suède) 13, 77
faïence (poterie) *Faenza* (Italie) 81

3. En romain maigre : mots d'origine étrangère assez rares pour ne figurer ni dans *Le Petit Larousse* 1996, ni dans *Le Petit Robert* 1993.

Exemples : bigotelle « relève-moustaches » esp
bancasse (marine) germ

Dans les cas ambigus, des indications grammaticales ont été précisées en italique.

Exemples : **barde** *n.m.* (poète) gaulois
barde *n.f.* (lard) espagnol < arabe

LISTE DES ABRÉVIATIONS POUR LES NOMS DE LANGUE

a. fr	ancien français	jap	japonais
all	allemand	lat	latin
amérind	amérindien	lat eccl	latin ecclésiastique
angl	anglais	lat médiév	latin médiéval
angl d'Am	anglais d'Amérique	lgue	langue
anglo-norm	anglo-normand	moyen ht-all	moyen haut-allemand
ar	arabe	néerl	néerlandais
celt	celtique	norm	normand
dial	dialecte	norm-picard	normanno-picard
esp	espagnol	pré-indo-eur	pré-indo-européen
fr	français	prov	provençal
fr rég	français régional	ptg	portugais
francoprov	francoprovençal	scand	scandinave
gaul	gaulois	sémit	sémitique
germ	germanique	skr	sanskrit
grec byz	grec byzantin	vx scand	vieux scandinave
ital	italien		

< qui vient de
(?) d'origine incertaine ou contestée

A

algorithme lat médiév < ar 125
alguazil « policier » esp < ar
alias lat
alibi lat 58
alidade (instr. mes.) ar
alios (minéral.) gascon
alise (bot.) germ
alisier (bot.) germ
alizari (bot.) ar
alkékenge (bot.) persan
alkermès (liqueur) persan
alla turca ital 134
allégeance angl < a. fr
allegretto ital
allegro ital
alléluia lat < hébreu 118
allergique all < grec
alleu (féodal.) francique
alligator angl < esp
allitération angl
allô angl (?)
allopathie (médecine) all < grec
almanach ar < lat médiév < grec
almée (danseuse) ar
alnus « aulne » mot latin < germ 45
alose (poisson) lat < gaul 39
alouette lat < gaul 38
aloyau lat < gaul
alpaga esp < quechua 158, 161
alpage dauphinois
alpenstock all
alpestre ital
alpion ital
alpiste *n.m.* (bot.) esp
alquifoux (minéral.) esp < ar
alter ego lat
alternative (taurom.) esp
altesse ital ou esp
altier ital
alto (instr. mus.) ital
altus mot latin 35
aludal (poterie) grec < ar
alude prov
aluminium angl < fr 61
amadou prov 107
amalgame lat médiév < ar
aman (islam.) ar
amaril *adj.* (maladie) esp
amarre néerl
amarrer néerl 54, 100
amaryllis (bot.) lat
amateurisme angl < fr
ambassade ital < prov < lat < gaul 38
ambe (loterie) ital
ambix « vase à distiller » mot grec 120
amble (hipp.) prov
ambler (hipp.) prov
ambre lat < ar 19
amen lat < hébreu 118
amendement angl < fr 180
amer (marine) néerl
américanisme angl
americium (chimie) 61
ameur « amour » mot d'a. fr 108
amiral ar 125
amok (folie) angl < malais
amor « amour » mot latin 108
amoroso (mus.) ital
amour prov 107, 108
amouracher (s') ital
amourettes (cuisine) prov
ampère (mes. phys.) *Ampère* (France) 78
amure (marine) prov
ana ana « parfum des parfums » mot tupi 162, 208
anaconda (serpent) cinghalais
analphabète ital < grec
analphabétisme ital < grec
anam mot gaulois « marais » 38
ananas esp < ptg < tupi 162, 207
ance « eau » (argot) 22
anche (mus.) oïl de l'Ouest ou du Centre < germ
anchois prov < grec (?)
andante (mus.) ital
andantino (mus.) ital
anémone grec 57
anesthésie angl < grec
ange de mer (poisson) néerl
ange lat eccl < grec *calque* < hébreu 118
angélus (liturgie) lat 118
angio- « vaisseau » grec 65
angledozer *n.m.* (trav. pub.) angl
anglican, -anisme angl < lat
anglicisme angl < lat
angström (mes. phys.) *Ångström* (Suède)
ani (oiseau) amérind
aniline all < ptg < ar < persan < skr
animaliser angl
animato (mus.) ital
animelles « testicules » ital
anion angl < grec
anode angl < grec
anolis (iguane) caraïbe
anone (bot.) esp
anorak inuktitut
anspect (levier) néerl ou angl
anspessade (militaire) ital

C

caravaning angl < fr < persan

caravansérail turc (?) < persan

caravelle ptg < grec

carbet (cabane) caraïbe

carbon(n)ade (cuisine) ital 106

carbonado (diamant) ptg du Brésil

carbonaro (politique) ital

carborundum (abrasif) *nom déposé* angl

carcajou (zool.) lgue amérind du Canada

cardan (mécanique) *Cardano* (Italie)

cardasse (bot.) ital

carde *n.f.* (cardage) picard

carde *n.f.* (cardon) prov

cardère *n.f.* (chardon) prov

cardigan (veste) *Cardigan* (G.-B.) 19, 79

cardinalice *adj.* ital

cardio- « cœur » grec 66

cardon (bot.) prov

carène génois 144

caresse, -er ital 14, 149

caret (corderie) picard

caret (tortue) esp < malais

cargaison prov

cargo angl < esp

cargue « charge » mot français du XVIe s. 147

carguer (marine) prov

cari (épice) ptg < tamoul 163, 188

cariacou (zool.) lgue amérind

cariatide ou **caryatide** ital < grec

caribou (renne) algonquin ou micmac 186

caricature ital 149

cariset (tissu) angl

caristade (aumône) esp

carlin (monnaie) ital

carlin (race canine) *Carlo* Bertinazzi (Italie) 140

carline (chardon) prov

carlingue vx scand 95, 97

carlino (monnaie) mot italien 134

carliste (politique) *Carlos* de Molina (Espagne)

carmagnole (veste) *Carmagnola* (Piémont)

carmeline (laine) esp

carmin lat méd < ar < persan < skr

carnage ital 143

carnal (marine) prov

carnassier prov

carnassière « gibecière » prov

carnauba (bot.) lgue amérind

carnaval ital

carnavalesque ital

carne (viande dure) ital ou norm

carné mot espagnol < fr 10

carnier « petite gibecière » prov

carnotset (local aménagé) vaudois

carogne (mauvais cheval) picard

carolus (monnaie) *Carolus* (Charles VII)

caronade (canon) *Carron* (Écosse)

carotte (récompense) angl

caroube, carouge (fruit) lat médiév < ar

carpaccio (cuisine) *Carpaccio* (Italie)

carpetbagger (émigré) angl

carpette angl < a. fr < ital

carpion (truite) ital

carqueron (tissage) oc (?)

carquois lat médiév < grec byz < ar < persan

carraire (chemin de troupeaux) prov

carrare (marbre) *Carrara* (Italie)

carréger prov

carrick (manteau) angl < lat

carrière « espace à parcourir » prov

carriériste angl < fr

carriole prov < gaul 38, 40

carrosse ital < gaul 38, 40

cartahu (marine) néerl

carte blanche expr. allemande < fr 10

cartel (ornement et pendule) ital

cartel « entente commerciale » all

cartelle (présentoir) ital

carter (boîtier) *Carter* (G.-B.)

cartisane (passementerie) ital

carton ital 177

cartoon « dessin animé » angl

cartouche *n.f.* (munition) ital

cartouche *n.m.* (encadrement) ital

casanier esp

casaque persan 131

casaquin (blouse de femme) persan

casbah ar

cascabelle (serpent à sonnettes) esp

cascade ital (?) 106

cascara (bot.) esp

cascarille (pharmacie) esp

cascatelle « petite cascade » ital

case (compartiment) esp

case (hutte) ptg

casemate ital

caseret, -ette (fromagerie) norm

caserne prov

cash and carry angl

cash/caisse 181, 182

cash angl < fr 181

cash-flow angl

casimir (tissu) *Cachemire* (Inde)

casing (technique) angl

douro (monnaie) esp
down-town (centre ville) angl
drag (voiture à quatre chevaux) angl
dragée grec 57
drageon (bot.) germ
dragline (trav. publ.) angl
dragster *n.m.* (véhicule) angl
drague angl
draille *n.f.* (chemin) francoprov < dauphinois
drain angl
draisienne (véhicule) *Drais* (Allemagne)
drakkar vx scand 95
drakon « serpent » mot grec 120
drakontion « serpentaire » mot grec 120
drame grec 57
dran (marine) scand
dranet (filet de pêche) angl
drastique *adj.* angl < grec
drave (bot.) esp
drave (flottage du bois) (au Canada) < angl
draver *v.* (flottage du bois) (au Canada) < angl
draveur (flottage du bois) (au Canada) < angl
dravidien (peuple) angl < skr
drawback (douane) angl
drawing room (salon) angl
dreadlocks (nattes) angl
dreadnought (marine) angl
drêche *n.f.* (résidu d'orge) celt
drège, dreige (filet de pêche) néerl
drège (peignage du lin) all
dressing-room angl
dribble *n.m.* (football) angl
dribbler *v.* (football) angl
dribbling (football) angl
drift (géol.) angl
drifter *n.m.* (marine) angl
drill (armée) angl (ou all)
drill (singe) angl < lgue africaine
drille *n.m.* (luron) germ
drille *n.f.* (outil) all
drille *n.f.* « chiffon » en ancien fr < gaul 16
dringuelle (en Belgique) (pourboire) all
drink angl 196
drip-painting (peint. moderne) angl
dripping (peint. moderne) angl
drisse (cordage) ital 144
drive *n.m.* (sport) angl
drive(u)r *n.m.* (sport) angl
drive-in angl
driver *v.* (sport) angl
driving (hipp.) angl
drogman (interprète) ital < grec < ar
drogue néerl ou ital
droit 112
drôle (coquin, gamin) moyen néerl 54
drome *n.f.* (marine) néerl
drongo (oiseau) malgache
dronte *n.m.* (oiseau) néerl < lgue africaine
drop zone (parachutage) angl
drop(p)er *v.* (larguer) angl
drop-goal (football) angl
drop-out (jeunesse abandonnée) angl
droppage (parachutage) angl
droschki (voiture à chevaux) russe
drosophile (mouche) lat < grec
drosse (marine) ital
drosser *v.* (marine) néerl
droue (fourrage) celt
drouine (sac à outils) breton
dru gaul
drugstore angl < a. fr et germ
druide gaul 40
drumlin (géogr.) gaélique
drummer *n.m.* (batteur) angl
druse (minéral.) all
dry angl
dry farming (expl. agric.) angl
duc 90
ducasse oïl du Nord < a. fr 111
ducat ital 140
duce ital
duègne esp < lat
duelliste ital
duetto (mus.) ital
duffle-coat angl
dugong (zool.) malais
dum-dum *adj.* (arme) ville de l'Inde
dumper *n.m.* (engin de trav. publ.) angl
dumping (commerce) angl
dundee angl (marine) *Dundee* (Écosse)
dune néerl < gaul
duo lat
duo (mus.) ital
duodenum lat
dupe oïl de l'Ouest
duplex angl < lat
duplicata lat
duplicate mot anglais
durham angl (bovin) *Durham* (G.-B.)
durian, durion (bot.) esp < malais
duvet vx scand 95
dyke (géol.) angl
dys(h)idrose (médecine) angl < grec
dysprosium (chimie) grec 61

E

ersatz all 10, 169
esbigner (s') (s'enfuir) prov ou ital
esbroufe, esbroufer prov
escabèche catalan ou esp < ar
escadre esp ou ital
escadrille esp
escadron ital
escalade (au sens figuré) angl
escalade (au sens propre) ital 106
escalator angl
escale ital
escalier prov
escalin (monnaie) néerl
escalope oïl du Nord Est < francique 94
escamoter esp 19
escamper (s'enfuir) ital
escampette ital
escapade ital 106
escarbille wallon < néerl
escarcelle prov ou ital
escargot prov
escarlate mot d'a. fr 133
escarmouche ital < francique 147
escarole, scarole ital 149
escarpe *n.f.* (fortification) ital < germ
escarpe *n.m.* (bandit) oc < germ
escarpe *n.f.* (chaussure) fr du XVIe s. < ital 148
escarpé ital < gotique
escarpin ital 149
escarpolette germ (?)
eschoperie mot d'a. fr < néerl 101
esclaffer (s') prov
esclame (vénerie) all
esclandre lat < hébreu 119
escofier (tuer) prov
escogriffe orléanais
escompte ital
escompter ital
escompteur ital
escopes « échoppe » a. fr 101
escopette (arme à feu) ital 143
escorte ital
escoude (marteau) prov
e(s)courgeon (orge) dial
escrime ital ou prov < francique
escroc ital
escroquer ital
escudo (monnaie) ptg
ésérine (médecine) lgue africaine
esgourde (argot) « oreille » prov
espada esp
espade (chanvre) prov
espadon (poisson) ital
espadrille oc pyrénéen
espale (marine) ital
espalier ital
espalmer (marine) ital
esparcet(te) « sainfoin » prov
espiègle néerl 54, 100
espinasse (sapinière) prov
espingole (arme à feu) francique
espion ital < germ
esplanade ital 106
espolette (mèche de bombe) ital
esponton (pique) ital
espressione (con) (mus.) ital
espressivo (mus.) ital
espringale (machine de guerre) germ
esquicher *v.* (serrer) prov
esquif ital < longobard
esquinter *v.* prov < lat pop 26
esquire angl
esquisse ital 149
esquisser ital
esquiver ital < francique
essayiste angl
esse (clavette) germ
Essig « vinaigre » mot allemand 170
essieu picard
est angl
est-allemand *calque* < angl
establishment angl
estacade (fortif.) ital < longobard
estafette ital < longobard 143
estafier (laquais) ital
estafilade ital < longobard 106
estagnon (récipient) prov
estaminet picard < wallon < germ
estampe ital < francique
estamper ital < francique
estampille esp < francique
estancia esp
ester *n.m.* (chimie) all 170
estère (natte) esp
esterlin (monnaie) angl
esthète angl < grec 19
estiquet 178
estivallet « bottine » fr. du XVIe s. 148
estive (marine et pâturage d'été) prov ou ital
estiver « passer l'été » prov
estoc « pointe d'épée » francique
estocade ital < francique
estompe néerl
estoppel (droit internat.) angl
estoquer (frapper d'estoc) francique
estoublage (chaume) prov
e(s)touffade (cuisine) prov ou ital

F

fading (radio) angl
fado (chant) ptg
faena (tauromachie) esp
fagara (bot.) ar
fagne (marécage) (en Belgique) wallon < gotique
fagot prov 108
faguenas (odeur rebutante) prov (ou all)
fagus mot latin 88
fahrenheit (degré) *Fahrenheit* (Allemagne)
faïence (poterie) *Faenza* (Italie) 81
faille (fissure) wallon
failli ital
faillite ital
faim-calle (ou -valle) (fringale du cheval) breton
fair-play angl
faire la bamboula 198
fairway angl
faisabilité angl
faisan prov < grec *Phase* (Grèce)
faisselle « égouttoir à fromage » oïl de l'Ouest
fait accompli expression angl < fr 11
faîte francique
fakir ar
falaise norm-picard < francique
falbala prov
faldestœl « fauteuil » mot d'a. fr 88
falerne *n.m.* (vin) *Falerne* (Italie)
fali « tube » mot scandinave 98
fall-out (retombée atomique) angl
falle « jabot » scand
falot/fellow 185
falot *n.m.* (lanterne) ital < grec
falque (bot.) esp
falquer *v.* (hipp.) ital
falquet (fauconnerie) ital
falsifiabilité angl
falsifiable angl
falsifier angl
faluche oïl du Nord (ou flamand)
falue fr. rég. de Normandie 98
falun (géol.) prov
falzar grec mod (?) (argot)
fan angl
fan-club angl
fanal ital < ar < grec
fandango esp ou ptg
fanfaron esp < ar
fange gotique
fanon francique
fantasia ar
fantasque ital 149
fantassin ital
fantoche ital
fanzine mot valise angl
faquin ital < ar (ou néerl) 79, 144
far-west angl
farad (unité phys.) abrév. *Faraday* (G.-B.) 78
faraday (mes. phys.) *Faraday* (G.-B.)
faradique (physique) *Faraday* (G.-B.)
faradisation (physique) *Faraday* (G.-B.)
faramineux prov (?) < oïl du Centre ou de l'Ouest
farandole prov
faraud prov
farde (balle de café) ar
farde (en Belgique) « dossier » aragonais
fardeau a. fr < ar
farder francique
faré (maison) polynésien
farfadet prov
faribole prov
farigoule « thym » prov
farniente ital
faro (bière) wallon
farouch(e) (trèfle) prov
farrago (céréale) prov
fart (ski) norvégien 171
farthing (quart de penny) angl
fascisme, -iste ital
faseyer (flotter) néerl
fashion (dernière mode) angl
fashionable (à la mode) angl 186, 196
fast (émancipée) angl
fast-food angl
fat prov
fatma ar
fatum (destin) lat
fau « hêtre » prov
faubert (balai) néerl
faucard (faux) picard
faucarder picard
fauchère (harnais du mulet) oïl
fauder *v.* (plier une étoffe) all
fauteuil francique 88
fauve *adj.* (couleur) francique 89
favela (bidonville au Brésil) ptg
favori, -ite ital
fax 194
fayard « hêtre » oc
fayot (argot) (haricot) prov
fazenda (expl. agric.) ptg
fed(d)ayin (combattant) ar
feed-back angl

flasque *n.f.* (flacon plat) ital
flasque *n.m.* (mécanique) néerl
flat (en Belgique) (studio) angl
flatter *v.* francique
flaveur (saveur) angl
flèche (voile) néerl
flèche (projectile) francique
flemme ital < grec
flet (poisson) néerl
flétan (poisson) néerl
flétrir francique
flette (bateau plat) angl
fleur 108
-fleur *suffixe* < scand 96
fleuret ital 146
fleureter mot d'a. fr 179
fleuron ital
flibot (bateau) angl
flibustier angl < néerl 54
flin (pierre à fourbir) néerl
flingot (fusil) all
flingue (arme à feu) all
flinquer *v.* (orfèvrerie) all
flint(-glass) angl
flion (mollusque) scand
flip (boisson) angl
flipper *n.m.* (billard électr.) angl
flipper *v.* (s'angoisser) angl
flirt angl < a. fr
flirter angl < a. fr 179
floc angl
flock-book (généalogie) angl
floc(k)age (applic. de fibres) angl
floe (banquise) angl
floeberg angl
flood (éclairage) angl
flop (échec) angl
flop-house (asile de nuit) angl
flor « fleur » mot latin 108
florès (faire) prov
florin (monnaie) ital 140
flot néerl (ou vx scand)
flottation angl
flotte (escadre) vx scand (?) 95, 97
flotter néerl (ou vx scand) 100
flottille esp 152
flous(s)(e), flouze (argent) ar (argot) 26, 113
fluorescence angl
fluorescent angl
flush (au poker) angl
flûte (instr mus.) 107
flûte (marine) néerl
flutter *n.m.* (aviation) angl
fluxer (diluer) angl
fly-tox angl (insecticide) *(nom déposé)*
flysch (géol.) all de Suisse
fob *acronyme* < angl
foc (marine) néerl
fœhn (vent) all de Suisse
fœtus lat
fog (brouillard) angl
foggara (irrigation) ar
Föhre « pin » mot allemand 93
foi 55, 105
foil *n.m.* (marine) angl
fois 147
fold (to) mot anglais 89
folio (feuillet) lat
folk angl
folk-song angl
folklore angl
fondouk (marché) prov < ar
fongus (champignon) lat
fontanili *n.m. pl.* (sources) ital
fontes (hipp.) ital
football angl 10
footballeur angl
footing *pseudo-anglicisme* 196
for ever « pour toujours » angl
forban francique
forçat ital
forcing angl
fordisation (applic. du taylorisme) angl
fordisme (taylorisme) angl
foreman (chef d'atelier) angl
forest mot anglais 178
forestier 146
forêt 178
forfait (abandon) angl < a. fr
forfante ital
forfanterie ital
forge prov 52
forint (monnaie) hongrois
forlane *n.f.* (danse) *Frioul* (Italie)
format ital
formater (informatique) angl 14
forme (cond. physique) angl
formica (revêt. plast.) *(nom déposé)* angl < lat
forsythia (fleur) *Forsyth* (G.-B.)
forte (mus.) ital
forte-piano (piano, l'instrum.) ital
fortin ital
fortissimo (mus.) ital
fortran (informatique) *acronyme* < angl
forum lat
fosbury flop (sport) *Fosbury* (G.-B.)

fruits de mer *calque* < italien
fruste ital
frutille esp
Fuchs « renard » mot allemand 169
fuchsia (bot.) *Fuchs* (Allemagne) 77
fuchsine (chimie) *Fuchs* (Allemagne) 169
fucus (algue) lat
fuégien esp
fuel, fioul angl < fr
fuero esp
fugue (fuite) ital
fugue (mus.) ital
führer all
fular mot roumain < fr 11
full (au poker) angl
fumerolle (volcan) ital
fun angl
fun(board) (planche à voile) angl
funky (mus.) angl
furax lat
furbesco mot italien 22
furia ital
furioso (mus.) ital
furlong (unité de long.) angl
furole (feu follet) angl
fusarole (archit.) ital
fusel (distillation) angl < haut all
fuste (marine) ital
fustet (bot.) ar
futon (matelas) jap
futur < angl < fr 192
futurisme, -iste ital

G

G.I. *sigle* angl
G.M.T. *sigle* angl
gaba prélatin 31
gabar(r)e (embarcation) prov
gabardine esp < a. fr
gabarit prov < gotique
gabbro (roche) ital
gabegie lorrain < vx scand 95
gabelle ital < ar
gaber (plaisanter) scand
gabet (marine et vénerie) scand
gabian (goéland) prov
gabie (marine) prov
gabier (matelot) prov
gabion (panier, abri) ital
gable, gâble (archit.) norm < vx scand 95
gabord (marine) néerl
gaburon (marine) prov
gâche (serrurerie) germ
gâcher (du plâtre) francique
gaddr « épine » mot scandinave 98
gadelles « groseilles » fr rég de Normandie 98
gades « groseilles » fr rég de Normandie 98
gadget angl d'Am < fr
gadjo « non gitan » tsigane (argot) 26
gadolinium (chimie) *Gadolin* (Finlande) 62
gaffe (marine) prov < gotique
gag angl
gagaku (mus.) jap
gage francique
gagman angl
gagner francique 93
gai francique (ou gotique)
gaïac (bot.) caraïbe d'Haïti
gaillard gallo-roman < gaul 40
gailletin (houille) oïl du Nord
gaillette (charbon) oïl du Nord
gain germ 93
gal (mes. phys.) abrév. *Galilée* (Italie) 77
gala esp < a. fr
galandage (cloison) germ
galanga (bot.) ar
galant francique
galanterie mot roumain < fr 11
galantine lat de Dalmatie
galapiat (galopin) prov
galbe ital < gotique
galbord (marine) néerl
galéasse, galéace (marine) ital
galéjade prov 106
galère prov < catalan < grec byz < ar
galerie ital < lat médiév
galerne (vent) oïl de l'Ouest < gaul (?)
galet norm-picard < gaul 14, 39
galetas (grenier) *Galata* (Constantinople) 81, 135
galette norm-picard < gaul 39
galfâtre (bon à rien) oïl de l'Ouest
galgal (tumulus) gaélique
galibot (jeune mineur de fond) picard
galimafrée (cuisine) picard < néerl
galipette oïl de l'Ouest
gallium (chimie) *Lecoq* de B. (France) 62, 78-79
gallo 84
gallon angl < normand < lat médiév
gallup (sondage) *Gallup* (U.S.A.)
galoche normand ou picard < gaul 39, 40
galoper francique 92

H

jet-stream angl
jettatura (mauvais œil) ital
jigger (teinture) angl
jingle (motif sonore) angl
jingoïsme (chauvinisme) angl
jiu-jitsu jap 203, 204
job « travail » angl (argot) 26
jobard « niais » *Job* (Bible)
jocasse (grive) francique
jockey angl 183
jockey-club angl
jocko !gue africaine
jodhpur (pantalon) *Jodhpur* (Inde)
jodler, iodler (vocaliser) tyrolien
jogger *v.* angl
jogge(u)r *n.m.* angl
jogging angl 192, 195
joint angl
joint(-)venture angl
jojoba (bot.) esp du Mexique
joker angl
joli vx scand 95, 97
jolif « beau, amoureux » mot d'a. fr 98
jomon (géol.) jap
jongler francique
jonkheer (noblesse) néerl
jonque néerl (ou ptg) < malais 163
jonquille esp 19, 153
joruri (littérature japonaise) jap
jota esp
joue prélatin 31
jouer 54
joule (mes. phys.) *Joule* (G.-B.) 78
journey/journée 179
jovial ital 149
jubarte *n.f.* (baleine) angl
jubilé lat eccl < hébreu
jucher francique
judas (traître, ouverture) *Judas* (Bible)
judo jap 203, 204
judoka jap 203
juge de paix 185
juif *Yehudi* « *Judas* » (Bible)
juke-box angl
julep (sirop) esp < ar < persan
jumart (élevage) prov
jumbo (engin de trav. publ.) angl
jumbo-jet (aviation) angl
jumpe(u)r (hipp.) angl
jumping (hipp.) angl
junco « jonc » mot espagnol 153
jungle angl < hindoustani < skr 189
junior lat
junker (hobereau) all
junkie, junky (drogue) angl
junte esp
jupe sicilien < ar 14, 127, 210
juré 184
jurfix mot roumain < fr 11
jury angl < anglo-norm 184
jusant norm
jute angl < bengali < skr 189

K

K.O. *sigle* angl
kabbale, cabale (relig.) hébreu
kabic, kabig (manteau) breton
kabuki (théâtre) jap
kacha, kache (cuisine) russe
kachapi (cithare) indonésien
kachkaval (fromage) bulgare
kafkaïen *Kafka* (Tchécoslovaquie)
kaïnite (minéral.) all < grec
kaiser all < lat 169, 170, 174
kakatuwa malais 162
kakémono (tableau) jap 203
kaki (couleur) angl < hindoustani < skr 189
kaki (fruit) jap 203
kala-azar (maladie) hindoustani (?)
kaléidoscope, caléi- angl < grec 72
kali (bot.) ar
kalmia (bot.) Per *Kalm* (Suède)
kalmouk (langue) mongol
kamala (bot.) skr
kama(-)sutra skr
kami (relig.) jap
kamichi (échassier) caraïbe du Brésil
kamik (botte en peau de phoque) inuktitut
kamikaze (avion suicide) jap 203, 204
kammerspiel (théâtre) all
kan, khan (caravansérail) arabo-persan
kan, khan (gouverneur) persan
kana « écriture » jap
kandjar (poignard) ar
kangourou angl < lgue d'Australie 202
kanji (écriture) jap
kantisme (philos.) *Kant* (Allemagne)
kaoliang (sorgho) chinois
kaolin (céramique) chinois 202
kapok angl < malais 102
kara « vide » mot japonais 10
karaïte car-, gar- hébreu
karakul, caracul (mouton) *Karacol* (Russie)

L

O

P

rostir mot d'a. fr 182
rot *n.m.* « pourriture » angl
rôt de bif expression d'a. fr 182
rotang (palmier) malais
rotary (forage et téléphonie) angl
rote (instr. de mus.) germ
rotengle *n.m.* (gardon rouge) all
roténone (bot.) angl < jap
rotin néerl < malais 102
rôtir francique 94
rotonde ital
rotor *contraction* < angl < lat
rouan (hipp.) gotique (ou esp)
roubignoles « testicules » prov
rouble (monnaie) russe 173
roudou (bot.) prov
rougail(le) (cuisine) malgache
rouge 89
rough (maquette publicitaire) angl 191
rouir (traiter le lin ou le chanvre) francique
roumi (européen pour un musulman) ar
round (boxe) angl < fr
roupie (monnaie) ptg < hindoustani < skr
roupiller « dormir » picard (argot) 23
rouquette, roquette (plante potagère) ital
rousserolle *n.f.* (oiseau) germ (?)
roustir (rôtir) fr rég de Provence
rouvieux (vétérinaire) picard
rowing (aviron) angl
royalties *n.f. pl.* (redevances) angl
-rragie « écoulement » grec 66
-rrhée « écoulement » grec 66
ruban néerl 54, 100, 102
rubato (mus.) ital
rubican (hipp.) esp
rubidium (chimie) lat 63
ruche gaul 39
rudbeckia (bot.) *Rudbeck* (Suède)
ruf(f)ian (voyou) germ 144
ruffiano « ruffian » mot italien 144
ruffle « feu » (argot) 22
ruflette (galon de rideaux) *Ruflette, nom déposé*
rugby (sport) *Rugby* (G.-B.)
rugbyman *pseudo-anglicisme*
rumb, rhumb (marine) angl
rumba (danse) esp de Cuba
ruminer 195
runabout (canot automobile) angl
rune (écriture) vx scand
rupin (bien habillé) néerl
rush (ruée) angl 182
rush (to) mot anglais 182
rushes (cinéma) angl
rustique 56
rustre 56
rutabaga *n.m.* (plante potagère) suédois 14
ruthénium (chimie) *Ruthenia* (Russie) 63
rutherfordium (chimie) *Rutherford* (G.-B.) 63
rye *abréviation* < angl

S

sabayon ital
sabbat lat eccl < grec < hébreu
sabbatique (congé) angl
sabéen (relig.) araméen
sabine (bot.) *Sabin* (Italie)
sabir (langue mixte) esp
sable « couleur noire » polonais
sabre all < polonais (?) < hongrois 171, 175
sabretache (sacoche) all
sac (pillage) ital < germ
sac (poche en tissu) grec < lgue sémitique
saccade picard (ou esp) < gotique
saccager ital
sachem (chef) angl < iroquois
sacoche toscan
sacramentum, mot latin 52
sacre (faucon) ar
sacrement 15
sacripant (chenapan) *Sacripante* (Italie) 79, 144
sacrum lat
safari angl < swahili < ar
safran (épice) lat méd < persan < ar 131
safran (marine) esp < ar
saga *n.f.* (conte) vx scand
sagaie (javelot) esp < ar < berbère
sagard « scieur » all
sagne (tourbière) franc-comtois
sagou (moelle de palmier) ptg < malais
sagouin (singe) ptg < tupi 161, 162, 165
sagri (cuir) mot turc 136
sagum (manteau) gaul
sahel (géogr.) ar
saï (singe) tupi
saie (manteau) gaul
saïga *n.m.* (antilope) russe
saïmiri (singe) ptg < tupi
saint des saints *calque* < hébreu 119
sajou, sapajou (singe) tupi 162
saké (boisson alcoolisée) jap 203

T

tan *n.m.* (écorce de chêne) gaul (?)
tanche *n.f.* (poisson) gaul 39
tandem (cyclisme) angl < lat
tandem lat
tandoori, tandouri (cuisine) hindi
tangara *n.m.* (oiseau) tupi
tango (danse) esp
tangon (marine) néerl
tangue (sable vaseux) vx scand
tanguer (marine) frison (?)
tanière (gîte, terrier) gaul
tanin, tannin gaul
tank (réservoir) angl < goudgerati < skr
tanker *n.m.* (pétrolier) angl
tannin, tanin gaul
tanrec, tenrec (mammifère) malgache
tansad angl *mot valise* < angl
tantale (chimie) *Tantale* (mythol.)
tantra (relig.) skr
tantrisme (relig.) skr
tao, dao (philos. chinoise) chinois
taoïsme, -iste (phil. chinoise) chinois
tapas (cuisine) esp
tape *n.f.* (bouchon) prov
tapenade (cuisine) prov 106, 107
tapeno « olive » mot provençal 107
taper *v.* (boucher) prov
taper *v.* (frapper) moy néerl ou germ
tapioca ptg < tupi 162
tapir (mammifère) tupi
tapir (se) *v.* francique
tapis grec byz
tapon (bouchon) germ
taque (plaque de fonte) gallo-roman
taquet (pièce de bois) francique
taquin *adj.* (malicieux) moy néerl ou gotique
taquin « tricheur » esp (argot) 22
tarabiscoté prov (?)
tarabuster prov 25
tarama *n.m.* (cuisine) grec < turc
tarantass (voiture à cheval) russe
tarasque (monstre) *Tarascon* (Provence)
tarbouch(e) *n.m.* (bonnet) turc
tare ital < ar
tarentelle (danse) ital
tarentule (araignée) *Tarente* (Italie)
targe *n.f.* (bouclier) francique
targuer (se) ital < prov < francique
tarière (vrille) gaul
tarif ital < ar 139
tarir francique
tarlatane (étoffe apprêtée) ptg < fr (?)
tarmac (aéroport) angl
tarmacadam (revêtement routier) angl
taro (bot.) polynésien
tarot (carte à jouer) ital
tarpan (cheval sauvage) turc < kirghise
tarpon (poisson) angl
tartan (étoffe de laine) angl < fr
tartan (revêtement routier) angl *nom déposé*
tartane (voilier) prov (?) < ital
tartare *adj. et n.m.* turco-mongol
tartufferie (hypocrisie) *Tartuffe*
tas francique
tasse ar < persan 131
tasse de thé (ce n'est pas ma) *calque* < angl 192
tassette (armure) all
tassili (géogr.) berbère
tatami (tapis de sport de combat) jap 203
tatou (mammifère) tupi
tatouer *v.* angl < polynésien 202
taube all
taud(e) (marine) scand
taudis oïl du Nord-Est < francique
taule (chambre) oïl du Nord-Est
tavaïolle (linge d'église) ital
taxi diminutif de **taximètre** < all < grec
taxi-boy (danseur) angl
taxi-girl (danseuse) angl
taximètre all < grec 169
taxiway (aéroport) angl
taylorisme (organisation du travail) *Taylor* (U.S.A.)
tchador (grand voile de femme) persan
tcharchaf (voile de femme) turc
tchatche *n.f.* (bagout) esp
tchéka (police) *acronyme* < russe
tcheng (instr. de mus.) chinois
tchérémisse (lgue finno-ougrienne) russe
tchernoziom (géogr.) russe
tchervonets (monnaie) russe
tchin-tchin « à votre santé » pidgin de Canton
tchirou (antilope) tibétain (?)
tchitola (bois africain) lgue africaine
te deum (liturgie) lat
team *n.m.* (équipe) angl
teaser *n.m.* (leurre de pêche) angl
technétium (chimie) grec 64
technicolor angl (?)
technocratie angl
teck, tek (bot.) ptg < malayalam 163
teckel (race canine) all
tectonique (géol.) all
teddy-bear (ours en peluche) *Teddy* Roosevelt 186

wishbone (vergue) angl
witloof « endive » flamand (en Belgique)
wolfram (minerai de tungstène) all
wombat (kangourou) angl < lgue d'Australie
wombatidé (zool.) lgue d'Australie
won *n.m.* (monnaie) coréen
wood « forêt » mot anglais 34
woofer *n.m.* (haut-parleur) angl
wormien (anat.) *Worm* (Danemark)
wu (dialecte chinois) chinois
würmien (géol.) *Würm* (Allemagne)
wyandotte *n.f.* (race de poule) *Wyandotte* (U.S.A.)

X

xantholâtre 73
xérès (liqueur) *Jerez* (Andalousie)
ximénie (bot.) *Ximenes* (Espagne)

Y

yacht angl < néerl 54, 186
yacht(s)man angl
yacht-club angl
yachting angl
yack ou **yak** (buffle) angl < tibétain
yakimono (poterie) jap
yakitori (brochette de volaille) jap
yakuza (association « mafieuse ») jap
yama mot jap 205
yamamai (ver à soie) jap
yamba (chanvre) wolof (?)
yang (philos.) chinois
yankee néerl ou amérindien
yaourt ou **yog(h)ourt** turc (ou bulgare)
yard (mes. de long.) angl
yass (jeu de cartes) all de Suisse
yatagan (sabre) turc
yawl (voilier) angl
yearling (hipp.) angl
yen (monnaie) jap 203
yeoman (garde en costume) angl
yeomanry (garde en costume) angl
yeshiva *n.f.* (école talmudique) hébreu
yéti (humanoïde légendaire) tibétain
yeuse (chêne vert) prov
yéyé ou **yé-yé** angl
yin (philos.) chinois
ylang-ylang, ilang-ilang (bot.) malais
yod *n.m.* (semi-consonne) all < hébreu
yodler, iouler *v.* all
yoga (discipline spirituelle) skr
yogi (ascète pratiquant le yoga) skr
yohimbehe (bot.) bantou
yole (embarcation) danois-norvégien < néerl
yom kipp(o)ur (fête juive) hébreu
yorkshire-terrier (race canine) angl
yourte, iourte (tente de nomade) russe
youyou *n.m.* (canot) chinois 203
ypérite (gaz toxique) *Ypres* (Belgique)
ysopet, isopet (recueil de fables) *Esope*
ytterbium (chimie) *Ytterby* (Suède) 64
yttrium (chimie) *Ytterby* (Suède) 64
yuan (monnaie) chinois
yucca (bot.) taïno de Haïti
yumi (arc) jap

Z

zain (pelage) esp < ar
zakat (aumône islamique) ar
zakouski *n.m. pl.* (cuisine) russe 10, 173
zambo (métissage) esp
zan(n)i (bouffon) *Zanni* (Venise)
zaouia, zawija (établis. relig.) ar
zapateado (danse) esp
zapper *v.* angl
zappeur angl
zapping angl
zarâfa « girafe » mot arabe 123
zarzuela (litt. et cuisine) esp
zawija, zaouia (établis. relig.) ar
zèbre ptg
zébu tibétain (?) 203
zeda « (lettre) z » mot espagnol 153
zefro < zefiro ital ancien 122
zèle lat < grec 32
zellige *n.m.* (marqueterie émaillée) ar
zemstvo (assemblée) russe
zen (méditation) skr
zénana (étoffe cloquée) hindi < persan 131
zénith ar 125, 126
zeppelin (dirigeable) *Zeppelin* (Allemagne)
zéro ital < ar 122, 126
zérumbet (bot.) ar < persan
zheng (instr. de mus.) chinois
zibeline (fourrure) ital < russe 173
Ziegel « tuile » mot allemand 84
ziggourat *n.f.* (temple) assyrien

TABLE DES MATIÈRES

Le portugais

Les créoles

L'allemand

Les langues scandinaves modernes
les langues slaves

LES INDEX ET LE LEXIQUE

TABLE DES CARTES, DES TABLEAUX DES LANGUES, DES RÉCRÉATIONS

CARTES

TABLEAUX DES LANGUES

RÉCRÉATIONS

Cet ouvrage a été réalisé par
MAME IMPRIMEURS à Tours
pour le compte des Éditions France Loisirs
123, boulevard de Grenelle, Paris
en août 1997

Imprimé en France
Dépôt légal : août 1997
N° d'édition : 28980 – N° d'impression : 40600